LA GAULE

BRITANNIA

TRINOBANTES

CANTII

REGNI

GERMANIA

Rhenus

SUGAMBRI

MENAPII

EBURONES

MORINI

NERVII

ATREBATES

TREVERI

BELLOVACI

REMI

Sequana

Matrona

MEDIOMATRICI

TRIBOCI

UNELLI

LEXOVII

MELDI

AMBILIATI

ESUVII

PARISII

TULINGI

OSISMI

CORIOSOLITES

AULERCI

CARNUTES

SENONES

LINGONES

Rhenus

LATOBRIGI

VENETI

DIABLINTES

MANDUBII

RAURACI

NAMNETES

ANDES

SEQUANI

HELVETII

TURONI

HAEDUI

PICTONES

BITURIGES

BOII

LEPONTII

SANTONES

LEMOVICES

AMBARRI

SEDUNI

SEGUSIAVI

BITURIGES VIVISCI

PETROCORII

ARVERNI

ALLOBROGES

Garumna

HELVII

GALLIA CISALPINA

NITIOBROGES

CADURCI

VOCONTII

RUTENI

Rhodanus

ELUSATES

TOLOSATES

SALUVII

VOLCAE TECTOSAGES

CORSICA

HISPANIA

200 km

Belgae
Celtae
Aquitani
Provincia Romana

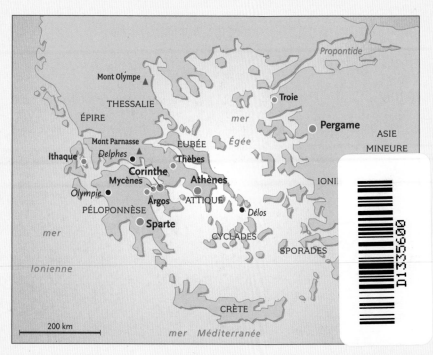

Propontide

Mont Olympe ▲

THESSALIE

Troie

ÉPIRE

mer

Pergame

Mont Parnasse

Égée

ASIE MINEURE

Delphes ▲

EUBÉE

Ithaque

Thèbes

Corinthe

Mycènes

Athènes

IONI

Olympie

ATTIQUE

Délos

PÉLOPONNÈSE

Argos

mer

Sparte

CYCLADES

SPORADES

Ionienne

CRÈTE

200 km

mer Méditerranée

LA GRÈCE

L'éditeur remercie tout particulièrement pour leur collaboration Séverine Ranc,
Yann Le Lay, Sylvie de Pazzis et Muriel Lafond.

Sauf mention contraire, les traductions des textes latins présents dans le manuel ont été effectuées par les auteurs.

Pour Hachette Éducation, le principe
est d'utiliser des papiers composés de fibres naturelles,
renouvelables, recyclables, fabriquées à partir de bois
issus de forêts qui adoptent un système
d'aménagement durable.
En outre, Hachette Éducation attend de ses fournisseurs
de papier qu'ils s'inscrivent dans une démarche de
certification environnementale reconnue.

Quid novi ?
Latin 4ᵉ

Sous la direction de
Jean-Pierre Hocquellet
Agrégé de lettres classiques

Sonia Richasse
Certifiée de lettres classiques
Professeur au collège Fragonard à Nègrepelisse
(Tarn-et-Garonne)

Jordane Bérot
Agrégée de lettres classiques
Professeur au collège Albert Camus à Baraquev
(Aveyron)

Céline Lelièvre
Agrégée de lettres classiques
Professeur au collège Soulange
à Beaulieu sur Dordogne (Corrèze)

L'éditeur et les auteurs remercient les enseignants qui ont participé aux tests de ce manuel,
ainsi que les enseignants relecteurs du manuscrit, pour leurs conseils avisés.

ÉDUCATION
www.hachette-education.com

SOMMAIRE

I

L'installation de la République

Vae tyrannis !
Mort aux tyrans !

✳ DÉCOUVRIR *Des rois aux consuls*

① Un prince peu recommandable

Lucrèce accueille sous son toit un ami de son mari absent, Sextus Tarquin, fils du dernier roi de Rome. Mais pendant la nuit, il s'introduit dans sa chambre pour la violer...

1 Par quels procédés le peintre exprime-t-il la violence de Tarquin ?

2 Comment le peintre montre-t-il le refus de Lucrèce ?

Tiziano Vecellio dit Le Titien (1485-1576), *Tarquin et Lucrèce*, 1571, huile sur toile. Musée des Beaux-Arts, Bordeaux.

② *Après le viol, Lucrèce s'adresse à ses proches, avant de se poignarder.*

1 Pourquoi Lucrèce veut-elle mourir ? Que demande-t-elle aux hommes ?

2 *si vos viri estis :* pourquoi dit-elle cela ?

Corpus est tantum violatum, animus insons ; mors testis erit. Sed date dexteras fidemque haud impune adultero fore. Sex. est Tarquinius qui hostis
5 pro hospite priore nocte vi armatus mihi sibique, si vos viri estis, pestiferum hinc abstulit gaudium.

Mon corps seul a été violé, mon cœur est pur ; ma mort en témoignera. Mais donnez vos mains droites et votre parole que cet adultère ne sera pas impuni. C'est Sextus Tarquin qui, hôte devenu hostile, la nuit dernière, de force et en armes, a pris un plaisir mortel pour moi et pour lui, si vous êtes des hommes.

Tite-Live (59 av. J.-C. – 17 apr. J.-C.), *Histoire romaine*, I, 58.

❸ Brutus jure de venger Lucrèce…

Brutus, un ami de Collatin, le mari de Lucrèce, a assisté à sa mort.

1 À quoi reconnaît-on Brutus ? Que tient-il ?

2 Que font les trois hommes de droite ?

3 Que regarde Brutus ?

Jacques-Antoine Beaufort (1721-1784), *Le Serment de Brutus*, 1771, huile sur toile. Los Angeles County Museum of Art, Los Angeles (États-Unis).

❹ … et renverse la royauté

1 Propter quam causam Brutus, parens et ipse Tarquinii, populum concitavit et Tarquinio demit imperium. Mox exercitus quoque eum, qui civitatem Ardeam cum ipso rege oppugna-
5 bat, reliquit ; veniensque ad urbem rex portis clausis exclusus est ; cumque imperasset annos quattuor et viginti, cum uxore et liberis suis fugit. Ita Romae regnatum est per septem reges annis ducentis quadraginta tribus.

Pour cette raison, …, parent lui-même de Tarquin, souleva … et enleva … à …. Bientôt … aussi, qui assiégeait la ville d'Ardée avec … lui-même, l'abandonna ; et, quand … revint …, les portes furent fermées et … ; après avoir régné …, … Ainsi Rome fut gouvernée par sept rois en deux cent quarante-trois ans.

Eutrope (IVᵉ s. apr. J.-C.), *Breviarium*, I, 8.

1 Traduisez les mots en vert : qui chasse le roi ?

2 Retrouvez la traduction du texte en bleu et résumez les étapes de la fin du règne de Tarquin.

3 *Per septem reges* : cherchez les noms et les dates de règne des rois précédents.

✳ LIRE EN LATIN

« Tarquin le Superbe s'enfuit de Rome », enluminure issue de l'ouvrage *Ab urbe condita*, XVᵉ siècle. BnF, Paris.

● Un nouveau régime : la République

Voici selon Florus en quoi la République diffère de la royauté.

Igitur Bruto Collatinoque ducibus et auctoribus, quibus ultionem sui moriens matrona mandaverat, populus Romanus ad vindicandum libertatis ac pudicitiae decus, quodam quasi instinctu deorum concitatus, regem repente destituit, bona diripit, agrum
5 Marti suo consecrat, imperium in eosdem libertatis suae vindices transfert, mutato tamen et jure et nomine. Quippe ex perpetuo annuum placuit, ex singulari duplex, ne potestas solitudine vel mora corrumperetur, consulesque appellavit pro regibus, ut consulere civibus suis debere meminisset. Tantumque libertatis novae gaudium incesserat, ut vix mutati status fidem caperent.

Florus (70-140 apr. J.-C.), *Abrégé de l'histoire romaine*, I, 9.

1. et il les appela consuls au lieu de rois, pour qu'ils se rappellent qu'ils devaient consulter leurs concitoyens. / **2.** Une telle joie de cette liberté nouvelle s'était répandue que les Romains avaient peine à croire au changement de régime. / **3.** le peuple romain, pour venger l'honneur de la liberté et de la pudeur, comme s'il était poussé par une inspiration divine, / **4.** De fait, il préféra un pouvoir annuel au lieu de perpétuel, double au lieu d'unique, afin que la puissance ne soit pas corrompue par son exercice solitaire ou sa longue durée ; / **5.** Donc sous les ordres et l'autorité de Brutus et de Collatin, auxquels la femme de ce dernier avait en mourant confié sa vengeance, / **6.** destitue aussitôt le roi, s'empare de ses biens, consacre la propriété à son propre dieu Mars et donne le pouvoir aux défenseurs de sa liberté, après en avoir changé cependant le droit et le nom. /

Vocabulaire

NOMS
ager, agri, m. : le territoire
deus, i, m. : le dieu
imperium, ii, n. : le pouvoir
jus, juris, n. : la loi, le droit
populus, i, m. : le peuple
potestas, atis, f. : le pouvoir
solitudo, inis, f. : la solitude

VERBES
debeo, es, ere, ui, itum : devoir

ADJECTIFS
novus, a, um : nouveau

MOTS INVARIABLES
ad, prép. + Acc. : vers, à, près de
pro, prép. + Abl. : devant, pour, à la place de
ut, conj. + subj. : pour que, que, de sorte que

Lecture du texte

1 Retrouvez l'ordre de la traduction.
2 Quelle est l'évolution de la situation ? Qu'est-ce qu'un consul, d'après ce texte ?
3 Quelle est la réaction du peuple ? Pourquoi, selon vous ?

observation de la langue

1 Retrouvez dans le texte latin les expressions traduites par : *il destitue le roi / il les appela consuls au lieu de rois.* Les formes traduites par le mot *roi* ne sont pas identiques : expliquez pourquoi.
2 Observez les noms dans le vocabulaire : appartiennent-ils tous à la même déclinaison ? Expliquez.
3 populus **Romanus** > *le peuple **romain***
libertatis **novae** gaudium > *la joie de cette **nouvelle** liberté*
Quelle est la nature des mots en gras ?
Comment se déclinent-ils ?

◉ Révision : Cas, fonctions et déclinaisons

Selon leur fonction dans la phrase, les mots latins n'ont pas la même **terminaison** : ils ne sont pas au même **cas**. Chaque cas correspond à une ou plusieurs **fonctions**.

CAS	FONCTIONS DU FRANÇAIS	EXEMPLES
Nominatif (N.)	Sujet / attribut du sujet	*Le peuple le chasse.* / *Je suis* **citoyen.**
Vocatif (V.)	Apostrophe	**Tarquin,** *pars !*
Accusatif (Acc.)	COD	*Le peuple chasse* **le roi.**
Génitif (G.)	Complément du nom	*les défenseurs* **de sa liberté.**
Datif (D.)	COI / COS	*Brutus rend le pouvoir* **au peuple.**
Ablatif (Abl.)	La plupart des compléments circonstanciels	*Le roi est expulsé* **de Rome.**

Pour savoir à quelle déclinaison un nom appartient, on doit observer son génitif singulier.

Si le génitif singulier se termine par	Le mot appartient à
-ae	la 1ʳᵉ déclinaison
-i	la 2ᵉ déclinaison
-is	la 3ᵉ déclinaison
-us	la 4ᵉ déclinaison
-ei	la 5ᵉ déclinaison

◉ Révision : Les première et deuxième déclinaisons

	1ʳᵉ DÉCLINAISON		2ᵉ DÉCLINAISON			
	Féminin/Masculin *(rare)*		Féminin *(rare)*/Masculin		Neutre	
CAS	Singulier	Pluriel	Singulier	Pluriel	Singulier	Pluriel
Nominatif	rosa	rosae	dominus	domini	templum	templa
Vocatif	rosa	rosae	domine	domini	templum	templa
Accusatif	rosam	rosas	dominum	dominos	templum	templa
Génitif	rosae	rosarum	domini	dominorum	templi	templorum
Datif	rosae	rosis	domino	dominis	templo	templis
Ablatif	rosa	rosis	domino	dominis	templo	templis

NB : Les noms dont le nominatif est en **-er** (*ager, agri*) se déclinent comme *dominus*, à l'exception du vocatif, semblable au nominatif.

◉ L'adjectif de la première classe

> **novus, a, um** → *nouveau*

Il se décline au **masculin** comme *dominus*, au **féminin** comme *rosa* et au **neutre** comme *templum*.

> **libertas nova** → *la récente liberté*
> **populus Romanus** → *le peuple romain*

> Comme en français, l'adjectif s'accorde en genre et nombre avec le nom qu'il complète. En latin, il est aussi au même cas.
>
> Attention : l'adjectif n'appartient pas forcément à la même déclinaison que le nom.

✳ EXERCICES

 Loquamur !

1 **Dites à quelle déclinaison appartiennent ces noms.**

Brutus • matronam • libertatis • regis • populum • ager • deorum • Collatino • gaudium • rei

2 **Déclinez en partant de l'ablatif pluriel et en remontant vers le nominatif singulier.**

imperium, ii, n. • matrona, ae, f. • deus, i, m.

3 **Déclinez ensemble le nom et l'adjectif.**

bona matrona • bonus populus • novum imperium

4 **Trouvez l'intrus et justifiez.**

a. rosam, populum, domini, templa, dominos

b. rosae, dominis, templo, populi, deo

 Scribamus !

5 **Analysez (cas, genre, nombre) les groupes nominaux.**

pulchras matronas • novorum jurum • suo imperio • novam libertatem • magnos agros • boni regis

6 **Reliez les adjectifs avec les noms qu'ils qualifient, leur cas et leur fonction.**

imperium	sua	Nominatif	CDN
agris	novum	Accusatif	COS
matrona	bono	Génitif	CC
deo	magni	Datif	sujet
populi	romanis	Ablatif	COD

7 **Accordez l'adjectif au nom.**

nov◌ imperio • bon◌ matronarum • magn◌ imperii • nov◌ morae • bon◌ populus • bon◌ populi • su◌ agris • pulchr◌ matrona • bon◌ virorum

8 **Donnez la fonction des mots soulignés et traduisez-les en latin.**

a. Brutus donne le pouvoir au peuple.

b. Les terres de Tarquin sont maintenant les terres du peuple.

c. Sans délai, le peuple romain confisque ses nouveaux biens (*bona, orum,* n. pl.).

d. Peuple romain, tu as repris son territoire à Tarquin.

Cogitemus !

9 **Relevez tous les noms et adjectifs traduits en gras. Dites à quelle déclinaison ils appartiennent et analysez-les.**

a. Regem Romanis capitibus Lucretia et Brutus dejecerunt : Bruto libertatem debemus, Lucretiae Brutum.
Lucrèce et **Brutus** *écartèrent un roi des têtes* **romaines** *: nous devons la liberté* **à Brutus***, et nous devons* **Brutus à Lucrèce**. (Sénèque, *Consolation à Marcia,* 16, 2)

b. Commovit bellum urbi Romae rex Tarquinius. In prima pugna Brutus consul et Arruns, Tarquinii filius, in vicem se occiderunt.
Le roi **Tarquin** *provoqua* **une guerre** *contre la ville* **de Rome. Au premier combat** *le consul* **Brutus** *et Arruns,* **le fils de Tarquin***, s'entretuèrent.*

(Eutrope, *Breviarium,* I, 9)

10 **Retrouvez les noms complétés par chaque adjectif en gras, et mettez les deux GN au singulier ou au pluriel selon le cas.**

Brutum matronae **Romanae**, defensorem pudicitiae **suae**, quasi communem patrem per annum luxerunt. *Les matrones romaines portèrent un an le deuil de Brutus, défenseur de leur pudeur, comme celui d'un père commun.* (Eutrope, *Breviarium,* I, 9)

Atelier de traduction

Un consul modèle

Les enfants de Brutus, avec d'autres, complotent pour le retour du roi. Il les fait arrêter.

Stabant ad palum deligati juvenes nobilissimi, **sed prae caeteris** liberi consulis omnium **in se oculos convertebant.** Consules **in sedem processerunt suam, et** missi lictores* nudatos **virgis caedunt, securique feriunt.** Supplicii non spectator modo, **sed et exactor** erat Brutus.

Abbé Lhomond (1727-1794), *De viris illustribus,* I.

Les ___ sont attachés au poteau d'exécution, mais parmi eux ___ attiraient ___ sur eux. Les ___ s'avancèrent vers leur chaise, et les ___ fouettent ___, et les frappent de leur hache. ___, mais aussi son organisateur.

* Cf. p. 19.

✳ ÉTYMOLOGIE

Mots clés

Le pouvoir

civis, is, m. : *le citoyen*

Mot formé sur le radical indo-européen **kei*, « la couche », le citoyen est d'abord le membre d'un groupe couchant au même endroit, d'une famille. Par extension, il devient un habitant de la **cit**é, un membre de la société **civi**le. La **cit**oyenneté est dans l'Antiquité le fondement d'une société **civi**lisée.

consul, ulis, m. : *le consul*

Mot obtenu par ajout du préfixe *cum* devant la racine *sed/sid*, signifiant « faire asseoir, siéger », de même que *consilium*, la décision qu'il prend. On dit encore d'un magistrat qu'il siège.

imperium, ii, n. : *le pouvoir*

Composé du préfixe *in* et de la racine *par*, « préparer, disposer », l'*imperium* désigne la faculté de disposer les choses en ordre, donc le commandement de l'*imperator*, le général romain, et de l'**emper**eur ensuite. Aujourd'hui encore, pour donner des ordres, on utilise l'**impé**ratif.

Respublica, ae, f. : *la République*

Proche du sanscrit *ras*, « propriété », *res* désigne la chose, donc res publica la chose publique, le bien de tous, et donc l'État **républica**in.

rex, regis, m. : *le roi*

Rex vient de l'indo-européen **reg/rog*, « aller en ligne droite, diriger ». Le roi est celui qui montre la bonne di**rec**tion à ses sujets, qui é**rig**e les **règ**les.

Latin (bien) vivant

Le **consul** a traversé l'histoire : au Moyen Âge, c'est un élu municipal dans le sud de la France ; en 1799, Napoléon Bonaparte s'est fait proclamer Premier Consul ; et aujourd'hui, les consuls sont chargés de la protection des Français vivant à l'étranger.

Le **consulat**, lieu où siège le consul, regroupe l'ensemble des services administratifs d'un pays à l'étranger.

☞ ACTIVITÉS

1 Tous ces noms ont un sens particulier si on leur ajoute **civil(e)**, sauf un. Expliquez leur sens et trouvez l'intrus.

droit • état • mariage • loi • responsabilité • guerre • année

2 Expliquez le sens des mots en gras en vous aidant du dictionnaire si nécessaire.

a. Il est **consul** de France aux États-Unis.
b. Ce comité est uniquement **consultatif**.
c. Tu as toute ma **considération**.

3 Complétez les phrases avec un dérivé d'imperium en vous aidant du dictionnaire si nécessaire.

a. Il est ... que tu sois là.
b. L'... américain dans le monde est critiqué.
c. Conjugue ce verbe à l'....
d. Dans l'... romain, tout le monde parlait latin.
e. L'... était une plate-forme au-dessus des diligences, puis des bus.

4 Expliquez le rapport de chaque mot avec son radical, **reg/rog*.

corriger • rectifier • règle • régicide • maharajah • right • régiment • rectangle • anorexie • Reich • dérogation

5 Complétez la grille avec des mots des cinq familles étudiées.

Horizontalement
3. Contraire de sauvage
4. Conduire
6. Résidence du consul

Verticalement
1. Femme de l'empereur
2. Partisan de la République
5. Loi

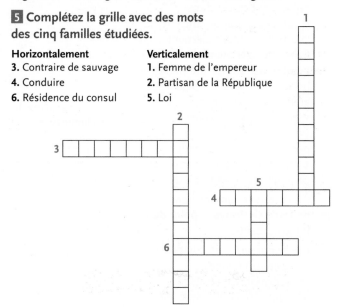

consul
consulat
premier
consul

J.-L. David (1748-1825), *Un consul romain assis dans une chaise de marbre*, dessin. Musée Bonnat, Bayonne.

DU TEXTE À L'IMAGE

Lire un tableau antiquisant

Pour **comprendre un tableau**, il faut connaître quelques principes que les peintres utilisent quand ils imaginent la composition de leur image.

DES MOTS POUR LIRE UN TABLEAU

• Les **lignes de force** : ce sont les grandes lignes qu'on peut tracer dans le tableau et qui organisent la disposition des éléments. Elles sont parfois réellement peintes (colonnes, bâtiments, horizon...). Mais on peut aussi les superposer mentalement aux objets (lances, épées...) ou aux personnages (bras tendu...), ou les déduire du jeu des couleurs ou de la lumière.

• À l'intersection des lignes de force se trouve le **point de force** ou **centre**.

• Les **couleurs** : les couleurs vives et lumineuses l'emportent. Une touche de rouge, de jaune, de blanc attire l'œil et l'attention du spectateur sur le personnage ou l'objet de cette couleur.

• La **lumière** : les zones lumineuses sont vues avant les zones d'ombre.

La **colonne** crée une séparation verticale entre les deux zones du tableau.

Une seule **touche** très **lumineuse** attire l'attention sur le cœur du problème : les enfants morts.

Le **bras** de Brutus fait également le lien avec ses fils.

Le **rouge** insiste sur Brutus et sur la civière.

Le tableau est divisé en deux : à gauche, les hommes et la sphère politique,
à droite les femmes et la sphère domestique.

La **lumière** renforce cette division : le **côté gauche** est **moins éclairé que le droit**,
l'œil du spectateur **va donc** d'abord **à droite**.

Le **bras** maternel conduit l'œil vers
la partie gauche de la scène.

Le **blanc** souligne ses filles,
seules survivantes de la fratrie.

☞ ACTIVITÉS

OBSERVER ET COMPRENDRE L'ŒUVRE

1 Retrouvez l'histoire des fils de Brutus et expliquez pourquoi ils sont morts.

2 Comment le peintre montre-t-il à la fois la douleur engendrée par cette mort et la dignité de l'homme d'État ? Appuyez-vous sur des éléments techniques.

PROLONGER

3 Cherchez le tableau *Le serment des Horaces*, de Jacques-Louis David, et étudiez le jeu des lignes de force et des couleurs en vous inspirant de ce modèle.

4 Recherchez dans le chapitre l'œuvre dont s'est inspiré David pour peindre le visage de Brutus.

Jacques-Louis David (1748-1825),
Les Licteurs ramenant à Brutus les corps de ses fils, 1789, huile sur toile.
Musée du Louvre, Paris.

La naissance de la République

La royauté prend fin avec la chute des Tarquins.
Les Romains instituent un nouveau régime : la République.

L'ESSENTIEL

■ La chute des rois Tarquins

En 509 av. J.-C., **Lucius Junius Brutus** (❷) soulève le peuple en faisant du suicide de Lucrèce le symbole des abus du pouvoir royal. Les Romains chassent les Tarquins, et Brutus est élu consul.

Peu après, ses fils participent à un complot royaliste. Il n'hésite pas à les condamner à mort, malgré sa douleur, et assiste en tant que consul à leur exécution. Le peuple de Rome approuve ce geste exemplaire : l'intérêt de l'État doit primer sur les liens familiaux.

■ Les hommes de la République

Chaque année, les *cives* (citoyens) se réunissent en assemblées, les **comices**, votent les lois et élisent leurs représentants, les magistrats. Ils sont chargés des finances, de la religion, de la justice. Les deux principaux magistrats sont les consuls.

Le *senatus* (sénat) conseille, voire commande les magistrats, même les consuls.

Les *consules* sont toujours deux, pour se surveiller mutuellement. Ils sont élus pour un an seulement. L'*imperium* est le pouvoir qui leur est délégué par le peuple (❸).

■ La République, une démocratie ?

Ce sont les membres des familles les plus riches, les **patriciens**, qui constituent le sénat et sont élus au consulat.

Les citoyens votent par groupes : la population est divisée en 188 centuries, selon la richesse des citoyens. Elles votent dans l'ordre décroissant, et quand on a atteint 97 voix, le vote s'arrête : les dernières centuries, les plus nombreuses, votent donc rarement. Le vote a lieu à Rome, sur le Champ de Mars : les citoyens qui ne peuvent pas se déplacer ne s'expriment pas (❹).

❶ La République romaine vue par un Grec

Tant que les consuls restent dans la ville, ils sont maîtres des affaires publiques. Tous les autres magistrats, à l'exception des tribuns, leur sont soumis et leur obéissent.

De son côté le sénat a à sa disposition les revenus de la République, et les dépenses ne se font que par son ordre. Cependant le peuple a sa part, et une part très considérable, dans le gouvernement ; car il est seul arbitre des récompenses et des peines. Le peuple a aussi sa juridiction et son tribunal. C'est lui qui adopte et rejette les lois selon ce qu'il lui plaît ; et, ce qui est le plus important, on le consulte sur la paix ou sur la guerre.

Polybe, IIe siècle av. J.-C., *Histoires*, VI, 4, traduit par Dom Thuillier.

Question : Quels sont les pouvoirs du peuple selon Polybe ?

Buste de Brutus, IVe siècle av. J.-C.,
bronze. Musée du Capitole, Rome.

❷ Le premier consul

*Le sculpteur a donné à Brutus une expression
très sérieuse, voire sévère, qui rappelle
à chacun les qualités d'un bon Romain :
honnêteté, rigueur, dévouement absolu à l'État.*

Question : Dans quelles
circonstances Brutus
a-t-il montré ces qualités ?

❸ Les symboles du pouvoir

*Les faisceaux (une hache
entourée des baguettes
qu'on utilisait comme fouets)
symbolisent l'imperium.*

*Les licteurs sont les hommes
chargés de les porter devant
les magistrats.*

Trois licteurs, bronze.

Question : Quel exemple d'utilisation
des faisceaux connaissez-vous ?

❹ Le vote

*On donne au citoyen son bulletin de vote,
une tablette de bois.
Il passe sur le pons suffragiorum, un pont
de bois qui sert d'isoloir et permet
de compter les votants.
Il dépose son bulletin dans une urne.*

Question : Que fait,
selon vous, ce personnage ?

Monnaies romaines,
63 av. J.-C. / IIe siècle av. J.-C.
BnF, Paris.

✎ ACTIVITÉS B2i

S'informer sur Internet

1 Qu'est-ce que le *cursus honorum* ?

2 Retrouvez ce que sont la *chaise curule* et
la *toge prétexte*, et ce qu'elles symbolisent.

Quid novi ?

Un symbole républicain : le bonnet phrygien

Denier commémorant l'assassinat de César, 43-42 av. J.-C., argent.

Le bonnet phrygien des Romains symbolisait la liberté donnée à un esclave (cf. p. 117). Il devient symbole de liberté en général. La République française, qui se veut libératrice des peuples, l'adopte tout naturellement comme emblème.

David utilise l'histoire romaine pour parler de son époque, donc de la Révolution française : le bâtiment de gauche ressemble beaucoup plus à la Bastille qu'au Capitole.

1 Jacques-Louis David (1748-1825), *Les Sabines*, 1799, huile sur toile, Musée du Louvre, Paris.

2 Encrier, époque révolutionnaire, musée Carnavalet, Paris.

3 Marie-Pierre Deville-Chabrolle, buste de Marianne (Laëtitia Casta), 2000, marbre.

PARIS - Ni Putes ni Soumises coiffe
le bonnet phrygien place de la République
(article de presse du 6 mars 2010).

4

PARIS. Une soixantaine de jeunes militants de l'association Ni Putes ni Soumises ont fêté le 8 mars avec deux jours d'avance, place de la République, samedi, coiffés de bonnets phrygiens, un symbole qui a aussi été installé au sommet de la statue ornant la place.

5 Plantu, *Le Monde*, 23 août 2008.

6 Eugène Delacroix (1798-1863),
*Le 28 juillet : La Liberté guidant
le peuple*, 1831, huile sur toile,
musée du Louvre, Paris.

OBSERVER ET COMPRENDRE LES DOCUMENTS

1 Cherchez dans un dictionnaire ou sur internet pourquoi on appelle ce couvre-chef bonnet phrygien. Renseignez-vous également sur le *pileus* romain.

2 DOC. 1 : Pourquoi David a-t-il coiffé certains personnages de bonnets phrygiens à l'arrière-plan ?

3 DOC. 3 : Que symbolise Marianne ? Où trouve-t-on sa statue ?

4 DOC. 5 : Qui est ce personnage ? À quoi l'avez-vous reconnu ?

5 DOC. 2, 4 et 6 : Quelles valeurs fondamentales de la République sont symbolisées par le bonnet phrygien ?

✳ DÉCOUVRIR *Républicains d'exception*

❶ Horatius Coclès, seul contre les Étrusques

Porsenna, roi étrusque, tente de reconquérir Rome.

1 Comment le peintre montre-t-il que Coclès est un héros ?

2 Que font les hommes sur le pont derrière lui ?

3 Décrivez le personnage au premier plan. Que symbolise sa cruche ?

Charles Le Brun (1619-1690),
*Horatius Coclès défendant le
pont*, 1643, huile sur toile.
Dulwich Picture Gallery,
Londres.

1 Complétez
la traduction.
Que fait Coclès ?
En quoi est-ce
exceptionnel ?

2 Quelle est
donc sa qualité
principale ?

❷ Porsena, rex Etruscorum, cum Tarquinios in Vrbem restituere tentaret, et primo impetu Janiculum cepisset, Horatius Cocles (illo cognomine, 5 quod in alio proelio oculum amiserat) **pro ponte Sublicio stetit** et **aciem hostium solus sustinuit**, donec pons a tergo interrumpetur, cum quo in Tiberim decidit, et **armatus** 10 ad suos **transnavit**.

Alors que Porsenna, roi des Étrusques, tentait de rétablir les Tarquins à Rome, et qu'au premier assaut il avait pris le Janicule, Horatius Coclès [le borgne] (ainsi surnommé parce que dans un autre combat il avait perdu un œil) … et …, jusqu'à ce que le pont soit coupé dans son dos : il tomba avec lui dans le Tibre, et … jusqu'aux siens.

Pseudo-Aurelius Victor (IVe-Ve s. apr. J.-C.), *De viris illustribus Vrbis Romae*, 11.

❸ Clélie, une femme téméraire

Après des négociations, les Étrusques quittent le Janicule en échange d'otages romaines. Mais...

Jacques Stella (1596-1657),
Clélie passant le Tibre, 1635,
huile sur toile. Musée du Louvre, Paris.

Clélie, l'une des jeunes Romaines livrées en otage, trompe les sentinelles et, se mettant à la tête de ses compagnes, traverse le fleuve au milieu des traits[1] ennemis. [...]
On lui décerna une statue équestre ; et l'on plaça au haut de la Voie sacrée l'image de Clélie à cheval.

Tite-Live (59 av. J.-C – 17 apr. J.-C.),
Histoire romaine, II, 13.

1. Javelots, flèches.

1 Laquelle de ces femmes est Clélie ? Justifiez.

2 Comment le peintre montre-t-il que la scène se passe dans la Rome antique ?

3 D'après le texte, de quelles qualités la jeune fille fait-elle preuve ?

❹ Les 306 Fabius, une famille de combattants

Les guerres contre les Étrusques se poursuivent. Cette fois, les habitants de Véies attaquent Rome.

1 Romani cum adversus Veientes bellarent, eos sibi **hostes familia** Fabiorum privato nomine depoposcit ; et profecti **trecenti sex** duce Fabio **consule**. Cum saepe **victo-**
5 **res** exstitissent, apud Cremeram fluvium castra posuere. Veientes ad dolos conversi pecora ex diverso in conspectu illorum protulerunt, ad quae progressi Fabii in insidias delapsi usque ad unum occisione perie-
10 runt.

Alors que les Romains faisaient la guerre contre les Véiens, la ... des Fabius les défia comme ... personnels ; et ils partirent à ..., sous les ordres du ... Fabius. Après avoir souvent été ..., ils établirent leur camp près de la rivière Cremera. Les Véiens choisirent la ruse ; ils leur mirent devant les yeux, à divers endroits, des moutons ; les Fabius s'en approchèrent, tombèrent dans des pièges et périrent assassinés jusqu'au dernier.

Pseudo-Aurelius Victor (ɪᴠᵉ-ᴠᵉ s. apr. J.-C.),
De viris illustribus Vrbis Romae, 14.

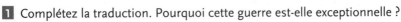

1 Complétez la traduction. Pourquoi cette guerre est-elle exceptionnelle ?

2 Que font les Étrusques ?

3 Les héros sont-ils les vainqueurs ? Quelle valeur illustrent les Fabius ?

Louis Pierre Deseine (1750-1822), *Mucius Scaevola*, 1791, marbre. Musée du Louvre, Paris.

● Un geste héroïque

Caius Mucius s'introduit seul dans le camp étrusque pour tuer le roi Porsenna. Mais, ne l'ayant jamais vu, il se trompe et tue son scribe.

1 Ante tribunal regis destitutus, tum quoque inter tantas fortunae minas metuendus magis quam metuens, « **Romanus <u>sum</u>**, inquit, **civis** ; **C. Mucium <u>vocant</u>. Hostis hostem occidere volui**, nec ad mortem minus animi est, quam fuit ad caedem ; et facere et pati fortia Romanum <u>est</u>. Nec unus
5 in te ego hos animos gessi ; longus post me ordo est idem petentium decus. […] Hoc tibi juventus Romana <u>indicimus</u> bellum. Nullam aciem, nullum proelium timueris ; uni tibi et cum singulis res erit. »

Cum **rex** simul **ira infensus periculoque conterritus** circumdari ignes minitabundus juberet : « En tibi, inquit, ut sentias quam vile corpus sit iis qui
10 magnam gloriam <u>vident</u> » ; dextramque accenso ad sacrificium foculo injicit.

Tite-Live (59 av. J.-C. – 17 apr. J.-C.), *Histoire romaine*, II, 12.

Aide : *infensus* : enflammé ; *conterritus* : épouvanté.

Vocabulaire

NOMS
caedes, is, f. : le meurtre, le massacre
dextra ou **dextera, ae,** f. : la main droite
fortuna, ae, f. : la fortune, la chance
hostis, is, m. : l'ennemi
ira, ae, f. : la colère
ordo, inis, m. : le rang, la file
periculum, i, n. : le danger, le péril

VERBES
jubeo, es, ere, jussi, jussum : ordonner
occido, is, ere, occidi, occisum : tuer
timeo, es, ere, timui : craindre
voco, as, are, avi, atum : appeler

ADJECTIFS
longus, a, um : long

MOTS INVARIABLES
inter, prép. + Acc. : parmi, entre

Lecture du texte

1 §1 : Traduisez les groupes en gras. Mucius a-t-il peur ? Comment le mot *civis* est-il mis en relief ? Pourquoi Mucius insiste-t-il sur ce mot ?

2 §2 : Traduisez les groupes en gras. Quels sont les sentiments du roi ?
Qu'ordonne-t-il alors (l. 8) ?
Par quel geste répond Mucius (l. 10) ? Il reçoit ensuite le surnom de *Scaevola*. Selon vous, que veut dire ce mot ?

3 Quelle raison donne Mucius à son geste ? Quelle qualité manifeste-t-il ?

Observation de la langue

1 Quelle est la nature des mots soulignés ?

2 Quelles terminaisons reconnaissez-vous ? Quelles différences constatez-vous ?

3 **Romanus** sum. > *Je suis romain.*
Tibi bellum indicimus. > *Nous te déclarons la guerre.*
C. Mucium vocant. > *On m'appelle Caius Mucius.*

À quel temps sont les verbes ?

● Révision : Les verbes latins

Le verbe est cité avec ses cinq **temps primitifs**, c'est-à-dire les formes qui permettent d'identifier son radical et la conjugaison à laquelle il appartient.

> **voco, as, are, avi, atum :** *appeler*
> > **voco :** *j'appelle* (présent de l'indicatif, 1re personne du singulier)
> > **vocas :** *tu appelles* (présent de l'indicatif, 2e personne du singulier)
> > **vocare :** *appeler* (infinitif présent)
> > **vocavi :** *j'appelai* (parfait de l'indicatif, 1re personne du singulier)
> > **vocatum :** *pour appeler* (supin)

Il y a **cinq modèles de conjugaison**. C'est en regardant les trois premiers temps primitifs d'un verbe qu'on sait à quel type de conjugaison il appartient.

> 1re conjugaison > **amo, as, are** : *aimer*
> 2e conjugaison > **teneo, es, ere,** : *tenir*
> 3e conjugaison > **lego, is, ere** : *lire*
> 3e conjugaison mixte > **capio, is, ere** : *prendre*
> 4e conjugaison > **audio, is, ire** : *entendre*

● Révision : Le présent de l'indicatif

Valeur : Il correspond à notre présent d'énonciation, de narration ou de vérité générale.

Formation : On ajoute au radical du présent (*infectum*) les désinences (terminaisons) personnelles, pour former la conjugaison. Pour les 3e, 3e mixte et 4e conjugaisons on ajoute à certaines formes une voyelle de liaison.

À l'actif, on ajoute les désinences -o/m, -s, -t, -mus, -tis, -nt.

1re conjugaison	2e conjugaison	3e conjugaison	3e conjugaison mixte	4e conjugaison	esse *(être)*
amo	teneo	lego	capio	audio	sum
amas	tenes	legis	capis	audis	es
amat	tenet	legit	capit	audit	est
amamus	tenemus	legimus	capimus	audimus	sumus
amatis	tenetis	legitis	capitis	auditis	estis
amant	tenent	legunt	capiunt	audiunt	sunt

Au passif, on ajoute les désinences -or, -ris, -tur, -mur, -mini, -ntur.

amari *(être aimé)*	teneri *(être tenu)*	legi *(être lu)*	capi *(être pris)*	audiri *(être entendu)*
amor	teneor	legor	capior	audior
amaris	teneris	legeris	caperis	audiris
amatur	tenetur	legitur	capitur	auditur
amamur	tenemur	legimur	capimur	audimur
amamini	tenemini	legimini	capimini	audimini
amantur	tenentur	leguntur	capiuntur	audiuntur

✳ EXERCICES

 Loquamur !

1 Dites à quelle conjugaison appartiennent ces verbes.

jubeo, es, ere, jussi, jussum • occido, is, ere, occidi, occisum • timeo, es, ere, timui • voco, as, are, avi, atum • metuo, is, ere, tui, tutum • indico, is, ere, dixi, dictum • sentio, is, ire, sensi, sensum

2 Conjuguez les verbes ci-dessus le plus vite possible au présent de l'indicatif actif, puis passif.

3 Trouvez l'intrus et justifiez.

a. jubes • sentis • occidi • amo • timent • amat

b. metuo • sentimur • vocamus • indicor • jubetur • timemus

4 Mettez les verbes de l'exercice 3 à l'actif ou au passif du présent suivant le cas.

 Scribamus !

5 Remettez de l'ordre dans ces formes.

jubet • jubetis • jubemini • jubeo • jubentur • jubemus • jubetur • jubeor • jubes • jubemur • jubent • juberis

6 Complétez le tableau.

metuo	je crains		
		occideris	tu es tué
			il est montré
amamus			
	vous tenez		
legunt			

7 Associez chaque verbe de la liste A à sa traduction de la liste B.

A. amor • vocantur • occidit • jubes • audior • sentimus • metues • timeris • leguntur • indicitis

B. tu as peur • tu ordonnes • ils sont lus • nous sentons • ils sont appelés • tu es craint • je suis aimée • je suis écouté • vous montrez • il tue

8 Traduisez.

ils sont aimés • tu sens • elles sont redoutées • nous ordonnons • je prends • il est entendu • vous êtes appelés • tu as peur • ils sont tués • je suis pris

9 Retrouvez le verbe effacé.

a. C. Mucius … : *Je suis appelé C. Mucius.*

b. Rex circumdari ignes … : *Le roi ordonne qu'on l'entoure de flammes.*

c. Caius regem … : *Caius tue le roi.*

d. A Caio rex … : *Le roi est tué par Caius.*

🔆 **Cogitemus !**

10 Transposez les verbes au présent (*Periochae*, II).

a. Cocles solus Etruscos sustinuit et armatus in flumen se misit et ad suos transnavit. (sustineo, es, ere, tinui, tentum – mitto, is, ere, misi, missum – transno, as, are, avi, atum)

b. Porsenna bellum omisit.

11 Transposez les verbes au présent dans cet extrait du *De viris* de l'abbé Lhomond.

Stipendium militibus dabatur et scriba cum rege pari ornatu sedebat. Mucius illum pro rege occidit. Apprehensus et ad regem pertractus, dextram accenso ad sacrificium foculo injecit. (do, as, are, avi, atum – sedeo, es, ere, sedi, sessum – injicio, is, ere, jeci, jactum)

On donnait le salaire aux soldats, et le scribe était assis avec le roi, vêtu pareillement. Mucius le tua à la place du roi. Arrêté et amené devant le roi, il jeta sa main droite dans le feu allumé pour le sacrifice.

Atelier de traduction

Valerius Corvinus, seul contre les Gaulois

Le héros, confronté à un redoutable adversaire, reçoit une aide inattendue.

Adversum ingentem Gallum provocatorem solus Valerius tribunus militum **omnibus territis** processit. Corvus **ab ortu solis galeae ejus** insedit et inter pugnandum oculos Galli everberavit. **Hoste victo** Valerius Corvinus dictus [est].

Pseudo-Aurelius Victor (IVᵉ-Vᵉ s. apr. J.-C.), *De viris illustribus*, 29.

👉 **AIDE**

✳ **Quelles couleurs** correspondent au verbe et au groupe sujet ?

✳ **Vocabulaire** : omnibus territis : *tous les autres étant effrayés* ~ ab ortu solis : *depuis le lever du soleil* ~ inter pugnandum : *dans la bataille* ~ everbero, as, are : *crever* ~ hoste victo : *une fois l'ennemi vaincu*

✳ ÉTYMOLOGIE

Mots clés

La République

decus, oris, n. : *l'honneur*

Tiré de la racine *dec/doc*, « sembler, paraître », decus désigne tout ce qui semble **déc**ent, ce qui convient mais aussi tout ce qui fait paraître plus beau, ce qui **décor**e. Le neutre de l'adjectif *decorus*, « qui convient », est resté en français : le décorum (cf. ci-dessous).

virtus, utis, f. : *le courage*

Mot formé sur *vir*, « l'homme », à rapprocher du sanscrit *vira* qui signifie « héros ». La virtus est la caractéristique de l'homme romain : le courage. En effet, pour montrer sa **vir**ilité, il doit faire de cette qualité une **vertu**.

fides, ei, f. : *la foi*

Le sens primitif est « lier, attacher », qu'on retrouve dans le grec *peithô*, « attacher par la persuasion, convaincre ». La confiance lie les individus et les engage à la **fidé**lité, la foi les lie à leur dieu.

auctoritas, atis, f. : *l'autorité*

De l'indo-européen **aug*, « accroître », c'est la qualité de l'**aut**eur, celui qui crée puis accroît et protège. L'**autorité** est le pouvoir protecteur qui favorise le développement des sociétés humaines.

lex, legis, f. : *la loi*

De l'indo-européen **leg*, « collecter » : la loi est une coll**ec**tion de règles qui définit ce qu'il est **légi**time de faire, la **légis**lation.

☞ ACTIVITÉS

1 Reconstituez la pyramide de mots de la famille de decus.

```
_ _ COR
_ _ CEN_
_ _ COR_ _
_ _ _ _ _ CEN_
_ _ COR _ _ _ _
_ _ COR _ _ _ _ _
```

2 Employez ces mots de la famille de fides dans une phrase expliquant leur sens.

perfide • confident • infidèle • fiduciaire • confédération

3 Définissez ces mots. Quel mot de la leçon est leur radical ?

curie • virago • centurie • vertu • virilité

4 Employez dans une phrase cinq de ces mots de la famille de lex (cherchez leur sens si besoin est).

légiste • privilège • délégué • légion • élection • florilège • intelligent • négliger • sacrilège • sortilège • lexique • collègue • relégué • législation

5 Complétez avec un mot de la famille d'auctoritas.

a. Les … observent les oiseaux pour lire l'avenir.

b. L'… de la population mondiale est constant.

c. J'ai demandé à ma mère l'… de venir avec toi.

d. L'… du film est très jeune.

e. Ce maître a beaucoup d'….

6 Complétez la grille avec des mots de ces cinq familles.

Horizontalement
3. Qui ne trahit pas
5. Histoire fabuleuse
6. Conforme à la loi

Verticalement
1. Très masculin
2. Tri sélectif
4. Respect des convenances

Latin (bien) vivant

Aujourd'hui encore, le **décorum** – comme ses synonymes « protocole » ou « étiquette » – désigne toutes les règles de politesse qu'il convient de respecter et qui sont propres à certains milieux ou à certaines circonstances. Dura lex sed lex (*la loi est dure, mais c'est la loi*) est une expression que l'on utilise encore parfois pour dire d'une règle qu'elle doit s'appliquer même si elle semble trop contraignante.

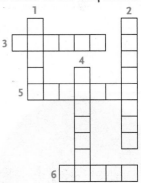

le décorum
dura lex
sed lex

Coupe (skyphos) de Boscoréale (détail), *Triomphe de Tibère*, Ier siècle apr. J.-C., argent. Musée du Louvre, Paris.

L'HÉROÏSME ROMAIN
DANS LA PEINTURE (XVe-XIXe siècle)

La redécouverte des héros romains

À partir du **XVe siècle**, on redécouvre l'Antiquité, oubliée au Moyen Âge, et **l'humanisme** place l'homme au centre des préoccupations.

Les **thèmes religieux** ne sont plus les seuls possibles dans l'art, et les **vertus** peuvent désormais être représentées par les héros romains, et non plus seulement par des héros chrétiens ou des allégories.

1 *La Magnanimité*, Guillaume Fillastre, XVe-XVIe siècles. BnF, Paris.

Valerius Corvinus

Horatius Coclès

Clélie

Styles et symboles

Au XVIIᵉ siècle, les rois de France et autres souverains absolus veulent que les peintres vantent leur héroïsme. Les peintres officiels utilisent souvent ces héros antiques comme symboles des qualités royales.

Le XVIIIᵉ siècle est d'abord l'époque du **rococo**, style très chargé dont Tiepolo est un représentant caractéristique. En opposition à ces formes courbes et à cette abondance décorative vient ensuite le **néo-classicisme**, et notamment J.-L. David, beaucoup plus sobre.

Au XIXᵉ siècle, l'Académie des beaux-arts encourage la peinture historique ; à la fin du siècle, cette peinture académique sera critiquée et on parle de **style « pompier »**, à cause des casques.
C'est la fin des héros romains dans la peinture.

2 Pierre-Paul Rubens (1577-1640),
Mucius Scaevola devant Porsenna, 1621, huile sur toile. Musée de Budapest, Hongrie.

Jean-Baptiste Tiepolo (1696-1770),
Mucius Scaevola devant Porsenna, 1750-1753, huile sur toile.
Martin von Wagner Museum, Wurtzbourg, Allemagne.

3

La jambe éclairée de Porsenna amène l'œil vers Mucius qui regarde le ciel : le roi n'existe pas à ses yeux, il est d'ailleurs dans l'ombre.

🐾 ACTIVITÉS

OBSERVER ET COMPRENDRE LES ŒUVRES

1 Rappelez l'histoire des héros représentés sur chaque document.

2 DOC. 1 et 2 : Quel moment de cette histoire les artistes ont-ils choisi d'illustrer ? Pourquoi, selon vous ?

3 DOC. 2 et 3 : La relation entre les deux personnages est-elle semblable sur les deux tableaux ? Expliquez en utilisant les **couleurs** et les **lignes de force**.

4 Quelle image commune du héros romain se construit dans ces documents ?

PROLONGER

Choisissez un des héros du chapitre et trouvez-en plusieurs représentations peintes à différents siècles. Vous pourrez les présenter sous forme de diaporama.

Les valeureux héros de la République

Après l'instauration de la République par Brutus en 509 av. J.-C., les Étrusques luttent pour reprendre le pouvoir et viennent assiéger Rome.

L'ESSENTIEL

■ Des héros exemplaires

Pendant la guerre contre Porsenna, **Coclès** (❸) et **Scaevola** (❷) s'illustrent en défendant leur ville par les armes, mais aussi en ayant le courage de braver leurs ennemis pour montrer la supériorité romaine.

Ils incarnent la *virtus* républicaine : ils sont prêts à sacrifier leur vie pour Rome et n'ont peur de rien.

■ Une femme courageuse

Clélie, en fuyant le camp de Porsenna, devient également célèbre, car il semble extraordinaire qu'une femme puisse faire preuve de ce courage (*virtus* est formé sur le mot *vir*, « l'homme »). Grâce à ce personnage, Tite-Live incite les Romaines à honorer la patrie au même titre que les hommes : l'histoire, au Ier siècle, n'est pas distincte de la propagande.

■ Rome, une république modèle

Ces héros deviennent des *exempla* (exemples) (❶) : les jeunes Romains étudient leur histoire à l'école et on les incite à les imiter. Ce sera le cas pendant des siècles (❷).

En même temps que la République romaine est donc forgé le stéréotype du Romain parfait : consul ou simple citoyen, c'est un homme courageux et intelligent, qui doit placer l'intérêt de l'État avant le sien et pour qui le sacrifice à la Patrie est érigé en vertu(❹).

❶ L'oubli de soi-même

Cicéron rappelle, au Ier siècle av. J.-C., l'importance de ces modèles de virtus.

Question : Quels personnages cités reconnaissez-vous ?

Nos généraux se sont dévoués pour la patrie ; nos consuls ont prévenu un roi, ardent ennemi de Rome, et qui déjà s'approchait de nos murs, du dessein qu'on avait de l'empoisonner. Il s'est vu dans notre République une femme qui, victime d'une infâme violence, l'expia par sa mort volontaire, et un père qui tua sa fille pour lui sauver l'honneur. Toutes ces actions-là et une infinité d'autres, quel mobile les a inspirées ? Peut-on douter que ce ne fût l'amour de la vertu, le mépris de ses intérêts, l'oubli de soi-même ?

Cicéron (106-43 av. J.-C.), *Des vrais biens et des vrais maux*, V, 22, traduction R. Desmarais.

❷ Postérité d'un *exemplum*

« Un jour que je racontais à table l'aventure de Scévola, on fut effrayé de me voir avancer et tenir la main sur un réchaud pour représenter son action. »

Jean-Jacques Rousseau (1712-1778), *Confessions*.

Mucius Scaevola, IIᵉ s., bas-relief, trouvé à Dunapentele (Hongrie). Musée national hongrois, Budapest.

Question : Les *exempla* se racontaient-ils seulement à Rome et dans l'Antiquité ?

❸ Un idéal de la Renaissance

À la Renaissance, ces exempla *sont représentés comme des hommes au physique exceptionnel : Goltzius dote Coclès d'une musculature impressionnante.*

Question : Observez la taille des personnages. Quel est le but du graveur ?

Hendrik Goltzius (1558-1617), *Horatius Coclès*, 1586, gravure.

❹ Un père modèle

Cette terre cuite, qui représente Brutus faisant exécuter ses fils, a été réalisée pour décorer le tribunal d'Amsterdam.

Question : De quelle qualité Brutus est-il l'*exemplum* ? Pourquoi le choix de cette scène dans un tribunal ?

Artus Quellinus (1609-1668), *Le jugement de Brutus*, 1651-54, terre cuite. Rijksmuseum, Amsterdam.

📖 ACTIVITÉS B2i

❶ S'informer sur Internet

Lisez l'épisode de Clélie (Tite-Live, II, 13 : http://pot-pourri.fltr.ucl.ac.be/files/AClassFTP/Textes/Tite-Live/francais/Tite02_fr.txt) et écrivez le récit, comme si vous étiez l'envoyé spécial de « Rome Info ».

❷ Traiter des données

Copiez l'histoire de Coclès (Tite-Live, II, 10, même lien) et proposez-en une mise en page qui mette en valeur les moments importants (paragraphes, gras, italique, couleurs...).

✳ DÉCOUVRIR *Luttes sociales*

① Familles patriciennes

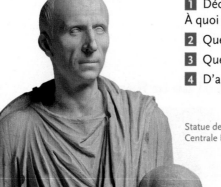

1 Décrivez le personnage debout.
À quoi voit-on que c'est un citoyen romain ?

2 Que tient-il ?

3 Quel semble être le lien entre le personnage et ce qu'il porte ?

4 D'après cette image, qu'est-ce qu'un patricien ?

Statue de marbre, 40-30 av. J.-C.
Centrale Montemartini, Rome.

②

Apud majores in atriis haec erant, quae specta-
rentur ; non signa externorum artificum […]:
expressi cera vultus singulis disponebantur
armariis, ut essent imagines, quae comitarentur
5 gentilicia funera, semperque defuncto aliquo
totus aderat familiae ejus qui umquam fuerat
populus.

Pline l'Ancien (23-79 apr. J.-C.), *Histoire naturelle*, XXXV, 2.

*Chez nos ancêtres, il y avait dans les atriums des objets
à regarder ; pas de **statues** d'artistes étrangers […] :
des **visages représentés en cire** étaient disposés dans
des niches individuelles, de sorte qu'il y avait des **images** pour accompagner les cortèges funéraires familiaux, et à la mort de quelqu'un, tous les membres de sa
famille qui avaient vécu avant lui étaient toujours là.*

1 Retrouvez en latin les mots en gras et
nommez ce champ lexical.

2 Qu'y a-t-il dans l'atrium des contemporains
de Pline ? Qu'y avait-il auparavant ?

3 Quelle est la coutume la meilleure selon
Pline ? Pourquoi ?

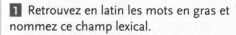

❸ Les patriciens abusent de leur pouvoir

Dein **servili** imperio **patres plebem** exer-
cere, de vita atque tergo regio more consulere, agro pellere et ceteris expertibus soli
in imperio agere. Quibus saevitiis et maxime faenore oppressa plebes cum assiduis
bellis tributum et militiam simul toleraret,
armata montem sacrum atque Aventinum
insedit, tumque tribunos plebis et alia jura
sibi paravit.

Ensuite ... tourmentent ... par le pouvoir de la
réduire en ..., décident de la vie et de la personne du
citoyen à la façon des rois, l'expulsent des champs
et, en en privant tous les autres, se maintiennent
seuls .... Opprimée par ces cruautés et surtout par les
dettes, alors qu'elle supportait aussi, dans des guerres
ininterrompues, le poids des impôts et du service
militaire, *la plèbe armée s'établit sur le mont sacré
et l'Aventin,* et créa pour elle-même les tribuns de la
plèbe et d'autres droits.

Augustin (354-430), *La Cité de Dieu*, III, 17.

1 Traduisez les mots en gras : qu'est-ce qui oppose patriciens et plébéiens ?
Faites la liste des sujets de mécontentement de la plèbe.

2 Retrouvez en latin la traduction en bleu. Comment la plèbe se révolte-t-elle ?

3 Relevez, en français et en latin, ce qu'elle obtient. Cherchez ce qu'est un tribun de la plèbe.

❹ Tiberius et Caius Gracchus, deux plébéiens révolutionnaires

1 Décrivez les deux
personnages. Quel peut être le
lien qui les unit ?

2 @ Qu'ont voulu faire
les Gracques ? Ont-ils réussi ?

3 Que représente donc ce
qu'ils tiennent ?

Eugène Guillaume (1822-1905),
Le Cénotaphe des Gracques, 1853, bronze.
Musée d'Orsay, Paris.

@ : Recherche Internet.

● Un conflit sanglant

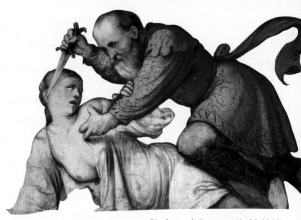

En 450 avant J.-C., Appius, un patricien, profite de son pouvoir pour prendre comme esclave la fille du centurion Verginius, fiancée à Icilius, un plébéien comme elle.

1. Verginius intentans in Appium manus, « Icilio, inquit, Appi, non tibi filiam **despondi** et ad nuptias, non ad stuprum **educavi** ».

Girolamo di Romano (1485-1566), *Virginius et sa fille*, 1531-1532, fresque. Castello del Buonconsiglio, Trente (Italie).

2. Seducit filiam ac nutricem prope Cloacinae ad tabernas atque ibi ab lanio cultro arrepto, « hoc te uno quo possum » ait, « modo, filia, in libertatem vindico. » Pectus deinde puellae **transfixit** […].

La plèbe soutient le père en rébellion contre Appius et les patriciens, et décide de faire sécession une seconde fois.

3. Castra in monte Sacro **locaverunt**, modestiam patrum suorum nihil violando imitati.[…] Potestatem enim tribuniciam provocationemque **repetebant**, quae ante decemviros creatos auxilia plebis fuerant.

Tite-Live (59 av. J.-C. – 17 apr. J.-C.), *Histoire romaine*, III, 47-53.

Aide : *tibi* : pour toi ; *stuprum, i,* m. : le déshonneur ; *lanius, ii,* m. : le boucher.

Vocabulaire

NOMS

castra, orum, n. pl. : le camp militaire
libertas, atis, f. : la liberté
manus, us, f. : la main
mons, montis, m. : la montagne
pectus, oris, n. : la poitrine
plebs, plebis, f. : la plèbe
potestas, atis, f. : le pouvoir
puella, ae, f. : la jeune fille

VERBES

despondeo, es, ere, di, sum : promettre, fiancer
seduco, is, ere, duxi, ductum : tirer l'écart
transfigo, is, ere, fixi, fixum : transpercer
vindico, as, are, avi, atum : revendiquer

MOTS INVARIABLES

deinde, adv. : ensuite
enim, conj. : car, en effet

Lecture du texte

Pour répondre aux questions, appuyez-vous sur les mots en vert.

1 §1 : Qui parle ? À qui ? Expliquez les oppositions.

2 §2 : Où se situe la scène ? Pourquoi cette précision ? Traduisez la fin du paragraphe pour répondre.

3 §2 : Quelle raison d'agir ainsi invoque le père ?

4 §3 : Que fait la plèbe ? Pourquoi ?

observation de la langue

1 Voici la traduction des verbes en gras : *j'ai fiancé, j'ai éduqué, il transperça, ils établirent, ils cherchaient à regagner*. À quelle personne est chacun d'eux ? Quelle est sa terminaison ?

2 À quel temps sont les quatre premiers verbes en gras ? Observez les temps primitifs de *transfigo* et expliquez-en la formation.

3 À quel temps est le dernier verbe ? Quel suffixe ajoute-t-on au radical du verbe pour former ce temps ?

● Révision : L'imparfait de l'indicatif actif et passif

Valeur : Comme en français, on utilise l'**imparfait** pour les descriptions ou pour les actions habituelles, répétitives ou qui durent dans le passé.

Formation : Radical du présent (suivi de la voyelle **-e** pour les 3e, 3e mixte et 4e conjugaisons) + suffixe **-ba** + désinences personnelles actives ou passives.

IMPARFAIT DE L'INDICATIF ACTIF						
1re conjugaison	2e conjugaison	3e conjugaison	3e conjugaison mixte	4e conjugaison	esse *(être)*	posse *(pouvoir)*
amabam	tenebam	legebam	capiebam	audiebam	eram	poteram
amabas	tenebas	legebas	capiebas	audiebas	eras	poteras
amabat	tenebat	legebat	capiebat	audiebat	erat	poterat
amabamus	tenebamus	legebamus	capiebamus	audiebamus	eramus	poteramus
amabatis	tenebatis	legebatis	capiebatis	audiebatis	eratis	poteratis
amabant	tenebant	legebant	capiebant	audiebant	erant	poterant

IMPARFAIT DE L'INDICATIF PASSIF				
1[re] conjugaison	2[e] conjugaison	3[e] conjugaison	3[e] conjugaison mixte	4[e] conjugaison
amabar	tenebar	legebar	capiebar	audiebar
amabaris	tenebaris	legebaris	capiebaris	audiebaris
amabatur	tenebatur	legebatur	capiebatur	audiebatur
amabamur	tenebamur	legebamur	capiebamur	audiebamur
amabamini	tenebamini	legebamini	capiebamini	audiebamini
amabantur	tenebantur	legebantur	capiebantur	audiebantur

● Le parfait de l'indicatif actif et passif

Valeur : Comme le passé simple et le passé composé, le **parfait** sert à exprimer des faits de premier plan, des actions ponctuelles.

Formation :

– **à l'actif :** Radical du parfait ou *perfectum* (quatrième temps primitif) + désinences du parfait.

　　(-i, -isti, -it, -imus, -istis, -erunt/-ere)

– **au passif :** Participe parfait + *esse* au présent.

	Parfait de l'indicatif actif		Parfait de l'indicatif passif
	educo, as, are, **avi**, atum	sum, es, esse, **fui**	educo, as, are, **avi**, atum
Indicatif parfait	educavi	fui	amatus, a, um sum
	educavisti	fuisti	... es
	educavit	fuit	... est
	educavimus	fuimus	amati, ae, a sumus
	educavistis	fuistis	... estis
	educaverunt / educavere	fuerunt / fuere	... sunt
Infinitif parfait	educavisse	fuisse	amatum, am, um esse/ amatos, as, a esse

✳ EXERCICES

💬 Loquamur !

1 Récitez, en commençant par le début, puis par la fin, les désinences actives et passives de l'*infectum*, puis celles du parfait actif.

2 Conjuguez à l'imparfait actif, puis passif.

seduco, is, ere, duxi, ductum • transfigo, is, ere, fixi, fixum • despondeo, es, ere, di, sum • arripio, is, ere, ripui, reptum • vindico, as, are, avi, atum

3 Conjuguez les mêmes verbes au parfait actif et passif.

✍ Scribamus !

4 Complétez le tableau.

1re p. sg.			
2e p. sg			
3e p. sg.			transfixit
1re p. pl.	vindicabamus		
2e p. pl.			
3e p. pl.		repetebant	

5 Faites le même tableau au passif.

6 Trouvez l'intrus.

a. despondi • transfixit • vindico • fuerunt • potui

b. ait • educavi • amatus est • amabatur • seducebat

c. transfigebatur • educata es • locati sunt • amabar • fuit

7 Traduisez.

fui • seducebant • vindicavi • il arracha • despondisti • nous aimions • educabam • transfixi • potui

8 Mettez, quand c'est possible, les verbes de l'exercice 7 au passif.

💡 Cogitemus !

9 Dans ces extraits des *Periochae* de Tite-Live, retrouvez les verbes au parfait effacés (le sujet est en gras).

a. **Seditiones** de agrariis legibus....
Il y eut des séditions à propos des lois agraires. (sum, es, esse, fui)

b. **L. Quintius Cincinnatus** victos hostes sub jugum ....
Cincinnatus fit passer sous le joug les ennemis vaincus. (mitto, is, ere, misi, missum)

c. **[Verginius]** rapto ex taberna proxima cultro filiam ....
Verginius tua sa fille avec un couteau pris dans une boutique voisine. (occido, is, ere, occidi, occisum)

d. **Plebs concitata** montem Aventinum ....
La plèbe soulevée prit le mont Aventin. (occupo, as, are, avi, atum)

10 Dans cet extrait de Velleius Paterculus (*Histoire romaine*, II, 6) :

a. Retrouvez les verbes à l'imparfait et mettez-les au parfait.

b. Remplacez le sujet par le pluriel *Gracchi* et modifiez les verbes, à l'imparfait puis au parfait.

[Caius Gracchus] dabat civitatem omnibus Italicis, extendebat eam paene usque Alpis, dividebat agros, vetabat quemquam civem plus quingentis jugeribus habere, nova constituebat portoria, novis coloniis replebat provincias, judicia a senatu trasferebat ad equites, frumentum plebi dari instituerat.

Caius Gracchus donnait la citoyenneté à tous les Italiens, l'étendait presque jusqu'aux Alpes, partageait les terres, interdisait à tout citoyen d'avoir plus de cinq cents arpents, établissait de nouveaux péages, remplissait les provinces de nouvelles colonies, transférait le pouvoir judiciaire du sénat aux chevaliers et avait institué la distribution du blé au peuple.

extendo, is, ere, tendi, tensum / divido, is, ere, visi, visum / constituo et instituo, is, ere, stitui, stitutum / repleo, is, ere, plevi, pletum / transfero, is, ere, tuli, latum

Atelier de traduction

Caton le Censeur, un patricien exemplaire

Censor L. Flaminium consularem [e] senatu movit, quod ille in Gallia ad cujusdam scorti spectaculum ejectum quendam e carcere in convivio jugulari jussisset. Basilicam suo nomine primus fecit.

Pseudo-Aurelius Victor, *De Viris illustribus*, (IVe-Ve s. apr. J.-C.), 47.

👉 AIDE

* **Expressions traduites à replacer :** *pour le donner en spectacle à une prostituée ~ quelque prisonnier tiré*

* **Vocabulaire :** consularis, e : *de rang consulaire ~ jussisset : avait ordonné ~ jugulari : qu'on égorge*

* **Couleurs :** vert = sujet ; rouge = verbe ; bleu = COD.

✳ ÉTYMOLOGIE

Mots clés

La société romaine

patres, um, m. pl. : *les patriciens*

C'est le mot *pater*, « le père ». Employé au pluriel, il signifie « les sénateurs », pères de la patrie. Le suffixe *-icius* est utilisé pour les adjectifs tirés de noms de fonctions officielles. L'adjectif *patricius*, à l'origine du mot « patricien », désigne les membres des familles sénatoriales.

majestas, atis, f. : *la dignité*

Issu de la racine *mag*, « croître », « grandir » – comme l'adjectif *magnus*, « grand », et son comparatif *major* –, ce mot résume toutes les qualités qui fondent la souveraineté des **mag**istrats, liée à la **maj**esté de leur fonction, et les rendent plus « grands » que les autres citoyens.

mos majorum : *la coutume des ancêtres*

Comme son doublon *mens*, « l'esprit », *mos* est lié à une volonté : c'est la manière d'être que se choisit un groupe d'hommes. L'expression désigne les mœurs, la manière de vivre des *majores*, les plus anciens, les premiers Romains républicains, considérés comme des modèles.

plebs, bis (ou **plebes, ei**), **f. :** *la plèbe*

Du sanscrit *par*, « croître en taille ou en nombre », comme *plenus*, « plein », ou *pleo*, « remplir » : la plèbe, c'est le peuple, la foule de ceux qui sont définis par défaut, n'étant ni patriciens, ni esclaves.

👉 ACTIVITÉS

1 Dans chaque liste se cache un mot sans rapport avec la famille de *pater*. Trouvez-le.

a. patrie • paternel • despote • parapente • perpétrer • patronal

b. patrimoine • patent • Patrice • patron • patronymique • patriarche

2 Choisissez cinq des mots précédents et employez-les dans une phrase qui en expliquera le sens.

3 Complétez les phrases par un mot formé sur la racine *mag*.

a. Voici Sa ... le Roi !

b. C'est un ... du pétrole, il est très riche.

c. La ... en France est à dix-huit ans.

d. Le ... est le doigt le plus long.

e. Il a comparu devant le ....

f. Ce chien n'obéit pas à son ....

g. On dit que l'empereur ... a inventé l'école.

4 Utilisez chaque mot dans une phrase qui en éclaircira le sens.

plébéien • plein • remplir • plénitude • plénière

5 Faites correspondre chaque mot à sa définition.

patriote •	• fait d'être père
patronyme •	• en rapport avec l'esprit
patronner •	• du maître
magistral •	• premier de sa promotion
paternité •	• qui aime sa patrie
patronat •	• nom de famille
mental •	• appuyer, épauler
major •	• ensemble des chefs d'entreprise

6 Quelle différence y a-t-il entre le *magistratus* et le *magistrat* d'aujourd'hui ?

Latin (bien) vivant

L'importance des ancêtres, de la lignée familiale qui fonde les dynasties patriciennes, se retrouve aujourd'hui encore dans l'expression **ad patres** : envoyer quelqu'un *ad patres*, donc littéralement chez ses pères, c'est le tuer.
Aller **ad patres**, donc rejoindre ses pères dans l'autre monde, signifie mourir.
Contrairement à la plupart des expressions latines passées en français, on l'emploie en langage familier.

patres

ad patres

Portrait funéraire du Fayoum, IIe siècle apr. J.-C., peinture sur bois. Musée Pouchkine, Moscou (Russie).

IMAGES DE LA DIGNITAS : REPRÉSENTATIONS DE PATRICIENS

Des hommes responsables

La **dignitas** est d'abord liée à l'exercice d'une charge publique : c'est leur *fonction* à la tête de l'État qui la confère aux patriciens. C'est pourquoi on les représente souvent dans l'exercice de leurs fonctions politiques, à la Curie (le Sénat), le discours à la main.

L'exercice de ces fonctions importantes nécessite des hommes sérieux, responsables, dévoués à l'État.

1 **Statue de Dogmatius**, marbre. Musée du Vatican, Rome.

LES BUSTES

Les **bustes des patriciens** montrent toujours des hommes au visage grave, aux traits fins et bien dessinés, aux lèvres pincées et au regard sévère. Ils incarnent la **dignité**, au sens où nous employons ce mot.

Cesare Maccari (1840-1919), *Cicéron au Sénat accuse Catilina de conjuration*, 21 octobre 63 av. J.-C., 1889, fresque. Palazzo Madama, Rome.

2

Des hommes supérieurs

La *dignitas* finit par ne plus être liée à la fonction, et désigne la **majesté** particulière d'une classe aristocratique, une manifestation de sa supériorité sur la plèbe.

Marius, IIe siècle av. J.-C., marbre. Glyptothek, Munich (Allemagne). **3**

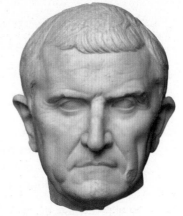

4 Buste d'homme, Ier siècle apr. J.-C., marbre. Musée du Louvre, Paris.

5 Juan-Antonio Ribera y Fernandez (1779-1860), *Cincinnatus*, 1804, huile sur toile. Musée du Prado, Madrid.

Cincinnatus est un **patricien paysan** du début de la République. On vient le chercher pour gouverner en temps de crise. Puis il retourne à ses champs. Le peintre lui donne l'air fier caractéristique des patriciens, malgré sa tenue.

☞ ACTIVITÉS

OBSERVER ET COMPRENDRE LES ŒUVRES

1 Comment les patriciens sont-ils habillés ? Quels gestes communs retrouvez-vous sur les **DOC. 1 et 2** ?

2 **DOC. 3 et 4** : Lequel des deux est un plébéien ? Justifiez.

3 À quoi voit-on que Cincinnatus est un patricien (**DOC. 5**) ? Pourquoi n'est-ce pas évident immédiatement ?

PROLONGER

4 Cherchez d'autres représentations antiques ou plus modernes de Romains célèbres (Caton, César, Scipion...). Après avoir vérifié qu'ils sont bien patriciens, présentez-les à vos camarades.

Les conflits entre patriciens et plébéiens au Vᵉ siècle av. J.-C.

La jeune République romaine est agitée par des tensions sociales.

L'ESSENTIEL

■ Une République peu démocratique

Après la chute des rois, les patriciens se partagent le pouvoir, et le peuple subit leur **domination**. Ils ont le droit de prendre comme esclaves les citoyens qui ne peuvent pas leur rembourser leurs dettes et ils en abusent.

■ Première sécession de la plèbe (495-494 av. J.-C.)

Écrasé de dettes et indigné par l'esclavage, le peuple se révolte et quitte Rome pour le mont Sacré (❶). Les patriciens doivent lui accorder des représentants élus, les **tribuns de la plèbe**.

■ Deuxième sécession de la plèbe (451 av. J.-C.)

Les tensions ne cessent pas vraiment entre patriciens et plébéiens (❷). Pour clarifier leurs droits respectifs, on délègue dix patriciens, les **décemvirs**, chargés de donner une forme écrite au droit : la **loi des Douze Tables** (❸). Mais ils abusent de leur pouvoir : Appius tentant de s'approprier Verginia provoque un deuxième départ de la plèbe vers l'Aventin. On chasse les décemvirs et les deux ordres sont désormais juridiquement égaux.

■ Les tribuns de la plèbe

Ce sont deux magistrats issus de la plèbe qui ont deux pouvoirs importants :
– l'*intercessio*, suspension de l'action légale d'un magistrat contre un citoyen ;
– le **droit de veto**, qu'ils peuvent exercer contre tous les magistrats et toutes les lois.

❶ Apologue de Menenius Agrippa

Questions :
Qu'est-ce qu'un apologue ? Expliquez celui de Menenius Agrippa.
Retrouvez la fable de la Fontaine qui s'en inspire.

Dans le temps où l'harmonie ne régnait pas encore comme aujourd'hui dans le corps humain, mais où chaque membre avait son instinct et son langage à part, toutes les parties du corps s'indignèrent de ce que l'estomac obtenait tout par leurs soins, leurs travaux, leur ministère, tandis que, tranquille au milieu d'elles, il ne faisait que jouir des plaisirs qu'elles lui procuraient. Elles formèrent donc une conspiration : les mains refusèrent de porter la nourriture à la bouche, la bouche de la recevoir, les dents de la broyer. Tandis que, dans leur ressentiment, ils voulaient dompter le corps par la faim, les membres eux-mêmes et le corps tout entier tombèrent dans une extrême langueur. Ils virent alors que l'estomac ne restait point oisif, et que si on le nourrissait, il nourrissait à son tour, en renvoyant dans toutes les parties du corps ce sang qui fait notre vie et notre force [...]. La comparaison de cette sédition intestine du corps avec la colère du peuple contre le sénat, apaisa, dit-on, les esprits.

Tite-Live (59 av. J.-C.-17 apr. J.-C., *Histoire romaine*, II, 32, traduit par Baillet.

❷ Sécession de la plèbe

Question :
Quels éléments antiques reconnaissez-vous ?

« Appius Claudius puni par le peuple », John Leech (1817-1864), *The Comic History of Rome*, 1850.

❸ Les Douze Tables

Le texte intégral des lois écrites par les *decemviri* n'a pas été retrouvé, mais on a pu le reconstituer grâce à de nombreuses citations.

Chaque table traite un sujet : les dettes, la famille, l'héritage, les crimes, le mariage, les règles funéraires...

Ce texte affirme le caractère universel de la loi : tous sont égaux face à la justice. Il autorise aussi un citoyen condamné par un magistrat à faire appel devant une assemblée du peuple.

Le premier cas connu de son application est le procès d'Horace : condamné pour le meurtre de sa sœur, il est gracié par le peuple du fait de sa victoire contre les Curiaces.

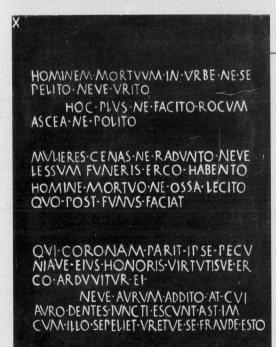

Question :
De quel sujet traite la table X ?

Extrait de la loi des Douze Tables de bronze (reconstitution). Musée de la Civilisation romaine, Rome.

🖳 ACTIVITÉS B2i

❶ Faire une recherche documentaire

Informez-vous sur Cincinnatus de façon à pouvoir résumer à l'oral ce qui lui a valu la célébrité.

❷ Relever des éléments permettant de situer une information

En les copiant dans un moteur de recherche, trouvez pour chaque phrase les informations suivantes : auteur, nom du livre, traduction.

• Denique utrum tandem populi Romani an vestrum summum imperium est ?

• Sexto decimo anno post reges exactos seditionem populus Romae fecit.

• Tertiam seditionem excitavit matrimoniorum dignitas, ut plebei cum patriciis jungerentur.

■ La première déclinaison

1. Faites toutes les flèches possibles entre les trois colonnes.

ira	Nominatif	COS
dextris	Vocatif	COD
gloriam	Accusatif	sujet, attribut du sujet
fortunae	Génitif	complément circonstanciel
puellarum	Datif	complément du nom
filias	Ablatif	apostrophe

2. Retrouvez les terminaisons voulues par la fonction, au singulier et au pluriel et traduisez.

magn_ glori_ *(COD)* • bon_ fortun_ *(attribut du sujet)* • tant_ min_ *(complément du nom)* • magn_ ir_ *(complément circonstanciel)* • bon_ puell_ *(COS)* • long_ mor_ *(sujet)* • bon_ fili_ *(apostrophe)*

■ La deuxième déclinaison

3. Analysez (cas et nombre) en donnant toutes les possibilités.

animus • pericula • Romane • bellis • foculo • sacrificium • proelii • castrorum • domini

4. Formez des groupes nominaux et donnez leurs fonctions (plusieurs possibilités parfois).

a. imperium • periculi • populorum • auxilia • castris
b. novis • bonorum • magnum • longi • bona

■ Le parfait

5. Trouvez le radical du parfait et conjuguez-le à toutes les personnes à l'actif, puis au passif.

jubeo, es, ere, jussi, jussum (ordonner) • occido, is, ere, occidi, occisum (tuer) • voco, as, are, avi, atum (appeler) • seduco, is, ere, duxi, ductum (tirer à l'écart) • transfigo, is, ere, fixi, fixum (transpercer)

6. Traduisez.

a. Il ordonna • vous avez tué • ils transpercèrent • nous avons appelé • j'ordonnai • tu tiras à l'écart
b. Il fut tué • nous fûmes appelées • elle fut tirée à l'écart • vous fûtes transpercés

■ L'imparfait actif et passif

7. Traduisez ces verbes, puis transposez-les au singulier ou au pluriel selon le cas.

seducebat • occidebantur • jubebas • transfigebamur • vocabam • metuebatis • videbamur • debebamus • timebas • vocabantur • occidebas • jubebatis

8. Complétez le tableau.

Imparfait actif	Traduction	Imparfait passif	Traduction
videbas			
	il tuait		
seducebant			
			j'étais appelé
	tu transperçais		
		timebaris	
capiebatis			
			nous étions aimés

■ SYNTHÈSE

9. Analysez grammaticalement (cas, fonction de chaque groupe de mots) les phrases et traduisez.

a. Verginius Verginiam cum cultro occidit.
b. Populus castra in Aventino locavit.
c. Horatius armatus ad suos natavit.
d. Romani magnam gloriam videbant *(videre, ici : considérer)*.
e. Scaevola in foculo dextram injecit.
f. Populi Romani gloria magna est.

10. Complétez les terminaisons manquantes.

Roman_ cum adversus Veientes bellarent, eos sibi hostes famili_ Fabi_ privato nomine deposc_ ; et profecti trecenti sex duce Fabi_ consule. Cum saepe victores exstitissent, apud Cremeram fluvium castr_ posu_. Veientes ad dolos conversi pecora ex diverso in conspectu illorum protulerunt, ad quae progressi Fabi_ in insidias delapsi usque ad unum occisione peri_.

Alors que les Romains étaient en guerre contre les Véiens, la famille des Fabius les réclama comme ennemis en son nom propre ; et ils partirent à trois cent six, sous les ordres du consul Fabius. Après avoir été souvent victorieux, ils montèrent le camp près du fleuve Cremera. Les Véiens recourant à la ruse exposèrent à divers endroits sous leurs regards des troupeaux, vers lesquels les Fabius s'avancent, tombent dans des pièges et périrent jusqu'au dernier.

Pseudo-Aurelius Victor, *De Viris Illustribus*, 14.

● Mots mêlés

Retrouvez dans la grille onze mots français vus en étymologie. Vous en verrez apparaître deux autres formés des lettres restantes.

X	U	E	I	R	E	P	M	I	M
E	R	P	R	A	T	E	R	I	A
R	E	U	O	E	B	T	I	Q	I
I	T	U	E	E	I	R	E	S	T
P	S	I	L	J	O	N	M	P	R
M	E	P	E	C	A	R	E	I	E
E	J	A	E	R	E	M	P	L	I
L	A	D	C	I	V	I	L	I	P
S	M	N	O	R	T	A	P	M	E

● Cryptogramme

Déchiffrez et traduisez cette sentence sur les héros d'après Florus (*Abrégé de l'histoire romaine*, I, 10).

S U N T   R O M A N A

P R O D I G I A   E T

M I R A C U L A : H O R A T I U S ,

M U C I U S ,   C L O E L I A

... sont des prodiges et des miracles de Rome.

● Correspondances

Associez chaque mot lié à un personnage.

Flaminius ●	● Mucius Scaevola
Tibre ●	● Horatius Coclès
306 ●	● Brutus
paysan ●	● Valerius Corvinus
le gaucher ●	● Caton
Volsques ●	● Coriolan
Pont Sublicius ●	● Clélie
Gaulois ●	● les Fabius
Lucrèce ●	● Cincinnatus

● Mots effacés

Coriolan, vainqueur des Volsques, est aussi désintéressé que courageux.

Replacez dans le texte les groupes de lettres suivants : quum • ius • ivi • capti • uit • equ • cent • hosp

Cn. Marc_ agri centum jugeribus et X _vorum electione et totidem ornatis _is, _enario boum grege argentoque, quantum sustinere valuisset, donaretur, nihil ex his praeter unius _itis capt_ salutem e_que, quo in acie uteretur, accipere vol_.

Cn. Marcius reçut un domaine de cent arpents, dix prisonniers à son choix, autant de chevaux harnachés, un troupeau de cent bœufs et autant d'argent qu'il en pourrait porter ; mais il ne voulut accepter d'autre présent que la liberté d'un prisonnier qui était son hôte et un cheval de bataille.

Valère Maxime, *Des faits et des paroles mémorables*, Livre IV, traduit par D. Nisard.

HISTOIRE DES ARTS

● Brutus, premier consul de Rome

1. De quelle époque date ce buste ? Le choix d'un personnage antique vous semble-t-il logique à cette époque ?

2. À quoi voit-on que Brutus était un patricien ?

3. Observez son visage. Quels traits de son caractère Michel-Ange a-t-il voulu exprimer, selon vous ?

Michel-Ange (1475-1564), *Buste de Brutus*, v. 1539-1540, marbre. Musée du Bargello, Florence.

Horatius Coclès au pont Sublicius

Tite-Live nous raconte en détail la défense du pont et le courage héroïque d'Horatius Coclès.

Friedrich Brentel (1580-1651), *Horatius Coclès*, 1630, gouache sur parchemin. Cabinet des Estampes et des Dessins, Strasbourg.

À l'approche des ennemis, les habitants de la campagne se réfugient dans la ville. L'enceinte de Rome est garnie de postes nombreux. Elle paraissait bien défendue d'un côté par ses murailles, et de l'autre par le Tibre qui se trouvait entre elle et l'ennemi ; cependant un pont de bois allait donner passage à l'ennemi, sans un seul homme, Horatius Coclès, qui ce jour-là fut l'unique rempart du destin de Rome.

Il se trouvait par hasard chargé de la garde du pont, lorsqu'il s'aperçoit que le Janicule avait été emporté par surprise, que les ennemis accouraient à pas précipités, et que ses compagnons effrayés quittaient leurs rangs et leurs armes ; il en arrête quelques-uns, s'oppose à leur retraite, et, attestant les dieux et les hommes, leur représente que c'est en vain qu'ils abandonnent leur poste ; que la fuite ne peut les sauver ; s'ils laissent derrière eux le passage du pont libre, ils verront bientôt plus d'ennemis sur le Palatin et sur le Capitole qu'il n'y en a sur le Janicule. Il leur recommande donc, il leur ordonne de mettre en usage le fer, le feu et tous les moyens possibles pour couper le pont. Quant à lui, autant que peut le faire un seul homme, il soutiendra le choc des ennemis.

Il s'élance aussitôt à la tête du pont, et d'autant plus remarquable qu'on le voyait, au milieu des siens qui tournaient le dos et abandonnaient le combat, se présenter, les armes en avant, pour résister aux Étrusques, il frappe les ennemis de stupeur par ce prodige d'audace. Cependant l'honneur avait retenu près de lui Spurius Larcius et Titus Herminius, tous deux distingués par leur naissance et par leur courage. Il soutint d'abord avec eux le premier choc et la première fureur des assaillants ; mais bientôt ceux qui rompaient le pont les ayant rappelés, il force ses deux compagnons à se retirer par un étroit passage qu'on avait conservé à dessein. Ensuite, jetant sur les chefs des Étrusques des regards menaçants et terribles, tantôt il les provoque l'un après l'autre, tantôt il les accuse tous ensemble de lâcheté, leur reprochant d'être les esclaves d'orgueilleux tyrans, et d'oublier le soin de leur propre liberté pour venir attaquer la liberté d'autrui.

Ils hésitent quelque temps, se regardant les uns les autres, comme pour voir qui commencerait le combat ; mais enfin la honte s'empare de la troupe entière ; ils poussent un grand cri et font pleuvoir sur un seul homme une nuée de javelots : tous les traits restent fixés au bouclier dont il se couvre. Quand ils voient qu'inébranlable dans ses résolutions et ferme dans sa résistance, il demeure maître du pont qu'il parcourt à grands pas, les ennemis cherchent, en se jetant sur lui, à le précipiter dans le fleuve ; mais tout à coup le fracas du pont qui se brise, et les cris que poussent les Romains, joyeux du succès de leurs efforts, les glacent d'épouvante, et arrêtent leur impétuosité.

Alors Coclès s'écrie : « Dieu du Tibre, père de Rome, je t'implore. Reçois avec bonté dans tes flots ces armes et ce soldat. » Il dit, se précipite tout armé dans le fleuve, et, le traversant à la nage, au milieu d'une grêle de flèches qu'on lui lance de l'autre rive sans pouvoir l'atteindre, il rejoint ses concitoyens, après avoir osé un exploit qui trouvera dans la postérité plus d'admiration que de croyance.

Rome se montra reconnaissante d'une aussi haute valeur. Elle lui fit ériger une statue sur le Comitium, et on lui donna autant de terres que put en renfermer un cercle tracé par une charrue dans l'espace d'un jour.

Tite-Live, *Histoire romaine*, II, 10, traduit d'après D. Nisard.

✳ CONSEILS DE LECTURE

Jean Defrasne, *Récits tirés de l'histoire de Rome*, Pocket Jeunesse, 1954.
Les premiers des douze chapitres de cette histoire romancée vous plongeront au début de la République, et vous y retrouverez ses héros, en particulier Mucius Scaevola.

Clanet, Clapat, *Alcibiade Didascaux chez les Romains*, Athéna éditions, 1994.
Une bande dessinée dont le personnage, un professeur de latin un peu étrange, se retrouve projeté dans la Rome de 509 avant J.-C. et en revit les grands moments.

René Ponthus et Emmanuel Cerisier, *Atlas des Romains*, Casterman, 2005.
Un ouvrage documentaire grâce auquel vous pourrez compléter vos connaissances sur les institutions de la République et son fonctionnement, la hiérarchie sociale, et de nombreux autres sujets.

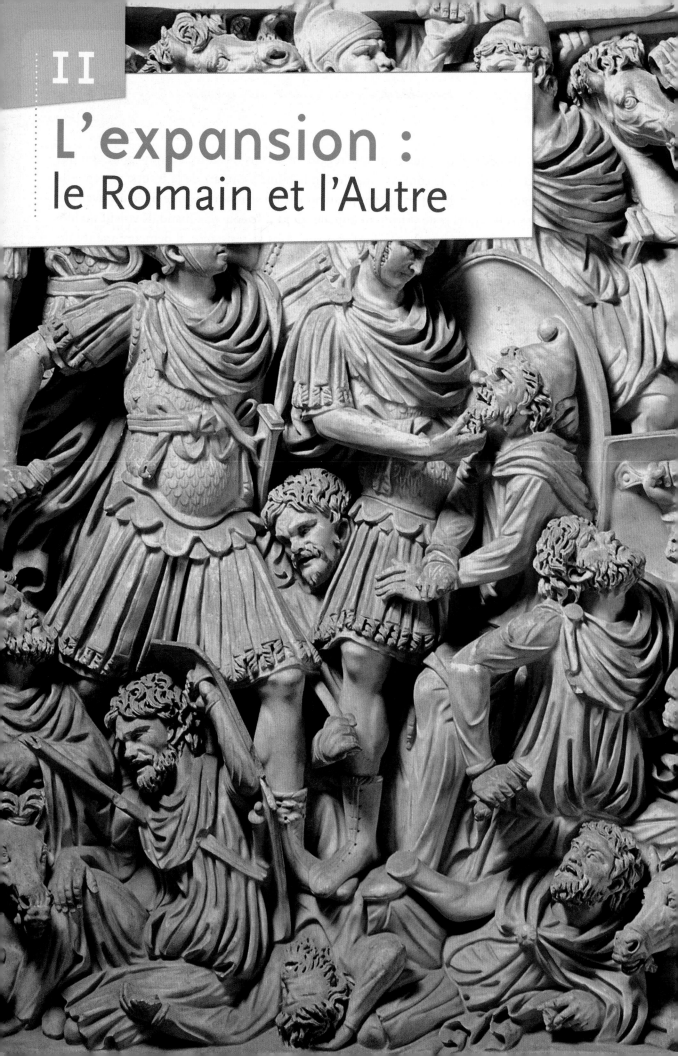

L'expansion :
le Romain et l'Autre

Delenda est Carthago
À la conquête de Carthage

✳ DÉCOUVRIR *Du mythe à l'histoire*

❶ Du côté du mythe : Didon et Énée, de l'amour…

Après bien des errances en Méditerranée, Énée est reçu par la reine de Carthage.

1 Repérez Énée et Didon. D'après la légende racontée dans l'*Énéide* de Virgile, qui sont-ils respectivement ? Et qui peut être le vieillard ? l'enfant ?

2 Quels attributs divins porte l'enfant ? Pourquoi ?

3 Comment le peintre a-t-il rendu la puissance de Carthage ?

Jean-Baptiste Tiepolo (1696-1770),.
Énée accompagné de l'Amour se présente à Didon, 1757, fresque.
Villa Valmarana (Italie).

❷ …à la haine !

Au moment de se donner la mort, Didon, trahie par son amant, réclame la vengeance.

Tum vos, o Tyrii, stirpem et genus omne futurum
Exercete odiis, cinerique haec mittite nostro
Munera. Nullus amor populis nec foedera
                                    [sunto.
Exoriare aliquis nostris ex ossibus ultor
⁵ Qui face Dardanios ferroque sequare colonos,
Nunc, olim, quocumque dabunt se tempore vires.

*Quant à vous, Tyriens, sur cette famille et toute sa race future, **appliquez votre haine, envoyez donc à nos cendres ce présent. Qu'aucun amour n'existe jamais entre nos peuples, ni aucune alliance !** Que surgisse de mes os un vengeur qui par le feu et par le fer poursuivra les colons dardaniens, maintenant, un jour, à tout moment que ses forces lui offriront !*

Virgile (70-19 av. J.-C.), *Énéide*, IV, 622-627.

1 Les deux peuples sont-ils désignés par leur nom habituel ?

2 Relevez en français et en latin deux antonymes dans le passage en gras.

3 De quoi Didon menace-t-elle ses ennemis ? Quelle serait donc l'origine des guerres entre Rome et Carthage ?

❸ Dans la réalité : Carthage, une cité très convoitée...

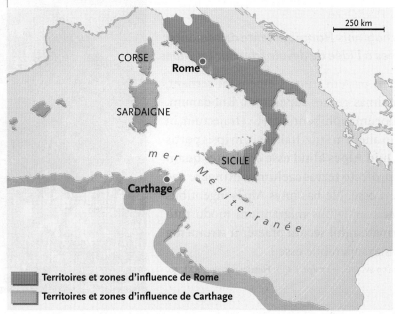

Possessions respectives de Rome et de Carthage avant la 1ʳᵉ guerre Punique.

1 À quelle ville actuelle correspond Carthage ? À quel pays, à quel continent cette ville appartient-elle ?

2 Quelle constatation pouvez-vous faire sur la répartition des possessions carthaginoises ?

3 Pourquoi Rome peut-elle être tentée d'annexer Carthage ?

❹ Les causes historiques des guerres Puniques

En 264 av. J.-C., Rome souhaite étendre sa domination en Méditerranée...

Igitur **victor Italiae** populus Romanus cum ad fretum usque venisset [...] paulisper substitit. Mox cum videret opulentissimam in proximo praedam quodam modo Italiae suae abscisam et quasi revolsam ; adeo **cupiditate** ejus exarsit ut, quatenus nec mole jungi nec pontibus posset, armis belloque jungenda et ad continentem suam revocata bello videretur [...]. Nec occasio defuit, cum de Poenorum inpotentia foederata Siciliae civitas Messana quereretur [...]. Igitur specie quidem socios juvandi, re autem sollicitante praeda – tanta in **virtute** fiducia est – ille **rudis**, ille **pastorius** populus vereque **terrester** ostendit nihil interesse **virtutis**, equis an navibus, terra an mari dimicaretur.

* : de Sicile.

Donc, comme le peuple romain, ~~vainqueur de l'Italie~~*, était parvenu jusqu'au détroit* [...], il s'arrêta un moment. C'est alors qu'il entrevit dans les parages une très riche proie détachée et même arrachée de son Italie ; il s'enflamma pour elle d'une telle* ~~avidité~~ *que, ne pouvant la relier par une digue ou des ponts, il choisit de se l'attacher par les armes et les combats et de la relier à son propre territoire par une guerre [...]. L'occasion se présenta : une cité alliée de la Sicile, Messine, se plaignait de la violence de* **Carthage** *[...]. Aussi, sous prétexte d'aider ses alliés, mais en vérité parce que la proie le tentait – tant est forte la foi dans le* ~~courage~~ *! –, ce peuple* ~~rude~~*,* ~~rural~~ *et véritablement* ~~terrestre~~*, prouva que le* ~~courage~~ *se moquait bien que l'on combatte à cheval ou en bateau, sur terre ou sur mer.*

Florus (70-140 apr. J.-C.), *Abrégé de l'histoire romaine*, I, 18.

1 Traduisez les mots en gras, puis classez les qualités et défauts attribués au peuple romain.

2 Quel nom propre sert à désigner Carthage en latin ? De quelle expression est-il à l'origine ?

3 Quel type de guerre va devoir engager Rome contre Carthage pour conquérir la Sicile ?

Sanesi, « Le passage des Alpes par les troupes d'Hannibal », in Luigi Stefanoni *Histoire de l'Italie*, 1882-85.

● Hannibal au pied des Alpes

En 218 av. J.-C., le général carthaginois Hannibal tente de remonter le moral de ses troupes effrayées à l'idée de devoir franchir les Alpes.

1 Nunc, postquam multo majorem partem itineris emensam cernant, Pyrenaeum saltum inter ferocissimas gentes superatum, Rhodanum, tantum amnem, tot milibus Gallorum prohibentibus [...] trajectum, in conspectu Alpes habeant quarum alterum latus Italiae sit, in ipsis portis
5 hostium fatigatos subsistere ? **Quid Alpes aliud esse credentes quam montium altitudines ? Nullas profecto terras caelum contingere nec inexsuperabiles humano** generi **esse.** Ne has ipsas Alpes ingentibus saepe agminibus cum liberis ac conjugibus migrantium modo tuto transmisisse ? Militi quidem armato nihil secum praeter instrumenta
10 belli portanti quid invium aut inexsuperabile esse ?

Tite-Live (59 av. J.-C. – 17 apr. J.-C.), *Histoire romaine*, XXI, 30.

Vocabulaire

NOMS

agmen, inis, n. : l'armée, la troupe
amnis, is, m. : le fleuve au courant dangereux
gens, gentis, f. : (ici) le peuple, la population
iter, itineris, n. : le chemin, le trajet
latus, eris, n. : le côté
miles, itis, m. : le soldat
pars, partis, f. : la partie

VERBES

porto, as, are, avi, atum : porter
prohibeo, is, ere, ui, itum : empêcher

ADJECTIFS

ferox, ocis : cruel, sauvage
ingens, entis : immense

MOTS INVARIABLES

ne : est-ce que ... ne ... pas ?
nihil : rien
postquam : après que, une fois que

Lecture du texte

1 Dans la première phrase, suivez l'itinéraire emprunté par les troupes d'Hannibal en relevant les noms propres.

2 Quelle expression peut être traduite par : « *malgré les milliers de Gaulois qui les en empêchaient* » ? Qu'ont fait les hommes d'Hannibal malgré ces Gaulois terrifiants ?

3 Comment Hannibal tente-t-il de convaincre ses soldats que les Alpes ne sont pas si redoutables (cf. phrases en gras) ?

Observation de la langue

1 D'après le vocabulaire, à quelle déclinaison appartiennent les noms en bleu ? Retrouvez parmi eux un Nom. sing., deux Acc. sing., un G. sing., deux D. sing., un Acc. pl., deux G. pl., deux Abl. pl.

2 a. **> Cum liberis ac conjugibus**
Avec leurs enfants et leurs femmes.
Expliquez pourquoi les deux noms pluriels qui complètent la préposition *cum* n'ont pas la même terminaison.

b. **> Ingentibus agminibus migrantium**
D'immenses troupes de peuples migrants.
Repérez dans ce GN le nom de la 3ᵉ déclinaison et l'adjectif de la 2ᵉ classe qui le qualifie.

3 Un adjectif de la 2ᵉ classe, signifiant « infranchissable », est répété dans le texte. Repérez-le.

4 **> Militi instrumenta belli portanti**
Pour un soldat portant son matériel de guerre.
De quel mot provient la forme **portanti** ? Qu'est-ce ?

● La 3ᵉ déclinaison

La 3ᵉ déclinaison contient les noms dont le génitif singulier se termine en -is.
Elle regroupe le plus grand nombre de noms latins masculins, féminins et neutres.

– Si le nombre de syllabes est différent entre le nominatif et le génitif, on appelle le nom : **imparisyllabique**.

> **con-sul** *(2 syllabes)* → **con-su-lis** *(3 syllabes)* / **i-ter** *(2)* → **i-ti-ne-ris** *(4)*

– Si le nombre de syllabes est identique entre le nominatif et le génitif, on appelle le nom : **parisyllabique**.

> **ci-vis** *(2 syllabes)* / **ci-vis** *(2 syllabes)*

(Entre les imparisyllabiques et les parisyllabiques, les différences de déclinaison sont indiquées en bleu)

	IMPARISYLLABIQUES				PARISYLLABIQUES			
	Masculin/Féminin		Neutre		Masculin/Féminin		Neutre	
CAS	Singulier	Pluriel	Singulier	Pluriel	Singulier	Pluriel	Singulier	Pluriel
N.	consul	consules	corpus	corpora	civis	cives	mare	maria
V.	consul	consules	corpus	corpora	civis	cives	mare	maria
Acc.	consulem	consules	corpus	corpora	civem	cives	mare	maria
G.	consulis	consulum	corporis	corporum	civis	civium	maris	marium
D.	consuli	consulibus	corpori	corporibus	civi	civibus	mari	maribus
Abl.	consule	consulibus	corpore	corporibus	cive	civibus	mari	maribus

● Les adjectifs de la deuxième classe

Les adjectifs de la deuxième classe se déclinent sur le modèle de la 3ᵉ déclinaison du nom.
Ils sont présentés dans le lexique :
– soit avec leur nominatif et leur génitif masculins (**> opulens, entis**), lorsqu'ils suivent le modèle des **imparisyllabiques**.
– soit avec leurs trois nominatifs : masculin, féminin et neutre (**> rudis, is, e**), lorsqu'ils suivent le modèle des **parisyllabiques**.
ATTENTION : leur ablatif singulier est toujours en **-i**.

● Le participe présent

Comme en français, le participe présent est une forme adjectivale du verbe. On le forme à partir du radical du présent du verbe auquel on ajoute les terminaisons : **-ns, -ntis**.

> **amans, antis** *(aimant)* / **tenens, entis** *(tenant)* / **legens, entis** *(lisant)* / **capiens, entis** *(prenant)* / **audiens, entis** *(entendant)*

Il se décline comme un adjectif de la 2ᵉ classe. Il s'accorde toujours à un nom qui apparaît dans la phrase. Il peut se traduire par un participe présent, un adjectif qualificatif, une proposition subordonnée relative.

> **Militi instrumenta belli** portanti → *pour un soldat portant son matériel de guerre*
> **tot milibus Gallorum** prohibentibus → *malgré les milliers de Gaulois qui les en empêchaient*

Loquamur !

1 Déclinez, au singulier, *Carthago, inis*, f.

2 a. Donnez le singulier correspondant à ces pluriels de noms de la 3e déclinaison : *paso!!! i, e, a*
gentes • hostium • agminibus • itinera • hominum
b. Donnez le pluriel correspondant à ces singuliers :
itineris • amnem • militi • dux • legione

3 Trouvez l'intrus parmi ces séries et justifiez.

a. milites, itinere, dominis, agminis, gentibus
b. ferocibus, magnus, ingenti, opulentem

4 Déclinez le participe présent des verbes *porto, as, are, avi, atum / deleo, es, ere, levi, letum.*

Scribamus !

5 Déclinez ensemble ces deux paires de noms extraites du texte de Florus (p. 49).

terra an (*ou*) mare • equus an navis

6 Reliez chaque adjectif de la deuxième classe au nom qu'il qualifie et traduisez le GN obtenu.

Adjectifs : opulente • ingentem • rudi • difficiles • inexsuperabilia
Noms : ultorem • odia • praeda • populo • amores

7 Parmi ces couples de mots, distinguez les groupes « nom + adjectif de la 2e classe » et les groupes « nom + participe présent ».

milibus Gallorum prohibentibus • terras inexsuperabiles • ingentibus agminibus • militi portanti • rudis populus

8 Donnez le cas et la fonction des mots soulignés. Traduisez les phrases.

a. Hannibalis milites trans Alpes montes ire metuunt.

b. Rhodanus ingens amnis est.

c. Romani pontem aedificare inter Italiam Siciliamque non possunt.

Cogitemus !

9 Retrouvez le participe présent du verbe. Le nom qui s'accorde avec lui est en gras.

a. *Scipion fit face aux Puniques qui accouraient.*
Scipio **Poenis** … (irruo, is, ere) se oppposuit.

b. *Lorsque Scipion arriva en Afrique, Massinissa vint le rejoindre.*
Scipioni in Africam … (advenio, is, ire) Massinissa se conjunxit.

c. *Hannibal obéit aux ordres en grinçant des dents, en gémissant et en retenant à peine ses larmes.*
Annibal, … (frendo, is, ere) … (gemo, is, ere) que ac vix lacrimis … (tempero, as, are), mandatis paruit.

Abbé Lhomond, *De viris illustribus.*

10 Dans cette phrase, remplacez « Carthaginem » par « Tyrii », puis par « Poeni » (p. 49). Modifiez ces noms afin de les faire apparaître au bon cas et accordez l'adjectif.

Cum in Senatu de tertio Punico bello ageretur, Cato jam senex **delendam Carthaginem** censuit. *Un jour où l'on débattait au Sénat de la troisième guerre Punique, Caton déjà vieux, estima qu'on **devait anéantir Carthage**.*

Abbé Lhomond, *De viris illustribus.*

comparaison de traductions

Retrouvez comment chaque traducteur est passé du latin à son texte français.

Zeus annonce aux autres dieux les guerres Puniques à venir.

Adveniet justum **pugnae (ne arcessite)**
[tempus,
cum fera Carthago Romanis arcibus olim exitium magnum atque Alpis immittet
[apertas.

Virgile (70-19 av. J.-C.), *Énéide*, X, 11-13.

a. *Il viendra pour le combat (ne le recherchez trop) le moment voulu où la féroce Carthage aux Romaines citadelles un jour grand désastre et par les Alpes apportera, ouvertes.*
Traduction de Pierre Klossowski, André Dimanche Éditeur, 1993.

b. *Il viendra, ne le hâtez pas ! le juste temps des combats, quand la farouche Carthage sur les collines romaines lancera grande ruine et les Alpes ouvertes.*
Traduction de Jacques Perret, Gallimard, coll. Folio, 1991.

c. *Le temps viendra, ne tentez pas de le hâter, où la féroce Carthage enverra malheurs et ruines jusqu'à Rome, en s'ouvrant un passage à travers les Alpes.*
Traduction de Pierre Monat, École des loisirs, 1998.

Mots clés

L'armée romaine

castra, orum, n. pl. : *le camp*

Toujours pluriel, *castra* désigne d'abord une propriété gardée ou retranchée. Cette notion de séparation le rapproche du verbe *castro*, « couper », **castr**er. Castra est surtout employé dans la langue militaire au sens de « camp ».

dux, ducis, m. : *le chef*

Formé sur la racine indo-européenne **duk* présente dans le verbe *duco* : « conduire », le *dux* est celui qui conduit, le « guide ». À l'époque impériale, *dux* désigne une magistrature militaire : « général ». De là vient le dérivé tardif *ducalis* qui a donné le titre de noblesse **duc**.

legio, onis, f. : *la légion*

Le premier sens de *legio* est « choix » (racine **leg* de *lego* : « choisir »). *Legio* sert ensuite à désigner une division de l'armée romaine : la **légion**, parce que chaque combattant avait le droit de choisir un compagnon d'armes. Un é**lég**ant, c'est celui qui « sait choisir ».

agmen, inis, n. : *l'armée, la troupe*

Sur la racine **ag* de *ago* : « pousser devant soi / s'avancer », puis « agir », « mener ». Son emploi le plus fréquent se trouve dans le vocabulaire militaire : c'est l'armée en marche, la colonne. Le mot **ag**ilité est formé sur la même racine.

1 Complétez les phrases avec des mots français contenant la racine **duk, puis expliquez leur rapport avec cette racine. Deux de ces mots combinent **duk avec une autre racine (celle de *aqua*, l'eau, celle de *via*, la route).

a. Le Pont du Gard est en réalité un ancien ....

b. Les métaux constituent de bons ... d'électricité.

c. Lorsqu'on franchit le ... de Millau, on se croirait à bord d'un grand voilier.

d. Les chaussettes de ... sont sèches, archi-sèches.

2 Retrouvez sur cette pierre tombale le nom du légionnaire représenté, le numéro de la légion à laquelle il appartenait et l'âge de sa mort.

Stèle funéraire, Ier siècle av. J.-C. Rheinisches Landesmuseum, Bonn, Allemagne.

3 Dans les phrases suivantes, remplacez le nom **légion** ou l'expression qui le contient par un synonyme.

a. Cet artiste a reçu la **légion d'honneur** des mains du Président.

b. Les **légions** de César furent les plus fameuses.

c. En Auvergne, les églises romanes sont **légion**.

d. Il a débarqué à ma fête avec toute une **légion** de copains.

Latin (bien) vivant

La ville de **Castres**, dans le Tarn, a pris son nom au latin *castra* dont elle a gardé le pluriel et les bataillons de soldats.

Aujourd'hui l'armée française comporte toujours des légionnaires : les hommes de la **Légion étrangère** (étrangers intégrés à l'armée française). Vous les reconnaîtrez facilement lors du défilé du 14 juillet : ils portent la barbe, un tablier de cuir et une hache.

castres

Légion, légionnaires

Défilé militaire des pionniers du 1er régiment étranger de la Légion étrangère (Paris, 14 juillet 2010).

REPRÉSENTATIONS DE L'ARMÉE ROMAINE

Bronzes et bas-reliefs

Les représentations de l'armée de l'**époque républicaine** sont rares. On y voit des soldats en armes représentés de manière individualisée. Leur équipement et leurs grades dans la légion y figurent clairement.

Sous l'**Empire**, représenter l'armée romaine c'est d'abord, pour Rome, glorifier sa propre puissance et celle de l'Empereur. Ainsi les **bas-reliefs** choisissent-ils de faire défiler une armée nombreuse, fortement équipée, et toujours victorieuse.

① **Soldat romain**, bronze, IIᵉ siècle av. J.-C. Musée de la civilisation romaine, Rome.

② *Scène de recensement et sacrifice au dieu Mars*, autel de Domitius Ahenobarbus, marbre, v. 100 av. J.-C. Musée du Louvre, Paris.

③ **Les légions au combat**, colonne Trajane (113 apr. J.-C.), détail.

LA COLONNE TRAJANE

C'est un haut pilier de marbre autour duquel s'enroule en spirale un relief continu, d'une longueur de 200 m. Il décrit les étapes successives des conquêtes menées par Trajan et ses légions en Dacie. **La sculpture se déroule sous nos yeux comme une longue bande dessinée** toute à la gloire de l'empereur et de son armée.

Colonnes et arcs de triomphe impériaux

Les **colonnes** et les **arcs de triomphe** constituent les meilleurs documents pour connaître l'équipement et la composition d'une légion romaine.

On y remarque la **cavalerie**, mais surtout l'**infanterie** (emmenée par le **signifer**, le porte-enseigne), le **centurion**, qui régit une centurie, et les différents ordres de légionnaires.

On peut aussi y observer les manœuvres classiques de combat, comme la **tortue**.

4 *Decurio*, Détail de la base de la colonne Antonine. Champ de Mars, Rome.

5 *La tortue*, bas-reliefs de la colonne Trajane (détail)

☞ ACTIVITÉS

OBSERVER ET COMPRENDRE LES ŒUVRES

1 DOC. 1 et 2 : Quelle partie d'équipement, qui disparaîtra sous l'Empire, portent ces légionnaires ?

2 DOC. 2 et 5 : Identifiez les différents types d'armes portées par les légionnaires.

3 À quel monument antique appartenant à une autre civilisation vous fait penser la colonne représentée DOC. 3 ?

4 Retrouvez dans le DOC. 4 les soldats correspondants aux grades de : cavalier, *signifer* (de deux sortes : porteur de *signum*, porteur de *vexillum*), simple légionnaire.

PROLONGER

Recherchez des représentations de la Passion ou de la résurrection du Christ à différentes époques (Piero della Francesca, Memling, Tintoret) et décrivez de quelle manière y est représentée l'armée romaine.

ZOOM sur

Les guerres Puniques

Pendentif carthaginois servant d'amulette, IIIe siècle av. J.-C.

Au IXe siècle av. J.-C., des marins phéniciens (Poeni) venus de la côte orientale de la Méditerranée fondent un comptoir commercial en Afrique du Nord : Carthage. Rome la convoite.

L'ESSENTIEL

▪ La 1re guerre Punique

Comme Rome et Carthage convoitent la Sicile, les deux puissances entrent en guerre en **264 av. J.-C.** Le conflit prend la forme de combats navals où, contre toute attente, la terrienne Rome l'emporte. Elle impose alors ses conditions de paix : lourde amende et abandon de la Sicile et de la Sardaigne par Carthage.

▪ La 2e guerre Punique

L'humiliation subie par Carthage pousse le général **Hannibal** à reprendre les hostilités contre Rome. Il conquiert une partie de la péninsule Ibérique et franchit avec ses troupes et ses éléphants les Pyrénées et les Alpes (❶ et ❸).
Dès **218 av. J.-C.**, en Italie, il accumule les victoires dont la plus éclatante est celle de **Cannes**. Hannibal stationne quinze années dans le sud de l'Italie, cherchant vainement à assiéger Rome. Le général romain **Scipion** débarque en Afrique en **204**. Hannibal ne peut rien contre le stratège romain qui le défait à **Zama** (près de Carthage) en **202** (❹), gagnant le surnom de « **l'Africain** ». Scipion obtient la capitulation de Carthage à qui sont imposées des conditions de paix très sévères. Elle perd ses possessions d'Espagne et doit payer un lourd tribut à Rome.

▪ La 3e guerre Punique et la fin de Carthage

En **150 av. J.-C.**, poussé par les « *Delenda est Carthago !* » du sénateur **Caton**, **Scipion Émilien** assiège Carthage jusqu'à sa perte. En **146 av. J.-C.**, la cité punique est en ruine, rasée au sol, ses quelques survivants réduits en esclavage.
Il faudra attendre l'empereur Auguste pour qu'elle renaisse sous la forme d'une brillante colonie romaine.

❶ Passage périlleux pour l'armée carthaginoise

Question : À quel point de son périple se trouve l'armée d'Hannibal ? Justifiez.

Mais les chevaux principalement troublaient la marche : frappés des cris confus que répétait cent fois l'écho des bois et des vallées, ils s'agitaient terrifiés ; et, s'ils étaient frappés où blessés, ils avaient tellement peur qu'ils renversaient çà et là hommes et bagages de toute sorte. Comme ce défilé était bordé des deux côtés de précipices immenses, ils firent, en se débattant, rouler au fond du gouffre plusieurs hommes en armes ; et on aurait dit que la montagne s'écroulait, lorsque les bêtes tombaient avec leur charge.

Tite-Live (59 av. J.-C. – 17 apr. J.-C.), *Histoire romaine*, XXI, 33, traduction d'après Baillet.

② Le port de Carthage

Vue générale des ports de Carthage avec l'agora commerciale, *in* Jacques Martin et Vincent Hénin, *Les Voyages d'Alix*, « Carthage », Casterman, 2000.

Question : Quelle est la caractéristique du port de Carthage ?

③ Les Alpes

Passage des Alpes par Hannibal et ses troupes, 218 av. J.-C., gravure allemande de 1860.

Question : Quelle remarque pouvez-vous faire sur la représentation du général carthaginois ?

④ La rencontre des généraux

La tapisserie, commandée par François Ier, semble évoquer les entrevues célèbres entre lui-même, roi de France, et ses deux grands contemporains Charles Quint, empereur d'Allemagne, et Henri VIII, roi d'Angleterre.

Question : Que peut symboliser l'étendue d'eau entre les deux chefs d'armée ?

La conférence de Scipion et d'Hannibal, 1660, tapisserie, copie d'un original du XVIe siècle. Château de Chambord (Loir-et-Cher).

Hannibal était parvenu à Zama, ville distante de cinq jours de marche de Carthage, et envoya de là un messager à Scipion pour qu'il lui accorde la possibilité d'une entrevue. On fixe une date et un lieu. C'est ainsi que se rencontrèrent les deux plus grands généraux de leur temps. Ils restèrent un certain temps figés d'admiration mutuelle. Mais comme l'accord n'avait pu se faire entre eux sur les conditions de paix, ils regagnèrent leur camp, annonçant qu'il fallait dénouer la situation par les armes.

Abbé Lhomond, *De viris illustribus*, traduction de J. Gaillard, Actes Sud.

✎ ACTIVITÉS B2i

S'informer sur Internet

1 Trouvez une photographie des vestiges de l'antique Carthage et présentez-la.

2 Retrouvez d'autres épisodes de la deuxième guerre Punique évoqués dans les tapisseries de Chambord. Répartissez-les par groupes de 2 ou 3 élèves, ajoutez-leur des encarts narratifs et des bulles, afin de les présenter comme une bande dessinée.

Carthage, mythe littéraire

Terre cuite, masque punique VIᵉ siècle av. J.-C. Musée de Carthage (Tunisie).

À la suite de Virgile, de nombreux écrivains ont été fascinés par Carthage.

Mucha, *Salammbô*, 1896, lithographie.

1 Gustave Flaubert : Orientalisme à l'antique

Au XIXᵉ siècle, Flaubert invente une Carthage mythique et sa princesse, la troublante Salammbô, descendante de Didon.

Il y avait là des hommes de toutes les nations, des Ligures, des Lusitaniens, des Baléares, des Nègres et des fugitifs de Rome. On entendait, à côté du lourd patois dorien, retentir les syllabes celtiques bruissantes comme des chars de bataille, et les terminaisons ioniennes se heurtaient aux consonnes du désert, âpres comme des cris de chacal. Le Grec se reconnaissait à sa taille mince, l'Égyptien à ses épaules remontées, le Cantabre à ses larges mollets. Des Cariens balançaient orgueilleusement les plumes de leur casque, des archers de Cappadoce s'étaient peint avec des jus d'herbe de larges fleurs sur le corps, et quelques Lydiens portant des robes de femme dînaient en pantoufles et avec des boucles d'oreilles. D'autres, qui s'étaient par pompe barbouillés de vermillon, ressemblaient à des statues de corail. [...]

D'abord on leur servit des oiseaux à la sauce verte, dans des assiettes d'argile rouge rehaussée de dessins noirs, puis toutes les espèces de coquillages que l'on ramasse sur les côtes puniques, des bouillies de froment, de fève et d'orge, et des escargots au cumin, sur des plats d'ambre jaune.

Ensuite les tables furent couvertes de viande : antilopes avec leurs cornes, paons avec leurs plumes, moutons entiers cuits au vin doux, gigots de chamelles et de buffles, hérissons au garum, cigales frites et loirs confits. Dans des gamelles en bois de Tamrapanni flottaient, au milieu du safran, de grands morceaux de graisse. Tout débordait de saumure, de truffes et d'assa-foetida. Les pyramides de fruits s'éboulaient sur les gâteaux de miel, et l'on n'avait pas oublié quelques-uns de ces petits chiens à gros ventre et à soies roses que l'on engraissait avec du marc d'olives, mets carthaginois en abomination aux autres peuples. La surprise des nourritures nouvelles excitait la cupidité des estomacs. Les Gaulois aux longs cheveux retroussés sur le sommet de la tête, s'arrachaient les pastèques et les limons qu'ils croquaient avec l'écorce. Des Nègres n'ayant jamais vu de langoustes se déchiraient le visage à leurs piquants rouges. Mais les Grecs rasés, plus blancs que des marbres, jetaient derrière eux les épluchures de leur assiette, tandis que des pâtres du Brutium, vêtus de peaux de loups, dévoraient silencieusement, le visage dans leur portion.

Gustave Flaubert, *Salammbô*, I, « Le Festin ».

Léopold Sedar Senghor :
Didon et Hannibal, héros africains

Au XXᵉ siècle, au moment de la lutte des peuples africains pour leur indépendance, les voix de la négritude se font entendre pour revendiquer deux héros fondateurs : une Didon et un Hannibal africains.

C'est donc ici qu'abordèrent jadis le courage et l'audace
En cette Afrique ici, qu'affadis par la lymphe consanguine, les Tyriens s'en vinrent chercher
Une seconde fois le fondement et floraison. Souvenir souvenir !
[…] Je me rappelle, Didon, le chant de ta douleur qui charmait mon enfance
Austère – je fus longtemps enfant. Et je te sentais si perdue
Que pour toi j'aurais bien donné – que n'aurais-je donné ? la ceinture de Diogoye-le-Lion.
Tu pleurais ton dieu blanc, son casque d'or sur ses lèvres vermeilles
Et merveilleuses, tu pleurais Énée dans ses senteurs de sapin
Ses yeux d'aurore boréale, la neige d'avril dans sa barbe diaprée.
[…] Pourtant ce soir
Sur toi je pleure, sur toi Didon, ma trop grande désolation.

Et sur toi Hannibal, qui héritas de son ressentiment, assumas ses imprécations comme
[le serment d'Hamilcar.
J'appelle la charge de foudre et les éclairs sur ton front gauche, toi le sourire hellène
[sur la puissance des Barcides.
La puissance du Nord, tu fus bien près de la crouler
Qui étendait toutes les serres de ses aigles d'or, avançant sans césure de ses murs massifs
[de légions.
Tes éléphants blancs blindés oh ! je les salue, qui dévalent les montagnes des neiges.
Leurs barrissements naufragent les cœurs des vétérans, au moment que les cavaliers numides
Sur les ailes, en javelines de feu font flamber leurs fureurs berbères barbares.
Les Gétules et les Libyens, les Numides et Nasamons, les Massyles et Massaesyles, les Maures
Les Garamantes à la peau de daim noir et de soleil, à l'extrême Occident les Éthiopiens,
[compagnons fidèles d'Atlas
Tu les as tous reconnus de ta race. Et les Ibères avec les Berbères. […]

Léopold Sedar Senghor, « Élégie à Carthage », in *Œuvres poétiques*, Seuil, 1990.

COMPRENDRE LES TEXTES

Gustave Flaubert

1 Faites la liste de tous les peuples évoqués dans le récit du banquet et situez-les sur une carte. Pourquoi sont-ils tous réunis à Carthage ?

2 À quelles civilisations ou à quelles cultures contemporaines peut faire penser la description du menu servi ?

Léopold Sedar Senghor

3 Relevez toutes les expressions qui montrent Énée comme un représentant des pays du Nord.

4 En partant du vers qui fait le lien entre Didon et Hannibal, montrez que Senghor connaît bien le texte de Virgile.

5 Relevez la périphrase qui désigne Rome au moment des guerres Puniques.

6 Comparez les peuples cités par Flaubert et ceux cités par Senghor.

✳ DÉCOUVRIR   *La société gauloise*

① De féroces guerriers

1 Dans quelle tenue combattent les Gaulois ?

2 Quelles armes peut-on imaginer que tenait ce guerrier ?

3 @ Cherchez ce qu'est un torque et identifiez-le sur la statue.

*Statuette d'un guerrier gaulois,
IIIᵉ siècle av. J.-C., bronze.
Antikenmuseum, Berlin.*

② *En 299 av. J.-C., un consul romain évoque les guerriers qui ont fait trembler Rome.*

Procera corpora, promissae et rutilatae comae, vasta scuta, praelongi gladii ; ad hoc cantus ineuntium proelium et ululatus et tripudia, et quatientium scuta in patrium quendam modum horrendus armorum crepitus, omnia de industria composita ad terrorem.	*Stature gigantesque, cheveux longs et roux, larges boucliers, très longues épées ; chants guerriers au moment d'aller au combat, hurlements, trépignements, horrible cliquetis d'armes heurtant les boucliers selon la coutume de leur pays, tout est calculé pour inspirer la terreur.*

Tite-Live (59 av. J.-C. - 17 apr. J.-C.), *Histoire romaine*, XXXVIII, 17.

1 Quel sentiment suscitaient les Gaulois ? Relevez le terme latin. Quelles sont les trois causes qui inspirent ce sentiment ?

2 Qui est l'auteur de cette description ? Vous paraît-il objectif ? Justifiez votre réponse. À quel autre peuple oppose-t-il implicitement les Gaulois ?

❸ Des agriculteurs

Hanc etiam in aetatem vulgo humi cu-
bant. Cenitantes in stramentis assident.
Plurima cum **lacte** illis esca **carnibus**que
multifariam praesertim suillis et recenti-
⁵ bus et salitis. […] Domicilia ex pluteis et
cratibus ad testudinem habent et quidem
praemagna multis imponitis lacunaribus.
Tam copiosi illis et ovium et porcorum
greges sunt ut hinc et sagorum et salsa-
¹⁰ mentariorum non solum Romae sed etiam
plurimis Italiae partibus suppeditet.

[Les Gaulois], aujourd'hui encore, couchent souvent par terre. Ils prennent leurs repas assis sur de la paille. Ils se nourrissent principalement de …, de … de diverses sortes, mais surtout de viande de porc, fraîche ou salée. […]. Les maisons, bâties en planches et en claies d'osier, sont spacieuses et ont la forme de rotondes ; une épaisse toiture de chaume les recouvre.

Ils ont des troupeaux si nombreux de … qu'ils peuvent approvisionner abondamment de manteaux et de salaisons non seulement Rome, mais la plupart des autres marchés de l'Italie.

Strabon (64 av. J.-C. – 20 apr. J.-C.), *De Geographia*, IV, 4,
traduit du grec au latin par Guarino da Verona (1374-1460).

1 Les maisons gauloises ressemblent-elles aux maisons romaines, intérieurement et extérieurement ? Justifiez.

2 Traduisez les mots en gras. Quelle est la base de l'alimentation gauloise ?

3 Traduisez les mots en bleu. Qu'exportent les Gaulois ? Pour quel usage ?

❹ Des druides influents

Chargés des choses divines, ils s'occupent des sacrifices publics et privés, et expliquent les faits religieux. Un grand nombre de jeunes gens se pressent chez eux pour s'instruire, et les traitent avec beaucoup d'honneurs. Si
⁵ *un crime a été commis, si un meurtre a eu lieu, s'il y a une dispute sur un héritage ou sur des limites, ils jugent ; ils fixent les récompenses et les peines. […] À une certaine époque de l'année, ils s'assemblent dans un lieu consacré sur la frontière du pays des Carnutes, région*
¹⁰ *qui est au centre de toute la Gaule.*

César (100 – 44 av. J.-C.), *Guerre des Gaules*, VI, 13.

Henri-Paul Motte (1846-1922),
La Cueillette du gui, 1900, huile sur toile.
Musée gallo-romain de Lyon-Fourvière.

1 Repérez le druide sur le tableau et décrivez-le.

2 Quelles sont les trois fonctions des druides selon César ? Laquelle est illustrée ici ? Justifiez.

3 Cette représentation vous semble-t-elle fidèle à la réalité historique ?

● César se jette dans la bataille d'Alésia

Henri-Paul Motte (1846-1922),
Vercingétorix se rendant à César, 1886,
huile sur toile. Musée Crozatier,
Le Puy-en-Velay.

1. **1.** Accelerat Caesar, ut proelio intersit. **2.** Ejus adventu ex colore
vestitus cognito, quo insigni in proeliis uti **consuerat**, turmisque
equitum et cohortibus visis quas se sequi **jusserat**, ut de locis
superioribus haec declivia et devexa cernebantur, hostes proe-
5 lium committunt. **3.** Utrimque clamore sublato excipit rursus ex
vallo atque omnibus munitionibus clamor. **4.** Nostri omissis pilis
gladiis rem gerunt. **5.** Repente post tergum equitatus cernitur ;
cohortes aliae appropinquant. **6.** Hostes terga vertunt ; fugienti-
bus equites occurrunt. **7.** Fit magna caedes. [...] **8.** Signa milita-
10 ria septuaginta quattuor ad Caesarem referuntur ; pauci ex tanto
numero se incolumes in castra recipiunt. **9.** Conspicati ex oppido
caedem et fugam suorum desperata salute copias a munitionibus reducunt.

César (100 – 44 av. J.-C.), *Guerre des Gaules*, VII, 88.

(a) Soixante-quatorze enseignes militaires sont rapportées à César ; peu d'un si grand nombre de soldats rentrent au camp sans blessure./ *(b)* Ce fut un grand carnage./ *(c)* Un cri s'élève des deux côtés, et ce cri se prolonge sur le rempart et dans toutes les fortifications./ *(d)* Voyant de l'oppidum le massacre et la fuite des leurs, désespérant de leur salut, les Gaulois retirent leurs troupes de nos fortifications. / *(e)* Lorsque son arrivée est remarquée, à cause de la couleur voyante du vêtement qu'il avait l'habitude de porter dans les batailles, et que les escadrons de cavaliers et les cohortes à qui il avait ordonné de le suivre sont aperçus, quand, du haut des collines, ils les voient sur les pentes, les ennemis engagent le combat./ *(f)* Tout à coup, sur les arrières de l'ennemi, paraît notre cavalerie ; d'autres cohortes approchent. / *(g)* César accélère pour participer au combat./ *(h)* Les ennemis tournent le dos ; la cavalerie barre le passage aux fuyards. / *(i)* Nos soldats, après avoir abandonné les javelots, mènent l'attaque à l'épée.

Vocabulaire

NOMS

copia, ae, f. : l'abondance
(*pl.* les richesses, les troupes)
munitio, onis, f. : le rempart
salus, utis, f. : la santé, le salut
vallum, i, n. : la palissade

VERBES

cognosco, is, ere, novi, nitum :
reconnaître
despero, as, are, avi, atum :
désespérer
fio, is, fieri, factus sum : devenir,
arriver ; *fio* sert de passif à *facio*.
omitto, is, ere, misi, missum :
laisser, renoncer
refero, fers, ferre, tuli, latum :
reporter, porter en retour, rapporter
tollo, is, ere, sustuli, sublatum :
soulever, élever, porter
verto, is, ere, verti, versum :
tourner, changer

Lecture du texte

1 Qui est le sujet de la première phrase ? Qui est l'auteur du texte ? Qu'en concluez-vous ?

2 Retrouvez l'ordre de la traduction en faisant correspondre chiffres et lettres.

3 Résumez les étapes de la bataille en relevant le sujet des verbes principaux.

4 En quoi César est-il un général exceptionnel ?

Observation de la langue

1 Grâce à leur traduction, dites à quel temps sont *consuerat* et *jusserat*. Sur quel radical sont-ils formés (*jubeo, es, ere, jussi, jussum ; consuesco, es, ere, suevi, suetum*) ?

2 Observez les groupes en bleu.
a. À quel cas sont ces mots ? (Aidez-vous du lexique.)
b. Quelle est leur nature ?
c. Retrouvez leur traduction littérale, puis celle du texte :
un cri s'étant élevé / les javelots ayant été abandonnés / les cohortes ayant été vues

Le plus-que-parfait de l'indicatif

Emploi : le plus-que-parfait indique l'**antériorité**, c'est-à-dire le fait qu'une action s'est produite avant une autre, dans le passé.

> **Galli fugiebant quia caedem suorum** conspexerant.
>
> *Les Gaulois fuyaient parce qu'ils <u>avaient vu</u> le massacre des leurs.*

Formation :

Au **radical du parfait**, on ajoute le suffixe **-era-** (imparfait du verbe *être*) et les désinences -m, -s, -t, -mus, -tis, -nt.

1re conjugaison	2e conjugaison	3e conjugaison	3e conjugaison mixte	4e conjugaison
amaveram	tenueram	legeram	ceperam	audiveram
amaveras	tenueras	legeras	ceperas	audiveras
amaverat	tenuerat	legerat	ceperat	audiverat
amaveramus	tenueramus	legeramus	ceperamus	audiveramus
amaveratis	tenueratis	legeratis	ceperatis	audiveratis
amaverant	tenuerant	legerant	ceperant	audiverant

Le participe parfait passif

La **formation** du participe parfait est **la même pour tous les verbes** :

radical du supin + désinences de l'adjectif de la 1re classe (-us, -a, -um)

> amo, as, are, avi, atum

      └──▶ amat-   → amatus, a, um
      (radical du supin)   (participe passé passif)

L'ablatif absolu

L'ablatif absolu est un groupe composé d'un **nom** et d'un **participe**, présent actif ou parfait passif, tous les deux à l'**ablatif**, et éventuellement de compléments à leur cas habituel.

> **cohortibus visis** : *les cohortes ayant été vues*
>
> (nom)   (participe)

Si le verbe de l'ablatif absolu est ***esse***, il n'est pas exprimé.

> **Cicerone consule** : *Cicéron [étant] consul.*

Le nom à l'ablatif est sujet du participe ; le verbe conjugué de la proposition principale a un autre sujet.

> **Omissis pilis nostri gladiis rem gerunt.**
>
> participe sujet sujet   verbe

Comme les autres groupes à l'ablatif, l'ablatif absolu est **complément circonstanciel**, le plus souvent de temps ou de cause, parfois de condition. On le traduit par une proposition subordonnée ou un groupe nominal.

La **traduction** varie en fonction du contexte.

> **Omissis pilis nostri gladiis rem gerunt.**
>
> *Après avoir abandonné les javelots, les nôtres combattirent à l'épée.*

> **Omissis pilis omnes fugerunt.**
>
> *Comme ils avaient abandonné les javelots, tous s'enfuirent.*

💬 *Loquamur !*

1 Conjuguez les verbes du vocabulaire (p. 62) au plus-que-parfait.

2 Déclinez le plus rapidement possible les participes parfaits passifs de ces verbes.

3 Dans les phrases de César contenant ces ablatifs absolus, identifiez le verbe conjugué de la proposition principale et son sujet.

adventu cognito • cohortibus visis • clamore sublato • omissis pilis • desperata salute

4 Mettez les groupes précédents au pluriel ou au singulier. (Aide : *adventu → adventibus*)

✍ *Scribamus !*

5 Complétez les ablatifs absolus (attention au genre et au nombre du sujet) :

Caesare cognit__ • Romanis cognit__ • salute omiss__ • pilo vis__ • gladio omiss__ • clamoribus sublat__

6 Traduisez les ablatifs absolus que vous venez d'écrire.

7 Complétez le tableau.

hostibus cognitis		
	la palissade ayant été élevée	quand la palissade fut élevée
Caesare cognito		
vallo facto		
		après avoir posé les épées

8 Traduisez.

a. copiis visis b. vallo sublato c. Caesare hostes vidente d. Gallis clamorem tollentibus e. cohortibus venientibus

💡 *Cogitemus !*

9 a. Identifiez les ablatifs absolus, leurs sujets et le sujet des verbes principaux.
b. Trouvez le verbe au plus-que-parfait.

His rebus cognitis Caesar Labienum mittit.
Dès que ces choses sont connues, César envoie Labiénus.
Restituto proelio ac repulsis hostibus eo quo Labienum miserat contendit.
Le combat rétabli et les ennemis repoussés, il se dirige vers le point où il avait envoyé Labiénus.
Labienus, coactis una undequadraginta cohortibus, Caesarem per nuntios facit certiorem quid faciendum existimet.
Labiénus, après avoir rassemblé trente-neuf cohortes, informe César, par des messagers, de ce qu'il veut faire.

César, *Guerre des Gaules*, VII, 86-87.

10 Dans ce texte :
a. Identifiez les sujets des ablatifs absolus et du verbe conjugué. Complétez les terminaisons.
b. Mettez les ablatifs absolus au singulier ou au pluriel selon les cas.
c. Analysez *aderant*.

Quiet__ Gallia Caesar, ut constitu__, in Italiam ad conventus agendos proficiscitur.
*La Gaule **étant tranquille**, César, comme il l'**avait résolu**, va tenir les assemblées en Italie.*
Tum collaudat__ Carnutibus, dat__ jurejurando ab omnibus qui aderant, tempore ejus rei constitut__ ab concilio disceditur.
*Les Carnutes **sont** alors **félicités** ; **après le serment prêté** par tous ceux qui étaient là, le jour de l'affaire **étant fixé**, on quitte l'assemblée.*

César, *Guerre des Gaules*, VII, 1-2.

Atelier de traduction

Conséquences de la bataille d'Alésia

Postero die Vercingetorix concilio convocato *propose à ses troupes de le livrer mort ou vif aux Romains.* **Mittuntur** de his rebus ad Caesarem legati. **Jubet** arma tradi, principes produci. **Ipse** in munitione pro castris consedit : eo duces producuntur ; Vercingetorix deditur, arma projiciuntur.

César (100-44 av. J.-C.), *Guerre des Gaules*, VII, 89.

☞ AIDE

* Les verbes conjugués sont en rouge, les sujets en vert et l'ablatif absolu en violet.
* arma tradi, principes produci : *que les armes soient remises et les chefs livrés.*
* Identifiez les verbes au passif.

* ÉTYMOLOGIE

Mots clés

Les gaulois

cultus, us, m. : *la culture*

Issu de la racine *col-/ cult-*, le soin qu'on porte à quelque chose, *cultus* a pour sens concret « le travail des champs » et pour sens abstrait les « qualités intellectuelles », la **cult**ure. Les Romains, d'abord des agriculteurs, apportent du soin à leurs champs et à leurs dieux par le **cult**e.

ferocitas, atis, f. : *la vaillance*

Ce mot est composé de la racine *fer-* (dont est issu *fera*, la bête sauvage). Ainsi le guerrier gaulois est redoutable pour le Romain car ce dernier le voit doté des qualités d'agressivité d'une bête sauvage.

foedus, eris, n. : *le traité*

Formé sur le même radical que *fides* (cf. p. 27), c'est ce qui lie les camps qui s'opposaient jusque-là, ce qui les **fédèr**e.

Galli, orum, m. pl. : *les Gaulois*

La racine *gal* signifiant « force brutale » est sans doute à l'origine du mot Galli, utilisé par les Romains pour désigner des adversaires qu'ils trouvent redoutables.

oppidum, i, n. : *la place forte*

Oppidum signifie « ville fortifiée ». Aucune ville gauloise n'ayant été conservée, les oppidums ou oppida désignent aujourd'hui, dans le vocabulaire de l'archéologie, les élévations de terrain sur lesquelles les villes étaient construites.

☞ ACTIVITÉS

1 À l'aide d'un dictionnaire de français, trouvez un nom, un adjectif et un adverbe formés sur la racine latine **fer-**.

2 Indiquez les contraires du nom et de l'adjectif suivant.

culture, cultivé

3 Utilisez un dictionnaire d'étymologie pour trouver le seul mot de cette liste issu de la racine **fer-** :

feria • fier • férule • fer

4 « Un film culte » :
a. Que signifie cette expression ?
b. Le mot « culte » est-il utilisé dans un sens concret ou abstrait ?
c. Quel est son niveau de langage ?

5 Faites coïncider les trois colonnes et définissez les mots de la première en utilisant la traduction du premier radical utilisé :

agriculture	piscis, is	jardin
pisciculture	vinum, i	huître
sylviculture	arbor, oris	oiseau
aviculture	ager, gri	forêt
arboriculture	ostrea, ae	vin
ostréiculture	silva, ae	champ
viticulture	hortus, i	arbre
horticulture	avis, is	poisson

6 Cherchez ce que signifie gallus, i et l'étymologie de ce mot.

7 Dans la liste suivante :
a. Cherchez la définition de ces mots pour trouver l'intrus et dites de quel mot vous pouvez le rapprocher.
b. Quel symbole français cette homophonie explique-t-elle ?
gallican • gallinacé • gallicisme • Gallia

Latin (bien) vivant

« *Avoir peur que le ciel ne nous tombe sur la tête* » signifie qu'on craint une catastrophe et vient de la rencontre, en 335 av. J.-C. de Gaulois avec Alexandre le Grand. Strabon écrit (VII, 3, 8) : « Le roi leur fit un cordial accueil, et leur demanda [...] ce qu'ils craignaient le plus, croyant bien qu'ils diraient que c'était lui. Mais ils répondirent que leur seule crainte était de voir le ciel tomber sur eux... », donc ils n'avaient peur de rien.

avoir peur que le ciel ne nous tombe sur la tête

L'ART CELTE

Un art du quotidien

À cause de l'image très négative que les Romains ont donnée des Gaulois, on a longtemps méprisé et méconnu l'art de ces populations « barbares ». À tort car sa qualité et son originalité méritent l'admiration. C'est surtout dans le travail du métal que les Celtes excellaient.

L'art celte privilégie les petits objets utilitaires :
— des **armes**, comme le casque d'Agris.
— des **bijoux**, en particulier des torques, colliers portés par les guerriers.
— des **ustensiles domestiques** (cornes à boire, récipients) ou religieux.
Il ne cherche pas à représenter fidèlement la nature mais préfère les formes stylisées, les lignes courbes, les arabesques.

❶ **Casque d'apparat** découvert à Agris (Charente), bronze doré, ive siècle av. J.-C. Musée d'Angoulême.

❷ **Fibule** (épingle décorative) en bronze d'Ostheim. ve siècle av. J.-C. Université de Jena.

❸ **Gobelet** en argent repoussé. Musée de Lyon.

LA TECHNIQUE DU MÉTAL REPOUSSÉ

Les artisans et les orfèvres gaulois utilisaient beaucoup cette technique.
Le dessin est réalisé au dos de la plaque de métal, puis imprimé en relief en la martelant avec des poinçons. Sur la face qui sera visible, on réalise ensuite des incisions pour marquer les détails, et on plaque éventuellement de l'or ou de l'argent.
L'**estampage** est un procédé identique : on imprime un tampon (personnage, animal) appelé matrice, généralement en bronze.

L'or des Celtes

Les Gaulois étaient de remarquables **chercheurs d'or**, dans les rivières mais aussi dans des mines. D'où la grande quantité d'objets en or, et l'intérêt des Romains pour leur pays.

5 **Torque** de Tayac (Gironde), IIᵉ siècle av. J.-C., or massif. Musée d'Aquitaine, Bordeaux.

4 **Collier** de la dame de Vix (Bourgogne), découvert dans la tombe d'une princesse, 480 av J.-C., or massif. Chatillon-sur-Seine.

7 **Pièces**, Gaule Celtique, vers 56 av. J.-C.

6 **Carnyx** découvert à Tintignac, Naves (Corrèze).

✍ ACTIVITÉS

OBSERVER ET COMPRENDRE LES ŒUVRES

1 DOCS. 1 à 7 : Quels métaux les Gaulois travaillent-ils ?

2 DOCS. 4 et 5 : Les guerriers sont-ils seuls à porter des torques ?

3 DOC 6 : Cherchez (p. 69) à quoi servait cet objet.

4 Quels objets illustrent la technique du métal repoussé ?

5 DOC 7 : Le personnage ou le cheval sont-ils représentés de façon réaliste ? Cherchez des pièces romaines représentant César et comparez-en le style.

PROLONGER

Les Gaulois utilisaient aussi l'émail rouge pour décorer bijoux et armes. Cherchez-en des illustrations.

La civilisation celte

L'organisation sociale des Celtes, longtemps assimilés à tort aux Gaulois, fait la richesse de cette civilisation…

Dieu guerrier gaulois, laiton martelé,
1er siècle apr. J.-C. Musée départemental
de l'Oise, Beauvais.

L'ESSENTIEL

■ L'origine des Celtes

Les Celtes sont des peuples **indo-européens**. Ils vivent en Europe de l'Est vers le VIIIe siècle avant J.-C., puis ils se répandent progressivement, jusqu'au IIIe siècle, vers l'ouest du continent et s'établissent sur un territoire, plus grand que la France actuelle, que les Romains nomment *Gallia*, la Gaule (❶) – d'où les « Gaulois » en français (cf. carte en page de garde).

■ L'organisation sociale

Les peuples gaulois sont divisés en **tribus** indépendantes et souvent rivales, et en **clans** (descendants d'un ancêtre commun). Ces clans vivent de façon assez autonome dans des villages ou de grands domaines agricoles (❷). Les *oppida* (villes fortifiées) servent surtout, en cas d'attaque, de refuge à la population, essentiellement rurale. C'est une société hiérarchisée : le pouvoir est détenu par les **nobles**, qui combattent, et par les **druides**, qui ne s'occupent pas seulement du culte des dieux mais aussi de l'éducation et de la justice. Ils commandent à la population d'**agriculteurs** et d'**artisans**. Les Celtes ont également des esclaves.

■ La religion

Les Celtes honorent de **nombreux dieux**, liés à la nature, que nous connaissons très mal : ils ont laissé très peu d'écrits, et les textes qui en parlent sont rédigés par des Romains qui les assimilent à leurs dieux. Toutes les tribus ont des divinités particulières, et quelques grandes figures communes : Cernunnos, dieu de la nature et du renouveau ; Taranis, dieu du tonnerre et du ciel ; Teutatès, dieu des guerriers (❸).

❶ César géographe

La Gaule est tout entière divisée en trois parties ; les Belges en habitent une, les Aquitains une autre et ceux qui sont appelés Celtes dans leur langue et Gaulois dans la nôtre la troisième. Ils sont tous différents les uns des autres par leur langue, leurs institutions, leurs lois. La Garonne sépare les Gaulois des Aquitains, la Marne et la Seine les séparent des Belges. Les Belges sont les plus vaillants de tous, parce qu'ils sont très éloignés de la culture et de la civilisation de la province romaine ; ils sont les plus proches des Germains, qui habitent de l'autre côté du Rhin, et sont en guerre contre eux continuellement. Pour la même raison, les Helvètes l'emportent aussi en courage sur le reste des Gaulois : ils mènent des combats quotidiens contre les Germains.

César (100-44 av. J.-C.), *Guerre des Gaules*, I, 1.

Questions : Comment s'appellent les différents habitants de la Gaule ? Comment César les représente-t-il ?

❷ Un habitat rural

Reconstitution d'une maison gauloise datant de 50 av. J.-C., avec son grenier sur pilotis et son puits. Parc de Samara (Oise).

Questions :

1. Quelle peut être l'utilité des pilotis ?

2. Quelles particularités décrites par Strabon (p. 61) retrouvez-vous sur cette photo ?

❸ Des divinités originales

Le chaudron de Gundestrup, milieu du Iᵉʳ s. av. J.-C., 13 plaques d'argent partiellement dorées estampées. Musée national du Danemark (Copenhague).

Questions :

Comment distingue-t-on les dieux des humains ? Que fait la déesse ?

À gauche des guerriers, une divinité de la résurrection, qui leur promet la vie éternelle s'ils meurent au combat. À droite, un instrument de musique gaulois caractéristique, le carnyx.

Cernunnos, avec ses bois de cerf, tient un serpent et un torque, symboles de prospérité, de vie.

🖳 ACTIVITÉS B2i

1 S'informer sur Internet

a. Cherchez l'origine du chaudron de Gundestrup : quelles sont les différentes hypothèses ? Pourquoi les scientifiques sont-ils divisés ?

b. Trouvez différentes inventions gauloises encore utilisées aujourd'hui.

2 Exploiter des données

Trouvez d'autres représentations de divinités gauloises et présentez-les sous forme de panneau ou de diaporama.

Quid novi ?

Nos ancêtres les Gaulois ?

L'image du Gaulois moustachu et vêtu de braies est solidement ancrée dans l'imaginaire collectif. Pourtant, elle ne repose sur aucune réalité historique.

1 Jeune Gaulois, albâtre, IIᵉ ou IIIᵉ siècle apr. J.-C., copie romaine d'un original grec du IIIᵉ siècle av. J.-C. Musée du Louvre, Paris.

Gallia est un mot inventé par les Romains pour regrouper plusieurs territoires différents : géographiquement, la Gaule n'existe pas.

C'est après la Révolution que naît l'idée d'un peuple primitif dont descendrait le peuple français. Et c'est seulement au XIXᵉ siècle, pour développer un sentiment d'unité nationale, qu'on enseigne que les Gaulois sont les ancêtres des Français.

2 François Gérard (1770-1837), *Le courage guerrier ou le courage Gaulois*, 1830, huile sur toile. Musée national du château de Versailles.

3 Paul Jamin (1853-1903), *Brennus et sa part de butin* (détail, huile sur toile), 1893. Collection privée.

Vercingétorix, inconnu avant le XIXe siècle, devient alors le premier des héros nationaux, et sa résistance face à César symbolise le courage et la lutte pour la liberté du peuple français.

Lionel-Noël Royer (1852-1926),
Vercingétorix jette ses armes aux pieds de Jules César, 1899, huile sur toile.
Musée Crozatier, Le Puy-en-Velay.

VAINCU À ALÉSIA, VERCINGÉTORIX JETTE SES ARMES AUX PIEDS DE CÉSAR... OFFICIELLEMENT, LA GAULE EST VAINCUE...

OUAP !

CLANG !

www.asterix.com
© 2011 LES ÉDITIONS ALBERT RENÉ / GOSCINNY-UDERZO

Frédéric Auguste Bartholdi (1834-1904),
Vercingétorix, bronze, dessiné en 1870
et coulé en 1902. Place Jaude, Clermont-Ferrand.

OBSERVER ET COMPRENDRE LES DOCUMENTS

1 **DOC. 1 et 2 :** En comparant les représentations, retrouvez quelles armes portait le jeune Gaulois antique.

2 **DOC. 1 à 3 :** Quelles différences observez-vous entre la statue et les tableaux ?

3 **DOC. 4 à 6 :** La représentation de Vercingétorix vous semble-t-elle fidèle au modèle antique (**DOC. 1**) ou à l'imagerie du XIXe siècle (**DOC. 2 et 3**) ?

4 **DOC. 5 :** Qu'est-ce qu'une parodie ? De quel tableau cette vignette en est-elle une ? Justifiez.

Alter idemque
Rome face à l'Autre

✳ DÉCOUVRIR *Étranges étrangers*

① Un Romain chez les Barbares

Ovide, exilé par Auguste aux confins de l'Empire, se plaint du peuple chez lequel il vit.

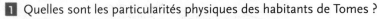

1 Turba Tomitanae quae sit regionis et inter
     Quos habitem mores, discere cura tibi est ? [...]
   Vox fera, trux vultus, **verissima Martis imago**,
     non coma, non ulla barba resecta manu,
5 dextera non segnis fixo dare vulnera cultro,
     quem junctum lateri barbarus omnis habet.

Ovide (43 av. J.-C. – 17 apr. J.-C.), *Tristes*, V, 7, 9-10 et 17-20.

Cela t'intéresse-t-il d'apprendre quel est le peuple de la région de Tomes, au milieu de quelles mœurs je passe ma vie ? [...] Voix sauvage, farouche visage : .... Nulle main n'a taillé ni leur chevelure ni leur barbe. Leur bras droit n'hésite pas à vous blesser d'un coup du couteau que tout barbare tient attaché au côté.

1 Quelles sont les particularités physiques des habitants de Tomes ?

2 Traduisez le passage manquant et relevez les expressions qui confirment l'image utilisée.

3 Quel terme latin synthétise, au dernier vers, ce que pense Ovide de ce peuple ?
À quel autre peuple l'oppose-t-il implicitement ?

② Peuples lointains, peuples effrayants

1 En quoi le personnage représenté ici correspond-il bien à l'image du « Barbare » donnée par Ovide ?

2 D'après sa tenue vestimentaire, de quels peuples de l'Antiquité peut-on rapprocher Attila ?

3 @ À quelle époque Attila a-t-il vécu ? Quelle était alors la situation de l'Empire romain ?

Eugène Delacroix (1798-1863),
Attila suivi de ses hordes barbares foule aux pieds l'Italie et les Arts,
huile et cire sur enduit, 1838-1847.
Assemblée nationale, Paris.

❸ Étrangers en terre latine

1 À quoi voit-on que l'homme n'est pas un Romain ?

2 Une matrone romaine serait-elle représentée sur un bas-relief de la même manière que la femme sculptée ici ?

3 Dans quelle situation semble se trouver ce couple de Barbares ?

Barbare avec sa compagne, détail du sarcophage de Portonaccio, IIe siècle apr. J.-C., marbre. Palazzo Massimo, Rome.

❹ Latins virils contre Barbares efféminés

Numanus Remulus, un Latin autochtone allié de Turnus, vient provoquer les nouveaux arrivants troyens. Ces compagnons d'Énée sont, à ses yeux, les dignes représentants des peuples aux « molles mœurs orientales »...

1 « Durum a stirpe genus natos ad flumina primum
deferimus saevoque gelu duramus et undis ;
venatu invigilant pueri silvasque fatigant,
flectere ludus equos et spicula tendere cornu. [...]
5 Vobis picta croco et fulgenti murice vestis,
desidiae cordi, juvat indulgere choreis,
et tunicae manicas et habent redimicula mitrae.
O vere Phrygiae, neque enim Phryges ! [...]
Sinite arma viris et cedite ferro. »

Virgile (70-19 av. J.-C.), *Énéide*, IX, 603-606, 614-617 et 620.

« Nous, race endurante dès l'origine, nous descendons nos nouveau-nés au bord des fleuves et nous les endurcissons au contact du froid cruel et des eaux. Enfants, ils s'adonnent à la chasse et parcourent les forêts. Leurs jeux : dompter les chevaux, tendre la flèche sur l'arc. [...] À vous les vêtements teints de safran et de pourpre éclatante, à vous la lâcheté. Il vous plaît de vous abandonner aux danses, vos tuniques ont des manches et vos coiffes des rubans. Ô vraies Phrygiennes, et non pas Phrygiens ! [...] Laissez les armes aux hommes, lâchez le fer ! »

1 Le texte compare et oppose deux peuples. Lesquels ? Repérez en français et en latin les passages où il est question de chacun.

2 Dans un des passages se multiplient les verbes d'action, dans l'autre les noms et les adjectifs. Relevez-les.

3 Quelles qualités sont attribuées au premier peuple ? Quels défauts sont reprochés au second ? Comment Rome se considère-t-elle donc par rapport à ses voisins orientaux ?

Marco Polo, *Le Livre des Merveilles du monde*, 1298, copie vers 1410. BnF, Paris.

● Les monstres des confins

Pline fait l'inventaire de populations aux comportements de plus en plus inhumains au fur et à mesure qu'on s'éloigne du monde romanisé.

1 Esse Scytharum genera et quidem plura, quae corporibus humanis vescerentur, indicavimus. [...] Priores Anthropo-phagos, quos ad septentrionem esse diximus, decem dierum itinere supra Borysthenen amnem ossibus humanorum capitum
5 bibere cutibusque cum capillo pro mantelibus ante pectora uti.

[...] Crates Pergamenus in Hellesponto circa Parium genus hominum fuisse dicit, quos Ophiogenes vocat, serpentium ictus **contactu** levare solitos et **manu** imposita venena extrahere corpori.

[...] Aristoteles in cavernis vivere Pygmaeos tradit. Adjicit feminas septimo aetatis
10 anno pariere, senectam quadresimo accidere.

Pline l'Ancien (23-79 apr. J.-C.), *Histoire naturelle*, VII, 2.

Vocabulaire

NOMS

aetas, atis, f. : l'âge
capillus, i, m. : le cheveu, la chevelure
caput, itis, n. : la tête
contactus, us, m. : le contact, le toucher
corpus, oris, n. : le corps
cutis, is, f. : la peau
genus, eris, n. : le genre, l'espèce, le peuple
os, ossis, n. : l'os
pes, pedis, m. : le pied

VERBES

adjicio, is, ere, jeci, jectum : ajouter
bibo, is, ere, bibi : boire
indico, as, are, avi, atum : mentionner
pario, is, ere, peperi, partum : enfanter
trado, is, ere, tradidi, traditum : rapporter
utor, uteris, uti, usus sum : utiliser, se servir de

Lecture du texte

1 Distinguez parmi les noms propres en vert les trois séries différentes : 4 noms de peuples / 3 noms de lieux / 2 noms d'auteurs antiques écrivant sur ces peuples.

2 §1 : Relevez le champ lexical du corps humain. Que fait-on de ces « morceaux de corps » ?

3 Légendez l'illustration ci-dessus en latin.

observation de la langue

1 Quelle remarque pouvez-vous faire sur la terminaison des deux noms en gras ?

2 Ces deux noms sont compléments circonstanciels de moyen : déduisez leur cas.

> **serpentium ictus** contactu **levare solitos**
capables de guérir les morsures de serpents par le toucher
> **manu** imposita venena extrahere corpori
de retirer le venin du corps par l'application de la main

3 À quel mode sont les verbes en bleu ? Pourquoi ?

4 Relevez dans le texte trois verbes de parole. Ils introduisent tous une proposition infinitive. Repérez à chaque fois l'infinitif le plus proche.

5 Les propositions infinitives sont entre crochets et les verbes introducteurs de parole soulignés. À quel cas sont les mots en rose ? Quelle est leur fonction ?

a. > **Aristoteles** [in cavernis vivere Pygmaeos] **tradit**.
Aristote rapporte que les Pygmées vivent dans des cavernes.

b. > **Adjicit** [feminas **septimo aetatis anno** pariere].
Il ajoute que leurs femmes enfantent à l'âge de sept ans.

◉ La 4ᵉ déclinaison

La 4ᵉ déclinaison est la déclinaison des noms dont le génitif singulier est en **-us**.

MASCULIN/FEMININ		
	SINGULIER	PLURIEL
N. V.	manus	manus
Acc.	manum	manus
G.	manus	manuum
D.	manui	manibus
Abl.	manu	manibus

	SINGULIER	PLURIEL
N. V.	domus	domus
Acc.	domum	domus ou domos
G.	domus	domuum ou domorum
D.	domui	domibus
Abl.	domo	domibus

Remarque : le nom **domus, us,** f., *la maison*, présente une déclinaison irrégulière qui mélange des formes des 2ᵉ et 4ᵉ déclinaisons.

Quelques noms fréquents de la 4ᵉ déclinaison :
> **exercitus, us,** m. : *l'armée*
> **magistratus, us,** m. : *le magistrat (homme politique)*
> **manus, us,** f. : *la main, la petite troupe*
> **senatus, us,** m. : *le Sénat*
> **vultus, us,** m. : *le visage*

◉ La proposition infinitive

Après les verbes de déclaration ou d'opinion, là où en français nous utilisons une proposition complétive introduite par « que », on trouve en latin une proposition subordonnée particulière : la **proposition infinitive**.

Ses caractéristiques :
– elle ne commence **pas** par un **mot subordonnant** ;
– son **verbe** est conjugué à **l'infinitif** présent ou parfait ;
– le **sujet** de ce verbe est à **l'accusatif** (de même que tout ce qui s'accorde avec ce sujet).
> **Diximus [Anthropophagos ossibus humanorum capitum bibere].**
> → *Nous avons indiqué [que les Anthropophages buvaient dans des crânes humains].*

Attention : Le verbe de la proposition infinitive se met à **l'infinitif parfait** (cf. page 35) si l'action qu'il exprime est **antérieure** à l'action de la proposition principale (quel que soit son temps).
> **Vergilius narrat [Aeneam in Italiam cum Trojanis venisse].**
> → *Virgile raconte [qu'Énée vint en Italie avec les Troyens].*

Attention : Si le sujet de la proposition infinitive représente la même personne ou la même chose que celui de la principale, il est exprimé dans la proposition infinitive par le pronom réfléchi **se**.
> **Ovidus amico suo scribebat [se in Getis gentibus latinam linguam perdere].**
> → *Ovide écrivait à son ami [qu'il perdait son latin chez les Gètes].*

> **Pour traduire en français une proposition infinitive,**
> on ajoute « **que** » après le verbe de déclaration,
> et on fait suivre le « que » du **mode** qui convient.

✳ EXERCICES

 Loquamur !

1 Déclinez ces noms de la 4ᵉ déclinaison.
contactus, us, m. • currus, us, m.

2 Traduisez et déclinez le groupe nominal : « le Sénat et les magistrats » (cf. p. 75).

3 Classez en trois colonnes ces formes selon qu'elles appartiennent à des noms de la 2ᵉ, de la 3ᵉ ou de la 4ᵉ déclinaison. (Servez-vous du lexique si nécessaire.)
forum • discipuli • magistratui • fructus • manibus • filium • hostibus • casu • urbium • domum

4 Transposez à l'infinitif parfait tous les verbes en bleu du texte de Pline (cf. p. 74).

Scribamus !

5 Intégrez au bon cas dans ces phrases un nom de la 4ᵉ déclinaison (cf. p. 74).

a. Les consuls ont convoqué *le Sénat* pour décider une guerre contre les Parthes.
b. Le général partira en campagne avec *une armée* expérimentée.
c. Il n'utilisera que de *petites troupes* pour des attaques par surprise.
d. Les conducteurs *des chars* sont venus saluer le public avant le départ. (currus, us, um)

6 Trouvez le verbe de parole et son sujet. Mettez entre crochets la proposition infinitive. Repérez ses composantes.

a. Crates narrat Ophiogenes serpentium ictus levare.
b. Trojanos feminas esse Numanus putat.
c. Ovidius uxori suae scribuit se dolere.

7 Dans ces deux phrases :
a. Repérez les deux noms de la 4ᵉ déclinaison.
b. À quel cas sont-ils ?
c. Retraduisez la première phrase de manière à rendre visible la valeur du cas.

Non coma, non ulla barba resecta manu.
Nulle main n'a taillé ni leur chevelure ni leur barbe.

Venatu invigilant pueri.
Enfants, ils s'adonnent à la chasse.

Cogitemus !

8 Traduisez en utilisant une proposition infinitive (aidez-vous du texte de la page 72).

a. *Ovide dit que le peuple de Tomes est barbare.*

b. *Ovide écrit à son ami que les Barbares de Tomes sont une véritable image du dieu Mars.*

9 Pour retrouver le texte original de Pline l'Ancien décrivant d'autres peuples étranges, transformez en propositions infinitives les phrases suivantes en les faisant précéder de : « Ctesias adjicit ». Vous modifierez les mots en gras (sujets transposés à l'accusatif, verbes transposés à l'infinitif).

a. **Multi** ibi quina cubita longitudine **excedunt**, non **exspuunt**, non capitis aut dentium aut oculorum ullo dolore **adficiuntur**.
Là beaucoup d'hommes mesurent plus de cinq coudées, ne crachent jamais, n'éprouvent jamais de douleur de tête, de dents ni d'yeux.

b. **Sunt** et **satyri** Indorum montibus ; jam **quadripedes**, jam recte **currunt**.
Il y a des satyres dans les montagnes indiennes ; ils courent tantôt à quatre pattes, tantôt normalement.

Atelier de traduction

Des coutumes bizarres...

Apud Anthropophagos ipsae etiam epulae visceribus humanis apparantur. Geloni hostium cutibus equos seque velant. Neuris statum tempus est, quo, si velint, in lupos iterumque in eos qui fuerunt, mutentur.

Pomponius Mela, (Iᵉʳ s. apr. J.-C.), *Chorographie*, II,1.

epula, ae, f. : le repas ; **viscus, eris**, n. : les viscères ; **apparo, as, are** : préparer ; **cutis, is**, f. : la peau ; **velo, as, are** : couvrir ; **statum tempus** : un moment donné ; **quo** : pendant lequel ; **iterum** : à nouveau, une deuxième fois ; **si velint** : s'ils le veulent ; **muto, as, are** : se transformer.

 AIDE

✳ *Anthropophagi, Geloni, Neuri* : noms de peuples de la lointaine Scythie.

✳ Ces personnages pourraient être les *Neuri* :

Marco Polo, *Le Livre des Merveilles du monde*, 1298, copie vers 1410. BnF, Paris.

✱ ÉTYMOLOGIE

Mots clés

L'altérité

barbari, orum, m. pl. : *les barbares*

Le mot apparaît chez Homère (*barbaro-phonoï* : « qui dit bla-bla-bla ») pour désigner les combattants non grecs de la guerre de Troie qui parlent un charabia incompréhensible. Chez les Romains, le mot désigne l'étranger pas encore atteint par la civilisation latine. L'adjectif *barbarus, a, um* prend ensuite les sens de « sauvage », « cruel ».

peregrinus, a, um : *étranger*

Composé de la préposition *per* et du nom *ager* : *per-agros-ire* signifie « aller au-delà du territoire ». Le *peregrinus* est celui qui voyage à l'étranger. La forme évolue en *pelegrinus* qui donne en français : « **pèl**erin ».

hospes, itis, m. : *l'hôte*

Partage sa racine avec *hostis*, « l'ennemi », l'étranger avec lequel on n'est pas parvenu à s'entendre. L'*hospes* accepte les lois et les mœurs du peuple qui l'accueille. Il est celui qui reçoit aussi bien que celui qui est reçu. Cette racine donne au français la série de mots en *hosp-/hôp-* et *host-/hôt-*.

alter, era, erum : *autre*

Repose sur la racine *al-* qui exprime l'idée d' « autre ». **Alt**érer c'est « rendre autre en mal ». **Ali**éner signifie « rendre étranger » : l'**ali**éné (le fou) c'est l'*alienatus* latin, celui qui est dépossédé de lui-même.

☞ ACTIVITÉS

1 Rédigez une définition de ces mots français contenant la racine alter. Dans chaque définition vous intégrerez l'adjectif « autre » :

a. alterner
b. altermondialisme
c. alternative
d. altérer

2 Utilisez dans une phrase de votre invention l'expression latine conservée telle quelle en français : *alter ego*.

3 Replacez dans la grille des mots issus de la racine hosp-/host-.

Horizontalement
4. Ils sont classés par des étoiles...

Verticalement
1. Déclenchées entre deux pays en guerre
2. Qui n'est pas accueillant
3. On y laissait mourir les vieillards

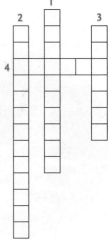

4 Complétez les phrases suivantes avec un mot reposant sur la double racine *al-/ali-*.

a. En électricité, le courant ... s'oppose au courant continu.
b. Ce manuscrit médiéval est illisible, il a subi trop d'....
c. Les collégiens se voient proposer des stages en ... pour découvrir le monde du travail.
d. On va devoir l'interner, les médecins l'ont jugé ... .
e. Le vainqueur du marathon, épuisé, a besoin de se ... à l'arrivée.

Latin (bien) vivant

« Loqui barbare » signifiait « parler en faisant des fautes ». On utilise toujours aujourd'hui le mot « **barbarisme** » pour désigner l'emploi d'un mot qui n'existe pas, d'une forme fautive. Par exemple parler d'un « *aréoport » pour un « aéroport » ou conjuguer le verbe « croire » au pluriel de la manière suivante : « *ils croivent ».

barbares
barbarismes

Monnaie d'Orodès II, roi Parthe, vers 30 av. J.-C.

REPRÉSENTATION DE L'AUTRE EN MONSTRE

Chez les Grecs : des êtres hybrides

L'art grec (la **peinture des vases** particulièrement) aime à représenter sous forme de monstres tous ces êtres qui sont différents de l'homme grec car étrangers ou simplement étranges. Cependant il ne crée pas des monstres de toutes pièces, mais les bâtit à partir **d'hybrides** d'êtres préexistants.

① **Coupe attique**, 480 av. J.-C. Musée archéologique, Florence.

② **Coupe attique**, Vᵉ siècle av. J.-C., Musée du Vatican, Rome.

LA CÉRAMIQUE À FIGURE ROUGE

Technique décorative grecque reprise sur les céramiques étrusques et romaines, elle consiste à faire passer le vase couvert **d'argile** par plusieurs étapes de cuisson. Le contour des figures est peint au pinceau fin. Le fond est passé au **vernis noir**.

Au Moyen Âge : des inventions poétiques

Le Moyen Âge est lui aussi friand de ces représentations monstrueuses de l'autre. Prenant comme base les textes des grands voyageurs, les enlumineurs — qui, pour leur part, n'ont pas voyagé — inventent un ailleurs tout à fait poétique et en même temps nourri de références au monde médiéval européen.

④ Jérôme Bosch, (1450-1516) **Le Jugement universel**, détail. Académie des beaux-arts, Vienne.

Les tableaux oniriques de Bosch peignent un monde où les hommes subissent le châtiment divin au milieu d'êtres monstrueux.

③ **Sirène**, BnF, Paris.

À Rome, l'habit fait l'étranger

Les textes latins (comme celui de Pline l'Ancien, par exemple) reprennent cette vision du lointain Barbare comme un monstre pas tout à fait humain. En revanche, l'art latin se montre moins disposé à représenter l'autre comme un monstre : il est **plus attaché au réalisme**, comme dans cette vision des Pygmées des sources du Nil sur une mosaïque.

5 *Mosaïque*, IIIᵉ siècle apr. J.-C. Musée archéologique de Sousse (Tunisie).

Lorsque Rome représente le Barbare, elle préfère mettre en avant sa férocité, sa sauvagerie et des **caractéristiques particulières** : sa forte pilosité et ses tenues vestimentaires étonnantes, tout particulièrement le pantalon.

6 *Soldat parthe*, Iᵉʳ siècle apr. J.-C., terre cuite. Musée de l'art islamique, Berlin.

☞ ACTIVITÉS

OBSERVER ET COMPRENDRE LES ŒUVRES

1 Décrivez les personnages des deux scènes, issues de la mythologie grecque, représentées sur les vases (DOC. 1 et 2).

2 Dans les deux premières séries d'images, (DOC 1 à 4) montrez que le « monstre » est plus un être hybride qu'un être réellement « monstrueux » au sens moderne du terme.

3 Quel élément, déjà rencontré au cours de ce chapitre, retrouve-t-on dans la représentation du Barbare sur ce bas-relief (DOC. 6) ?

PROLONGER :

4 Recherchez sur Internet le plafond de l'Assemblée nationale peint par Delacroix (http://www.assemblee-nationale.fr/histoire/ovide1.asp). En lisant le texte d'Ovide au début de ce chapitre, vous étiez-vous représenté la scène comme choisit de la montrer ce peintre français du XIXᵉ siècle ? Expliquez.

ZOOM sur

L'étranger,
ce barbare ?

*Habituée dès l'origine à se mêler
aux peuples voisins, Rome
en assimile progressivement
certains.*

*Barbares captifs,
détail du sarcophage de Portonaccio.*

L'ESSENTIEL

■ Les Romains : un peuple d'immigrés

Si les Grecs se reconnaissent comme tels par leur unité de langue, de territoire, de civilisation, en un mot par leur autochtonie, qui fait de l'autre, même peu éloigné, un Barbare, les Romains forment dès l'origine un peuple mêlé. Les Troyens conduits par Énée s'intègrent aux Latins de souche ; Romulus accueille dans son *asylum* les « rebuts » des peuples voisins avant de faire des Sabins ennemis ses nouveaux alliés (**1**).

■ Assimiler pour mieux régner...

Au fur et à mesure de l'extension de leur territoire et de leur empire (**2**), les Romains comprennent que celle-ci ne peut se faire qu'au prix d'une acceptation de l'autre (***alter***). Aussi font-ils preuve d'une grande capacité à intégrer sans cesse des étrangers, au même titre qu'ils accueillent de nouveaux dieux. Mais cette assimilation ne peut se réaliser que si l'autre accepte de devenir un peu « le même » (***idem***) : de se romaniser, au moins superficiellement.

■ Latins de ce côté-ci du *limes*, Barbares de l'autre côté

Ce sont désormais les limites extrêmes de l'Empire qui repoussent le véritable étranger, le Barbare inconciliable, au-delà des frontières : celles du Septentrion des Scythes, de l'Afrique mystérieuse des Pygmées, de l'Asie des Parthes. Au-delà de ces frontières géographiques concrétisées par le ***limes*** (frontière gardée par les légions), on est à la marge de la civilisation et donc de l'humain. La limite entre le civilisé et le barbare, c'est la limite entre l'humain et le non-humain (**3**).

Accueillants, les premiers Romains...

Question : À quelle époque de l'histoire de Rome Cicéron fait-il remonter les relations avec l'étranger ?

Mais ce qui, sans conteste, a le mieux assis notre empire et étendu le nom du peuple romain, c'est que Romulus, le premier de nos rois, le créateur de notre ville, nous a enseigné par le traité avec les Sabins que **nous devions accroître notre État en accueillant même des ennemis.** Forts de cette garantie et de ce précédent, nos ancêtres n'ont jamais cessé d'accorder et de distribuer le droit de cité.

Cicéron (106-43 av. J.-C.), *Pour Balbus*, XIII, 31-32.

2 Un combat inégal

Questions :

1. Comment peut-on distinguer sur ce bas-relief les deux groupes humains qui s'opposent (cf. pp. 46-47) ?

2. De quelle manière la domination romaine est-elle rendue ?

Romains contre Barbares
(sans doute des Goths), v. 260 apr. J.-C.,
grand sarcophage Ludovisi.
Palais Altemps, Rome.

3 Étrange, étrange

Question : De quels peuples évoqués par Pline Marco Polo et son illustrateur ont-ils pu s'inspirer ?

Marco Polo,
Le Livre des Merveilles du monde,
1298, copie vers 1410, BnF, Paris.

Ctésias a écrit que dans beaucoup de montagnes une race d'hommes à tête de chien s'habille avec des peaux de bête, aboie au lieu de parler, et, armée de griffes, se nourrit du produit de sa chasse sur les quadrupèdes et les oiseaux. Il rapporte aussi que dans une certaine nation indienne les femmes n'engendrent qu'une fois dans leur vie, et que leurs enfants prennent aussitôt une chevelure blanche. Il parle aussi d'hommes appelés Monocoles qui n'ont qu'une jambe et qui sautent avec une agilité extrême ; il dit qu'on les nomme aussi Skiapodes (*skia* : ombre, *pous* : pied), parce que dans les grandes chaleurs, couchés par terre sur le dos, ils se détendent du soleil par l'ombre de leur pied ; qu'ils ne sont pas loin des Troglodytes ; et que près d'eux, à l'Occident, se trouvent d'autres hommes qui, privés de cou, ont les yeux dans les épaules.

Pline l'Ancien (23-79 apr. J.-C.), *Histoire naturelles*, VII, 23.

ACTIVITÉS B2i

Rechercher sur Internet

Trouvez une carte du lieu d'exil d'Ovide et quelques-unes de ses lettres écrites dans les *Tristes* ou les *Pontiques*. Rédigez à votre tour une « lettre d'exil » contemporaine.

Graecorum fama
L'influence grecque

✳ DÉCOUVRIR — *Un modèle prépondérant*

. . . .

❶ Un idéal de beauté à suivre

La Grèce, bien que vaincue par Rome dès le IIe siècle av. J.-C., n'en demeure pas moins la terre des modèles à imiter.

1 « Pugiliste » vient du verbe *pugno*. Déduisez l'activité que celui-ci pratique. À quelles occasions pratiquait-on cette activité sportive chez les Grecs ?

2 Cette statue d'époque romaine reprend deux règles de l'art grec classique.
a. Montrez qu'elle représente ce lutteur avec réalisme.
b. En quoi est-elle aussi la représentation d'un idéal physique ?

Pugiliste, bronze,
statue d'époque hellénistique.
Palazzo Massimo, Rome.

❷ Des Grecs admirés de l'élite

Cicéron, comme la plupart des Latins cultivés du Ier siècle av. J.-C., a fait ses études à Athènes. Voici ce qu'il dit de la civilisation grecque.

1 Haec cuncta Graecia, quae fama, quae gloria, quae doctrina, quae **plurimis artibus**, quae etiam imperio et bellica laude floruit, parvum quendam locum, ut scitis, Europae tenet sem-
5 perque tenuit.

Cette Grèce dans son ensemble, qui resplendit autre-fois par sa réputation, sa gloire, sa culture, ses …, et même par son empire et par son mérite à la guerre, n'occupe en Europe, vous le savez bien, et n'a jamais occupé, qu'un petit territoire.

Cicéron (106-43 av. J.-C.), *Pour L. Flaccus*, 64.

1 Traduisez l'expression en gras. Comment Cicéron considère-t-il la Grèce ?
Relevez en latin et en français les autres qualités grecques.

2 Sur quelle différence implicite entre la Grèce et Rome Cicéron insiste-t-il ?
Qu'insinue-t-il sur Rome en louant ainsi la Grèce ?

❸ Inspiration grecque, réinterprétation latine

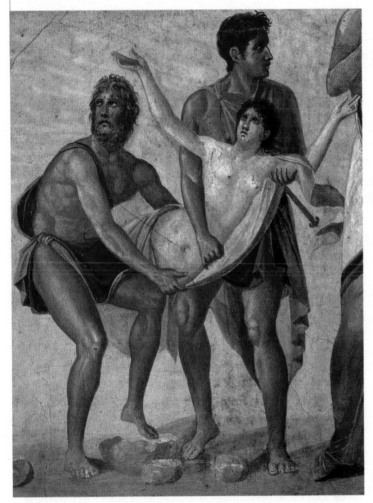

Si l'art grec sert de référence aux artistes latins, ceux-ci ne se contentent pas de l'imiter.

1 Quel épisode de la mythologie grecque illustre cette peinture ?

2 Quel poète latin a repris de nombreuses légendes grecques ?

3 Cette peinture latine subit également l'influence hellénique par son style (cf. p. 188). Cependant l'artiste latin s'approprie l'apport grec. De quelle manière en fait-il une œuvre typiquement latine ?

Le Sacrifice d'Iphigénie (détail), Ier siècle apr. J.-C., fresque de la maison du poète tragique, à Pompéi. Musée archéologique national, Naples (Italie).

❹ Une Rome devenue grecque

Mais dans les rues de Rome, au IIᵉ siècle apr. J.-C., certains trouvent qu'il y a trop de Grecs...

1 Non possum ferre, Quirites,
Graecam urbem. [...]
Grammaticus, rhetor, geometres, pictor, aliptes,
Augur, schoenobates, medicus, magus, omnia novit
5 Graeculus esuriens. In caelum jusseris ibit.
In summa non Maurus erat neque Sarmata nec Thrax
Qui sumpsit pinnas, mediis sed natus Athenis !

Juvénal (60-140 apr. J.-C.), Satires, III, 60-61 et 76-80.

Je ne peux pas supporter, chers concitoyens, ... [...] Grammairien, orateur, géomètre, peintre, masseur, augure, funambule, médecin, mage, il sait tout faire, ce grécaillon affamé ! Dis-lui d'aller au ciel, il s'y rendra ! Pour tout dire, non, il n'était pas un Maure, ni un Sarmate, ni un Thrace, celui qui s'attacha des ailes, mais un pur Athénien !

1 Traduisez l'expression en gras.

2 Quel est le terme latin péjoratif utilisé pour désigner les Grecs ?

3 Dans quels domaines les Grecs sont-ils maîtres ? Pourquoi Juvénal en est-il agacé ?

4 Qui est le personnage mythologique grec évoqué dans les deux derniers vers ?

● Le renard et les raisins

Un esclave grec du VIᵉ siècle av. J.-C., Ésope, inventa le genre de la fable.
Le poète latin Phèdre l'a régulièrement imité, avant que Jean de La Fontaine
ne s'en inspire à son tour.

Ἀλώπηξ καὶ βότρυς

Ἀλώπηξ λιμώττουσα, ὡς ἐθεάσατο
ἀπό τινος ἀναδενδράδος βότρυας
κρεμαμένους, ἠβουλήθη αὐτῶν
περιγενέσθαι καὶ οὐκ ἠδύνατο.
Ἀπαλλαττομένη δὲ πρὸς ἑαυτὴν εἶπεν :
« Ὄμφακές εἰσιν. »

Ésope (VIᵉ siècle av. J.-C.), *Fables*, 32.

De vulpe et uva

Fame coacta vulpes alta in vinea
Uvam appetebat summis saliens viribus ;
Quam tangere ut non potuit, discedens ait :
« Nondum matura est ; nolo acerbam sumere. »

Phèdre (10-54 apr. J.-C.), *Fables*, IV, 3.

Vocabulaire

NOMS

uva, ae, f. / βότρυς, υος, m. :
la grappe de raisin
vinea, ae, f. / ἀναδενδράς,
άδος, f. : la vigne

VERBES

tango, is, ere / περιγενέσθαι :
toucher, s'emparer de
possum, potes, posse, potui /
δύναμαι, ἠδυνάμην : pouvoir
discedo, is, ere / ἀπαλλάττω :
s'éloigner *(ici au participe)*

ADJECTIF

acerbus, a, um / ὄμφαξ :
pas encore mûr, vert

observer le texte grec

1 Notez toutes les lettres qui vous rappellent celles de notre alphabet.

2 Partagez-vous les mots du texte et en vous aidant du tableau ci-contre, déchiffrez-le.

3 La composition du texte de Phèdre est-elle différente de celle du texte grec ? Expliquez.

comprendre

1 Qui est le personnage principal de la fable ? Retrouvez le mot qui le désigne, en latin et en grec.

2 Rassemblez les mots en vert deux par deux (grec/latin), traduisez-les, puis donnez leur nature.

3 En observant les noms en bleu, déduisez une règle commune aux deux langues.

4 ἀναδενδράδος : Le radical grec de ce mot signifie « arbre ». Trouvez un mot français contenant ce radical grec.

5 Donnez la traduction du passage au discours direct dans le texte de Phèdre.

6 Recherchez la fable que Jean de La Fontaine a écrite à partir de ce double modèle antique.

« Le renard et le raisin »,
XVIIIᵉ siècle, gravure.

● Lire et écrire le grec

Comme le latin, le russe ou le français, le grec a une **écriture alphabétique**. Cet alphabet, composé de 24 caractères, est toujours utilisé dans la Grèce d'aujourd'hui.

MAJUSCULE	minuscule	Prononciation	Nom de la lettre	Remarques
A	α	*a*	*alpha*	
B	β	*b*	*bêta*	S'écrit ϐ à l'intérieur d'un mot > βίϐλος, « biblos », le livre
Γ	γ	*g dur*	*gamma*	
Δ	δ	*d*	*delta*	
E	ε	*é*	*epsilon*	
Z	ζ	*dz*	*dzêta*	
H	η	*è*	*êta*	
Θ	θ	*t*	*thêta*	A donné le *th-* des mots français > θέατρον, « théatron », le théâtre
I	ι	*i*	*iota*	
K	κ	*k*	*kappa*	
Λ	λ	*l*	*lambda*	
M	μ	*m*	*mu*	
N	ν	*n*	*nu*	
Ξ	ξ	*ks*	*xi*	
O	ο	*o*	*omicron*	
Π	π	*p*	*pi*	
P	ρ	*r*	*rhô*	
Σ	σ / ς	*ss*	*sigma*	La forme ς est utilisée à la fin du mot.
T	τ	*t*	*tau*	
Y	υ	*u*	*upsilon*	A donné le *y* des mots français > λαϐύρινθος, « laburinthos », labyrinthe
Φ	φ	*f*	*phi*	A donné le *ph-* des mots français > γράφειν, « graphein », écrire : calligraphie
X	χ	*k*	*khi*	A donné le *ch-* dur des mots français > χορός, « choros », le chœur
Ψ	ψ	*ps*	*psi*	
Ω	ω	*o*	*oméga*	

Quelques signes particuliers :
– Les **esprits** rudes (ʽ) ou doux (ʼ) sont placés sur les voyelles en début de mot (devant les voyelles en majuscules). Les esprits rudes donneront en français un h à l'initiale.
– L'**accent circonflexe** qui, en grec, se dessine comme le tilde espagnol (˜).
– Le *iota* **souscrit** : un *iota* qui vient se placer sous une autre voyelle dans certaines formes de la déclinaison ou de la conjugaison.

Loquamur !

1 Lisez à voix haute ces noms propres de lieux ou de personnages grecs célèbres et traduisez-les.

Πελοπόννησος • Ἀχιλλεύς • ᾿ΑΘΗΝΑΙ • Ἥφαιστος • ΜΑΡΑΘΩΝ

2 Apprenez par cœur et récitez à voix haute l'alphabet grec.

3 Expliquez le sens de ces mots ou expressions français formés à partir du nom d'une ou plusieurs lettres grecques.

alphabet • croix gammée • delta d'un fleuve

 Scribamus !

4 Écrivez en majuscules le titre de la fable d'Ésope.

Ἀλώπηξ καὶ βότρυς

5 Voici des mots français qui viennent directement du grec sans presque aucun changement. Écrivez-les en grec.

pentathlon • asthme • diadème • dialogue *(le e final deviendra -α ou -ος)*

6 Voici les titres de deux autres fables d'Ésope qui ont inspiré La Fontaine.

Κόραξ καὶ ἀλώπηξ
Λέων καὶ μῦς
Transcrivez-les et retrouvez à quelles fables françaises ils correspondent.

💡 **Cogitemus !**

7 Pour chacun de ces mots grecs, trouvez un mot français qui en est issu et rédigez sa définition. Déduisez-en le sens du mot grec d'origine.

πόλις • δημοκρατία • ὀφθαλμός • κακός • θάλασσα

8 a. Retrouvez quels personnages se cachent derrière ces noms propres grecs.

῝ΕΚΤΩΡ • ῝ΟΜΗΡΟΣ • ῾ΗΡΑΚΛῆΣ
b. Expliquez pourquoi ils commencent tous par un *H* en français.

9 Sur une plaque de médecin, on trouve l'indication : *Oto-rhino-laryngologiste*. Que signifie-t-elle, sachant que chaque partie de ce mot composé est le nom grec d'une partie du corps qu'il soigne ?

10 Voici quelques mots grecs :

θεός • ζῷον • φαγεῖν • γυνή • πολύς • μισεῖν • νεκρός • λόγος

a. Transcrivez-les en alphabet latin.
b. Retrouvez leur traduction :
femme • manger • animal • plusieurs • haïr • dieu • cadavre • étude, discours sur
c. En les regroupant deux par deux, trouvez les mots qu'ils ont donnés en français, dont voici les définitions :
qui vénère plusieurs dieux • qui n'aime pas les femmes • qui se nourrit de cadavres • qui étudie les animaux

---

atelier de traduction

Ce texte gravé sur une pierre du théâtre de Dionysos à Athènes est écrit en grec, mais il est d'époque latine.

> ΜΑΡΚΟΝΑΥΡΗΛΙΟΝ
> ΚΑΙΣΑΡΑΑΥΤΟΚΡΑ
> ΟΡΟΣΑΝΤΩΝΙΝΟΥ
> ΥΙΟΝΤΟΝΠΡΟΣΤΑ
> ΤΗΝΑΘΗΝΑΙΟΙ

☞ **CONSIGNE**

✳ Transcrivez le texte en minuscules, puis essayez d'en traduire quelques mots.

☞ **AIDE**

✳ La première ligne correspond au nom de l'empereur exerçant le pouvoir à Rome au moment de l'écriture de la pierre. La deuxième et la troisième ligne contiennent chacune un autre nom propre d'empereur. La dernière porte le nom du peuple donateur. Les mots sont écrits à la suite sans séparation.

✳ ÉTYMOLOGIE

Mots clés

La Grèce

Graecus, a, um : *grec*

Cet adjectif a donné son nom au peuple grec dans toutes les langues romanes, mais vient pourtant du moins employé des deux noms désignant les Grecs : Γραικός. Sur Graecus, le latin a fabriqué de nombreux mots : **Graecia, graece, Graeci, graecitas**, et le diminutif péjoratif Graeculus : « sale petit Grec, grécaillon ».

Ἑλλάς / Hellas, f. : *la Grèce*

Les deux noms utilisés (en grec ancien comme en grec moderne) pour désigner « la Grèce » et « les Grecs » sont Ἑλλάς et Ἕλληνες. Si les autres langues européennes n'utilisent pas la racine *hell-* pour nommer le pays, cette racine est cependant présente dans **hellénisme** : « influence de la civilisation ou de la langue grecque ».

ξένος / xenos, m. : *l'étranger*

Le xenos, l'étranger, est celui qui, parce qu'il est né hors de Grèce, est *a priori* un ennemi. C'est pourquoi il vaut mieux en faire un « hôte », mot qui se dit également ξένος. Ces deux sens sont exprimés en latin par *hospes*, « l'hôte », et *hostis*, « l'ennemi », qui sont formés sur la même racine (cf. p. 77).

☞ ACTIVITÉS

1 Traduisez tous les mots latins en gras venant de la racine graec cités dans l'article ci-contre.

2 Trouvez les mots français contenant la racine hell et correspondant à ces définitions :

a. Élève qui étudie le grec à l'école.

b. Période historique qui va de la mort d'Alexandre le Grand à la conquête romaine.

c. Ancien nom du détroit qui sépare l'Europe de l'Asie.

d. Au XIXᵉ siècle, partisan de l'indépendance de la Grèce (commence par le radical de *philein*).

3 Trouvez ou inventez une série de mots français contenant la racine xeno. Donnez la définition des mots que vous avez créés.

4 Parmi les mots :

gréciser / agresser / graisse / gréco-romain

a. Distinguez ceux qui appartiennent à la famille de « Grèce » et les autres.

b. Employez les premiers dans une phrase de votre invention.

5 Rendez à quelques langues européennes leur façon de nommer la Grèce. Le mot est le même dans deux langues.

GREECE •   • italien

GRECIA •   • russe

ΕΛΛΑΣ •   • allemand

GRIECHENLAND •   • espagnol

ГРЕЦИЯ •   • grec

                                  • anglais

Grec ancien (**bien**) vivant

Dans la religion chrétienne, on forme le « chrisme » grâce à quatre lettres grecques : le **X** et le **P**, deux premières lettres du nom du Christ (χριστός : « oint »), l'**A**, début de toutes choses et l'**Ω**, fin de toutes choses. **Certaines lettres grecques** sont toujours bien vivantes, elles sont devenues des symboles utilisés fréquemment de nos jours :
– en mathématiques : le **Π**, le **Δ**, le **Σ**.
– dans les sciences humaines : le **Φ** qui représente la philosophie, le **Ψ** qui symbolise la psychologie.

Chrisme sculpté sur un sarcophage trouvé à Auterive (Haute-Garonne), IVᵉ-Vᵉ siècle apr. J.-C. Musée Saint-Raymond, Toulouse.

INFLUENCE DE L'ART GREC À ROME

L'exemple de la sculpture

La tradition artistique grecque s'impose dans l'Empire romain. C'est par la **sculpture** que la transmission se fait de la façon la plus évidente : les œuvres grecques sont copiées à l'identique par des artistes latins. Nous avons ainsi une trace de ce que devait être l'art du plus grand des sculpteurs grecs : **Praxitèle**, dont aucun original ne nous est parvenu mais dont les copies d'époque hellénistique, puis romaine, sont nombreuses.

 1

Bas-relief d'Athéna. Musée de l'Acropole, Athènes.

2

Statue de danseuse provenant de la *Domus Augustana*, copie romaine d'un original grec.

« D'autres forgeront avec plus de grâce des bronzes qui sauront respirer, ils tireront du marbre des visages vivants, ils plaideront mieux, ils figureront avec leurs baguettes les mouvements du ciel, diront les levers des astres. »

Virgile, *Énéide*, VI, 847-850, traduit par Jacques Perret.

3

Vénus de Martres, Iᵉʳ siècle apr. J.-C., Musée Saint-Raymond, Toulouse (Haute-Garonne).

4

Vénus de Cnide, dite « tête Kaufmann », copie hellénistique d'un original de Praxitèle.

Coureur, copie romaine d'un original grec du IVᵉ siècle av. J.-C., bronze. Musée archéologique national, Naples (Italie). ⑥

LA STATUAIRE GRECQUE

L'art de la statuaire en Grèce se caractérise par quelques règles :
• Le corps présente une **pose** et une gestuelle naturelles, en appui sur une jambe, l'autre légèrement fléchie.
• Le sculpteur respecte les **proportions** parfaites imposées par le « canon de Polyclète » : le corps idéal fait sept têtes et demie.
• Même à travers le **vêtement**, on doit deviner le corps (technique du « drapé mouillé »).
• Le **nez** et le front sont sur une même ligne droite (« nez grec »).
On admire aujourd'hui la pureté et la blancheur de ces marbres. Ces statues étaient pourtant **peintes** de couleurs vives.

Poséidon, Vᵉ siècle av. J.-C., bronze. Musée national, Athènes. ⑤

☞ ACTIVITÉS

OBSERVER ET COMPRENDRE LES ŒUVRES

1 Les Grecs sont évoqués « en creux » dans la prophétie d'Anchise à son fils Énée, dans l'extrait de l'*Énéide*. Quelles sont les qualités que les Romains leur attribuent ?

2 Dans les deux premières séries (DOC. 1 / DOC. 2 et DOC. 3 / DOC. 4), formulez les ressemblances et les différences dans les techniques de sculpture.

3 DOC. 5 / DOC. 6 : Opposez les attitudes et le statut des deux personnages représentés. Sur quoi reposent en revanche les points communs ?

PROLONGER

Trouvez une représentation de la frise des Panathénées sur le Parthénon d'Athènes et retrouvez sur l'*Ara Pacis* d'Auguste à Rome la partie du bas-relief sculpté qui s'en inspire (www.musagora.fr).

Le rayonnement de la culture grecque

Les Grecs n'ont cessé de susciter l'envie et l'admiration des Romains.

L'ESSENTIEL

▪ Virgile réécrit les origines de Rome

Selon la légende de fondation établie par l'*Énéide* de Virgile, Énée et ses compagnons se constituent comme peuple autonome **par opposition à leurs vainqueurs, les Grecs** (❷). Ils les fuient en partant fonder une nouvelle Troie. Par ce récit de fondation, Rome tient à se démarquer de ce grandiose prédécesseur. Par la même occasion, Virgile fabrique à sa manière une *Iliade* et une *Odyssée* romaines, reconnaissant ainsi Homère comme son maître.

▪ Imiter la langue et la littérature des Grecs

À partir du IIᵉ siècle av. J.-C., la **langue grecque** est enseignée aux enfants des riches citoyens latins par des esclaves grecs précepteurs (❸ et ❹).

Le **panthéon grec** est adopté par les Romains et la mythologie grecque sert d'inspiration aux poètes latins, Ovide en particulier.

En **littérature**, on retrouve chez les auteurs latins des réécritures des grands genres grecs : l'épopée, la poésie, le théâtre.

▪ Influence dans tous les domaines

La **philosophie** grecque fait elle aussi des émules à Rome : Cicéron cite avec admiration Platon (❺) tandis que Sénèque se revendique de l'école stoïcienne.

L'**architecture** latine subit l'influence grecque (cf. pp. 174-175) à la fois dans le domaine religieux (plan des temples, copie des colonnes) et pour les constructions privées : les grandes *villae* à péristyle se développent, les fresques et les mosaïques s'inspirent de la mythologie grecque, et les *horti* s'ornent de statues imitées d'originaux grecs.

❶ Respect !

Pline félicite son ami Maximus envoyé par l'empereur Trajan en mission en Grèce, et lui rappelle tout ce que la civilisation latine doit à la grecque.

Question : Dans quels domaines les Grecs sont-ils présentés par Pline comme des « inventeurs » ?

Songe que tu as été envoyé dans la province d'Achaïe, qui est la Grèce dans son authenticité et dans sa pureté, où passent pour avoir été découvertes, à l'origine, la civilisation, les belles-lettres et même l'agriculture ; songe que tu as été envoyé [...] auprès d'hommes souverainement hommes, auprès d'hommes libres souverainement libres qui ont sauvegardé le droit donné par la nature grâce à leur courage [...]. Honore leurs dieux fondateurs et les noms de leurs dieux, honore leur passé glorieux et ce grand âge précisément qui rend un homme vénérable et les villes sacrées. Pénètre-toi de respect pour leur antiquité, pour leurs immenses exploits, pour leurs légendes aussi.

Pline le Jeune (61-114 apr. J.-C.), *Lettres*, VIII, 24, 2-5, traduit par Gérard Salamon.

② Le mythe fondateur

Achille affronte Hector,
vase, VIᵉ siècle av. J.-C.
Musée archéologique national, Athènes.

Question : Quel rapport entretient un des personnages représentés sur ce vase grec avec le héros fondateur de Rome ?

Platon et ses disciples, Iᵉʳ siècle av. J.-C., mosaïque.
Musée archéologique national, Naples (Italie).

③ Maîtres et disciples

Un magister *et ses élèves,* IIᵉ-IIIᵉ siècle apr. J.-C.,
bas-relief (détail). Musée régional rhénan,
Trèves (Allemagne).

Questions : Quel détail physique commun peut-on observer entre ces deux représentations ? Que peut-on en déduire sur l'origine du *magister* représenté ?

④ César aussi parlait grec

Etsi tradiderunt quidam Marco Bruto irruenti dixisse : « Καὶ σύ, τέκνον ; ».

On rapporte même qu'il aurait dit à Marcus Brutus qui se jetait sur lui : « Kai su, teknon *(Toi aussi, mon fils) ? »*

Suétone (69-125 apr. J.-C.), *Vies des douze Césars,*
« Divus Julius », 82.

Question : Que nous apprend cette anecdote sur l'élite latine ?

✎ ACTIVITÉS B2i

Créer un document

1 Trouvez une police de grec et recopiez la fable d'Ésope (cf. p.84).

Rechercher sur Internet

2 Rechercher de quels originaux grecs se sont inspirés ces auteurs latins pour écrire leurs œuvres : Sénèque, *Médée* ; Cicéron, *Les Philippiques ;* Virgile, *Les Bucoliques.*

▨ Les 3e et 4e déclinaisons / Les adjectifs de la 2e classe

1. Donnez toutes les possibilités d'analyse (cas et nombre) des noms suivants après avoir vérifié leur nominatif et leur génitif singulier dans le lexique.

salute • adventus • senatuum • foedera • Caesaris • ferocitas • manu • munitiones • Vercingetorigi

2. Complétez le tableau suivant en déclinant les deux groupes nominaux complets.

	Singulier	Pluriel	Singulier	Pluriel
N. V.				
Acc.		terribiles hostes		
G.				
D.			ingenti exercitui	
Abl.				

▨ Les participes présent et parfait / L'ablatif absolu

3. Formez les participes présent et parfait des verbes suivants. Traduisez-les.

porto, as, are, avi, atum • cognosco, is, ere, cognovi, cognitum • mitto, is, ere, misi, missum • debeo, es, ere, debui, debitum • trado, is, ere, tradidi, traditum. • facio, is, ere, feci, factum

4. Repérez et analysez, en identifiant le participe et son sujet, les ablatifs absolus dans ces phrases (Abbé Lhomond). Traduisez la b.

a. Tunc enim Romani, suadente Catone, deliberatum habebant Carthaginem diruere.
En effet les Romains, sur le conseil de Caton, avaient décidé de raser Carthage.
b. Deleta Carthagine, Scipio victor *(en vainqueur)* Romam reversus est.

5. Traduisez les expressions soulignées par un ablatif absolu.

a. Après avoir vaincu les Gaulois, César rentra à Rome. *(participe parfait passif)*
b. Quand il eut traversé les Alpes, Hannibal partit à la conquête de l'Italie. *(participe parfait passif)*
c. Hannibal rentra à Carthage, quand le sénat carthaginois l'ordonna. *(participe présent actif)*
d. Après avoir pris la Grèce, les Romains se firent conquérir par sa culture. *(participe parfait passif)*

▨ La proposition infinitive

6. Transformez ces phrases de César sur les Gaulois en propositions infinitives, en les faisant précéder de « *Caesar scripsit* ». Les mots en gras sont à modifier.

a. **Belgae proximi sunt** Germanis qui trans Rhenum incolunt.
(Les Belges sont les plus proches voisins des Germains qui habitent sur l'autre rive du Rhin.)
b. **Helvetii** in Haeduorum fines **pervenerant** eorumque agros **populabantur**.
(Les Helvètes étaient parvenus chez les Héduens et ravageaient leurs terres.)

7. Repérez les verbes introducteurs des propositions infinitives et leurs sujets (2 par phrases), puis mettez entre crochets la proposition infinitive et repérez ses composantes (verbe à l'infinitif et sujet à l'accusatif). Traduisez les phrases.

a. Hannibal militibus suis dixit nullas terras caelum contingere nec Alpes montes inexsuperabiles humano generi esse.
b. Cicero putat cunctam Graeciam parvum quendam locum Europae tenere semperque tenuisse.
c. Caesar narrat Vercingetorigem sibi dedi armaque projici.

▨ SYNTHÈSE

8. Pour chaque couleur, indiquez quelle notion grammaticale étudiée dans cette séquence est concernée.

Cum in senatu de tertio Punico bello ageretur, Cato jam senex delendam Carthaginem censuit, negavitque ea stante salvam esse posse rempublicam. Cum autem id, contradicente Scipione Nasica, non facile patribus persuaderet, deinceps quoties de re aliqua sententiam dixit in senatu, addiddit semper : « Hoc censeo, et Carthaginem esse delendam. »

Un jour où l'on débattait de la troisième guerre Punique au Sénat, Caton, déjà fort âgé, émit l'avis que Carthage devait être détruite, affirmant que, tant qu'elle serait debout, la république ne pouvait être saine et sauve. Mais comme Scipion Nasica s'opposait à cet avis et que Caton avait du mal à en persuader les Sénateurs, par la suite, chaque fois qu'il intervint sur quelque sujet au Sénat, il rajouta : « Tel est mon avis, et en plus je pense que Carthage doit être détruite. »

Abbé Lhomond, *De Viris illustribus.*

● Petits calculs à propos de la légion romaine

Sachant qu'une légion romaine est constituée de citoyens répartis dans dix cohortes contenant, pour la première, cinq centuries de 160 hommes et pour toutes les autres trois manipules composés, chacun, de deux centuries de 80 hommes ; sachant également que sous Auguste l'armée romaine compte 28 légions,

déduisez le nombre de citoyens légionnaires au Ier siècle apr. J.-C.

● S'entraîner à lire le grec

Voici l'étiquette de couverture du cahier d'un petit écolier grec des années 2000 apr. J.-C. À vous d'en remplir les deux premières et les deux dernières lignes.

● Phrase effacée

Dans une épître à l'empereur Auguste, le poète latin Horace a écrit une phrase, devenue célèbre, sur la relation entre Rome et la Grèce.

a. Retrouvez cette phrase, en partie effacée ici.

G R _ _ C _ _   C _ _ T _   F _ R _ M
V _ C _ O R _ M   C _ _ _ T

Aide : Légende des couleurs : verbe / sujet / COD
Classes grammaticales des mots : 1er mot : nom propre / 2e mot : participe parfait /
3e mot : adj. qualificatif / 4e mot : nom commun.

b. Traduisez la phrase obtenue.

Ὄνομα: ....

Ἐπίθετο: ....

Τάξη: .... Τμήμα: ......

Σχολείο: ....

Σχολειό ἔτος: 200....../200......

● Sur les pas d'Hannibal

1. Recherchez sur Internet ce tableau de Jacques-Louis David (1748-1825).

2. Présentez-le sur une page de traitement de texte en y intégrant un zoom *(cadre image plus resserré sur un détail que l'on grossit)* qui mette en avant l'évocation d'Hannibal dans le tableau.

3. Expliquez le rôle de cette référence antique sur ce tableau.

Jacques-Louis David, *Bonaparte franchissant les Alpes au mont Saint-Bernard*, huile sur toile, 1800. Musée du château de Malmaison, Rueil-Malmaison.

Exil en terre glaciale

En l'an 8 apr. J.-C., le poète Ovide (Publius Ovidius Naso) est exilé par l'empereur Auguste aux confins de l'Empire, au pays des Gètes, à Tomes (cf. Carte).

Si quelqu'un se souvient encore ici de Nason le réprouvé
Et si mon nom, sans moi, survit à Rome,
Qu'il sache que je vis sous des étoiles qui jamais ne touchent
La mer, que je vis en plein pays barbare.
Je suis entouré de Sarmates, race farouche, de Besses et de
[Gètes,
Peuplades indignes, ô combien, de mon génie !
Tant que l'air est tiède, l'Hister les tient toutefois éloignés de
[nous :
Ses eaux limpides repoussent les attaques.

Eugène Delacroix (1798-1863), *Ovide chez les Gètes*, fresque. Assemblée Nationale, Paris.

Mais après que l'hiver morose a montré son sale visage
Et que la terre est devenue, par le gel, blanche comme le marbre,
Tandis que Borée et la neige s'apprêtent à séjourner au Nord,
Il est clair que ces gens sont bloqués par un froid polaire.
La neige s'étend et, une fois tombée, pour que soleil ni pluie
Ne la désagrègent, Borée la durcit et la rend éternelle.
Ainsi, la première n'a pas encore fondu qu'une autre survient
Et dure en général deux ans en maints endroits.
L'Aquilon se déchaîne avec tant de violence qu'il met à bas
De hautes tours, arrache les toits et les emporte.
On se protège du froid mauvais avec fourrures et braies cousues
Et de tout le corps seul le visage est découvert.
Souvent, en secouant les cheveux on fait crisser la glace
Qui s'y accroche et la barbe couverte de gel brille, toute blanche ;
Le vin hors récipient reste figé et garde la forme de l'amphore
Et on n'en boit pas des gorgées mais on vous en donne des bouchées.
[...]
L'Hister même – pas plus étroit que le fleuve fertile en papyrus –
Qui se mêle à une vaste mer par plusieurs embouchures,
Se glace lorsque les vents durcissent ses flots bleus
Et c'est recouvertes que ses eaux serpentent vers la mer.
Là où passaient les bateaux on passe maintenant à pied sec,
[...]
Sitôt que les vents secs du Nord ont aplani l'Hister,
Les barbares hostiles arrivent sur leurs chevaux rapides ;

Ces ennemis que les chevaux et les flèches à longue portée
Galvanisent ravagent abondamment les contrées environnantes.
On s'enfuit et, personne ne protégeant les champs,
Ils pillent les richesses qui ne sont pas gardées,
Maigres richesses de paysans, bétail et charrettes grinçantes,
Et les trésors que possèdent les pauvres habitants.
Les uns sont faits prisonniers, bras liés derrière le dos,
Se tournant vainement vers leurs terres et leur foyer,
Les autres ont le malheur de tomber, criblés de flèches à crochets,
Dont le fer léger a été trempé dans du poison.
Ce qu'on ne peut emporter avec soi ou détourner est détruit
Et les ennemis incendient des cabanes inoffensives.
Mais même en temps de paix, la guerre fait trembler de terreur
Et aucune charrue ne creuse de sillon dans le sol ;
[…]
Ce qu'on peut voir, ce sont des plaines nues sans feuillage, sans arbres,
Lieux, hélas ! où un homme heureux ne devrait pas aller.
C'est donc là, quand l'univers immense s'étend si largement,
La terre que l'on a trouvée pour me punir !

Ovide, *Tristes*, III, X, 1-78, traduit par Danièle Robert, Thesaurus, Actes Sud, 2006.

✳ CONSEILS DE LECTURE

Valérie Mangin, Thierry Demarez, *Le Dernier Troyen*, t. I et IV, éditions Quadrants, 2004 et 2006.
BD librement inspirées de l'*Énéide*. Ces « *chroniques de l'antiquité galactique* » content la fin de la Guerre de Troie et la fondation d'une Rome de science-fiction.

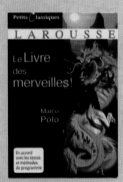

Marco Polo, *Le Livre des merveilles*, Larousse, « Petits Classiques », 2009.
Le récit du voyage du marchand vénitien du XIIe siècle.
Les populations qu'il rencontre rappellent les peuples des confins décrits par Pline l'Ancien.

Gérard Coulon, *Des Gaulois aux Gallo-Romains*, « Les Yeux de la découverte », Gallimard Jeunesse, 2008.
Un documentaire à l'iconographie très riche montrant des Gaulois civilisés et artistes qui se romanisent peu à peu avec l'invasion romaine.

III

Au travail

Populus Romanus
Le petit peuple de Rome

CHAPITRE 8

✳ DÉCOUVRIR — *À chacun son métier*

❶ Les boutiques

Boulangerie, fresque,
1er siècle apr. J.-C.,
Maison du boulanger, Pompéi.

1 Décrivez l'étal de ce boulanger de Pompéi.

2 Sachant que les clients sont dans la rue, à quoi ressemble la boutique ?

3 Quels autres types de boutiques pouvait-on trouver dans les rues antiques ?

❷ Des métiers variés

Sur les inscriptions funéraires figure la profession du mort. En voici quelques exemples...

L. TITIVS CAVPO. (AE 1996, 00509a)

D. M. P. RAGONI EROTIANI. COLLEGAE PINGENTES (CIL 4699)

M. ANTONIVS AMPHIONIS L. ANTEROS PISTOR. (CIL 06, 09803)

L. VIBIVS SECVNDVS SVTOR SIBI ET SVIS. (CIL 09, 03702)

DIS MANIBVS T. FLAVI AVG. LIB. STEPHANI PRAEPOSITO CAMELLORVM. (AE 1955, 181)

1 Retrouvez la traduction de chaque phrase et le mot latin désignant le métier.
Marc Antoine Anteros, affranchi d'Amphion, boulanger. / Aux dieux mânes de Titus Flavius Stephanus, affranchi impérial, préposé aux chameaux. / Lucius Titius, aubergiste. / Aux dieux mânes de Publius Ragonius Erotianus. Ses collègues peintres. / Lucius Vibius Secundus, cordonnier, pour lui et les siens.

2 Lesquels de ces métiers existent toujours ? Commentez.

❸ Le point de vue d'un homme distingué

Le plus souvent, les patriciens n'ont pas une grande considération pour le travail de la plèbe.

1 Sordidi etiam putandi, qui mercantur a merca-
toribus, quod statim vendant ; nihil enim profi-
ciant, nisi admodum mentiantur ; nec vero est
quicquam turpius vanitate. Opificesque omnes
5 in sordida arte versantur ; nec enim quicquam
ingenuum habere potest officina. Minimeque
artes eae probandae, quae ministrae sunt vo-
luptatum : « Cetarii, lanii, coqui, fartores, pis-
catores », ut ait Terentius. […] Quibus autem
10 artibus aut prudentia major inest aut non me-
diocris utilitas quaeritur ut medicina, ut archi-
tectura, ut doctrina rerum honestarum, eae
sunt iis, quorum ordini conveniunt, honestae.
[…] Omnium autem rerum, ex quibus aliquid
15 adquiritur, nihil est agricultura melius, nihil
homine libero dignius.

*On doit juger également méprisables ceux qui **achètent** à d'autres marchands des biens qu'ils **reven-
dent** aussitôt ; en effet ils ne peuvent pas faire de gain
sans mentir beaucoup ; et il n'y a vraiment rien de
plus honteux que le mensonge. Et tous les **artisans**
exercent un métier méprisable ; car un atelier ne peut
rien avoir qui convienne à un homme libre. Des métiers à désapprouver sont ceux qui sont **au service
des plaisirs** : « des poissonniers, des bouchers, des
cuisiniers, des charcutiers, des pêcheurs », comme
dit Térence. [..] Pour les arts dans lesquels il faut
plus de compétence ou qui sont **plus utiles** comme
la médecine, l'architecture, l'enseignement de choses
honorables, ceux-là sont honorables pour ceux dont le
rang social correspond. […] De toutes les façons de
s'enrichir aucune n'est meilleure, ni plus digne d'un
homme libre que l'**agriculture**.*

Cicéron (106-43 av. J.-C.), *Des devoirs*, I, 150.

1 Retrouvez les mots traduits en gras. Quelles catégories de métiers Cicéron évoque-t-il ?
Faites-en la liste en latin et en français.

2 Comment les considère-t-il ? Pourquoi ? Relevez les termes connotés péjorativement.

3 Rome peut-elle se passer de ces professions ? Justifiez.

❹ Une organisation en corps de métiers

1 @ Qu'est-ce qu'une corporation ?

2 Voici la traduction de l'inscription : « Les armateurs et les marchands de Cagliari ». Transcrivez-la en latin.

3 Situez Cagliari sur une carte. Comment expliquez-vous la présence de cette corporation à Ostie ?

Mosaïque de la place des Corporations, à Ostie, Ier siècle av. J.-C. – Ier siècle apr. J.-C.

Mauvais clients !

Le héros de la pièce, Ménechme, se plaint des dérives du rapport entre patrons et clients.

1. Ut hoc utimur maxume more moro
2. molestoque multum ! Atque **ut** quique sunt
3. optumi maxume, morem habent hunc :
4. clientes sibi omneis volunt esse multos ;
5. bonine an mali sint, id haud quaeritant ; [...]
6. Si est pauper atque haud malus, nequam habetur,
7. si dives malus est, is cliens frugi habetur.
8. Qui neque leges, neque aequom bonum
9. usquam colunt, sollicitos patronos habent.
10. Datum denegant, quod datum est, litium
11. pleni, rapaces viri, fraudulenti,
12. qui aut faenore, aut perjuriis habent rem paratam,
13. mens est in querelis.
14. Eis ubi dicitur dies, simul patronis dicitur,
15. quippe qui pro illis loquantur, male quae fecerint :
16. aut ad populum, aut in jure, aut apud aedilem
    [res est.

a. *Comme nous observons toujours cette coutume folle*
b. *S'il est riche et malhonnête, c'est un client à saisir.*
c. *leur esprit est aux disputes.*
d. *Quand on leur fixe un jour de procès, on assigne*
    [*les patrons en même temps,*
e. *et très fâcheuse ! Et quand les gens sont*
f. *car ceux-ci plaident pour eux, quoi qu'ils aient fait de mal :*
g. *qui ont des biens acquis par l'usure ou la trahison,*
h. *Ni les lois, ni la justice et le bien : ceux qui*
i. *très riches, ils ont cette coutume :*
j. *Ils nient qu'on a donné ce qu'on leur a donné, sont*
k. *qu'ils soient bons ou mauvais, ils ne le demandent pas ;*
l. *ne respectent rien rendent leurs patrons inquiets.*
m. *S'il est pauvre et pas méchant, il est pris pour une crapule,*
n. *pleins de disputes, rapaces, hommes à frauder,*
o. *ils veulent tous avoir beaucoup de clients ;*
p. *que l'affaire soit devant le peuple, le tribunal, ou les édiles.*

Plaute (255-184 av. J.-C.), *Les Ménechmes*, IV, 2.

Vocabulaire

NOMS

cliens, entis, m. : le client
dies, ei, m. et f. : le jour
mens, entis, f. : l'esprit
patronus, i, m. : le patron
res, rei, f. : la chose, l'événement, l'affaire ; les biens

VERBES

paro, as, are, avi, atum : préparer, procurer

ADJECTIFS

dives, itis : riche
pauper, eris : pauvre
plenus, a, um : plein

MOTS INVARIABLES

apud, prép. + acc. : près de, chez
multum, adv. : beaucoup
simul, adv. : en même temps
ubi, adv. : où ; conj. : quand
ut, conj. : + ind. : quand, depuis que ; + subj. : pour que, que, de sorte que

Lecture du texte

1 Retrouvez l'ordre de la traduction (a = 1, p = 16).

2 V. 2-4 : Comment les riches Romains montrent-ils leur richesse ?

3 V. 5-7 : Relevez les paires de mots qui s'opposent. Quelle qualité cherche-t-on chez les clients ?

4 V. 8-13 : Observez les parallélismes (en vert). Quelle image des clients donnent-ils ?

5 V.14-16 : Quelle obligation les patrons ont-ils ? Quelles peuvent être les conséquences d'un mauvais choix ?

observation de la Langue

1 Grâce à leur fonction dans la phrase, dites à quel cas sont les mots en rose ci-dessous.
> **habent rem**   *ils ont des **biens***
> **dicitur dies**   *un jour est fixé*
> **ad populum res est**   *l'affaire est devant le peuple*

2 Trouvez la traduction de ut.
a. Quel est le verbe qui le suit ? Donnez-en le mode et le temps.
b. En vous appuyant sur la traduction, dites quel type de proposition il introduit.

◉ La 5ᵉ déclinaison

C'est la déclinaison des noms dont le génitif singulier est en **-ei**.
Ils sont très peu nombreux, mais ce sont des mots courants, généralement féminins.

Les mots les plus courants de la 5ᵉ déclinaison sont :

> **dies, ei,** m., f. : *le jour* (masculin mais féminin au sens de *jour fixé, date*)
> **res, ei,** f. : *la chose, le fait, l'affaire* (*res publica*, les affaires publiques → la République)
> **spes, ei,** f. : *l'espoir*
> **species, ei,** f. : *l'apparence*
> **acies, ei,** f. : *l'armée en ligne de bataille*

Cas	SINGULIER	PLURIEL
Nominatif	res	res
Vocatif	res	res
Accusatif	rem	res
Génitif	rei	rerum
Datif	rei	rebus
Ablatif	re	rebus

◉ Les propositions circonstancielles introduites par *ut*

La conjonction de subordination **ut** introduit des propositions subordonnées à l'indicatif ou au subjonctif.

Mode	Proposition circonstancielle de	Traduction de *ut*	Exemple
INDICATIF	temps	*quand, lorsque*	> **Ut haec dixit, abiit.** *Quand il eut dit cela, il partit.*
	cause	*étant donné que, vu que*	> **Ut copiosus erat, convivium apparavit.** *Comme il était riche, il prépara un banquet.*
	comparaison	*de même que, comme*	> **Est ut dicis.** *Il est comme tu le dis.*
SUBJONCTIF	conséquence	*de telle sorte que, si bien que*	> **Prudens est ut decepi non possit.** *Il est prudent si bien qu'on ne peut pas le tromper.*
	but	*pour que, afin que*	> **Audi ut discas.** *Écoute pour apprendre.*
	concession + supposition	*en admettant que, à supposer que*	> **Ut dives sit, tamen malus cliens est.** *À supposer qu'il soit riche, c'est quand même un mauvais client.*

💬 *Loquamur !*

1 Déclinez *dies, ei,* du nominatif à l'ablatif et de l'ablatif au nominatif.

2 Donnez pour *meridies* et *spes* les formes suivantes.
Acc. sg. • G. pl. • N. pl. • D. sg. • Abl. pl. • Acc. pl. • G. sg. • D. pl. • Abl. sg.

3 Inventez deux exemples français pour illustrer chacune des subordonnées de la leçon.

✍ *Scribamus !*

4 Recopiez en remettant dans l'ordre de la déclinaison.

diei • dies • dierum • dies • die • diebus • dies • diem • dies • diei • diebus • dies

5 Mettez ces expressions au cas demandé.
• res secundae (*le bonheur*) : datif pluriel
• res adversae (*le malheur*) : accusatif pluriel
• res militaris (*l'art militaire*) : génitif singulier
• res novae (*les exploits*) : ablatif pluriel

6 Complétez les phrases suivantes avec *dies* ou *res* et traduisez-les.
a. Tribus ... non venit.
b. ... video.
c. ... horasque numero. (*Inscription de cadran solaire.*)
d. Patroni pro ... clientium loquebantur.

7 Complétez le tableau avec les traductions proposées et les informations demandées.
Ils vendent des biens, de sorte qu'ils sont riches • Ils achètent pour vendre • Ils vendent comme ils achètent • Comme ils vendent des biens, ils sont riches • Quand ils sont riches, ils ont cette coutume

Exemples	Traduction	Prop. circonstancielle de ...
Mercantur ut vendant.		
Ut sunt optimi, hunc morem habent.		
Ut bona vendunt optimi sunt.		
Bona vendunt ut optimi sint.		
Vendunt ut mercantur.		

💡 *Cogitemus !*

8 Dans cet extrait de Quintus Cicéron (*Essai sur la candidature,* V) :
a. Relevez les verbes des propositions subordonnées introduites par ut lorsqu'ils sont exprimés.
b. À quel mode sont-ils ?
c. De quelle circonstance s'agit-il ?

Deinde ut quisque est intimus ac maxime domesticus, **ut** is amet et quam amplissimum esse te cupiat valde elaborandum est, tum **ut** tribules, **ut** vicini, **ut** clientes, **ut** denique liberti, postremo etiam servi tui.

Ensuite tu dois travailler pour que quiconque est intime et très proche de toi, pour que celui-ci t'aime et désire vivement que tu aies la position la plus élevée possible : comme les gens de ta tribu, comme tes voisins, comme tes clients et enfin tes affranchis et même tes esclaves.

9 Voici une phrase de Sénèque (cf. p. 106) :
Dic aliquid contra, **ut** duo simus !
Dis quelque chose, pour que nous soyons deux !

a. Quelle circonstance exprime la subordonnée introduite par ut ?
b. Remplacez *aliquid* par « une chose », puis « des choses ».

atelier de traduction

Patrons et clients

Aulu-Gelle rappelle les devoirs du patron pour ses clients.

Adversus cognatos pro cliente testatur, testimonium **adversus clientem** nemo dicit. [...] **Nam neque hominum** morte memoria deleri debet, **neque clientes sine summa infamia** deseri possunt.

Aulu-Gelle (IIᵉ siècle apr. J.-C.), *Les Nuits attiques,* V, 13.

 AIDE

✳ Trouvez les deux répétitions qui créent chacune un parallélisme.

✳ Les couleurs :
sujet • verbe • COD

✳ deseri : *être abandonnés*

✳ ÉTYMOLOGIE

Mots clés

Les métiers

ars, artis, f. : *l'habileté*

De l'indo-européen *ar, « adapter, combiner », ars signifie d'abord « la jonction, l'adaptation à la situation ». Son sens évolue vers le talent avec lequel on réalise une œuvre, **artis**tique ou **artis**anale.

faber, bri, m. : *l'artisan*

Ce mot est un dérivé de la racine *fa, « faire », qu'on retrouve dans le verbe, *facere* : l'artisan est celui qui **fabri**que quelque chose.

labor, oris, m. : *le travail*

La racine *lab* désigne la charge de travail. De fait, le **lab**eur est souvent perçu comme un poids, et l'adjectif **labor**ieux, « qui aime le travail », désigne plus fréquemment une tâche pénible. Dans le domaine scientifique, cette notion de souffrance disparaît : le **labor**atoire est simplement le lieu où l'on travaille.

negotium, ii, n. : *l'affaire*

Composé de la négation *nec* et du mot *otium*, « le loisir », negotium signifie « absence de loisir », donc travail, et par extension tout type d'affaire qui peut être le cadre de **négoci**ations.

cliens, ntis, m. : *le client*

Issu de l'indo-européen *klei, « entendre », le mot cliens désigne celui qui écoute les conseils qu'il reçoit, comme le Romain soumis à son *patronus*, « patron ».

☞ ACTIVITÉS

1 Cherchez, si besoin, la définition de ces mots de la famille de labor et employez-les dans une phrase.

labeur • laborieux • laboratoire • élaborer • labourer • laborantin

2 Complétez les phrases avec des mots de la famille de faber/facio.

a. De quelle … fais-tu les crêpes ?

b. Ce singe a un … proche du visage humain.

c. Cet exercice est très … !

d. Plus tard, j'aimerais aller en … de pharmacie.

e. L'… est un artisan qui travaille l'or.

f. L'*homo* … et l'*homo erectus* ont précédé l'*homo sapiens* dans l'évolution de l'espèce humaine.

3 Complétez la grille avec des mots de la famille d'ars.

Horizontalement
3. Jonction de deux os

Verticalement
1. Illusion
2. Fabricant
3. Déterminant
4. Créateur (peintre, chanteur...)
5. Qui ne bouge pas

4 Séparez, dans cette liste, les mots de la famille de negotium et ceux de la famille de cliens. Attention aux intrus !

négociable • négation • clientèle • négocier • incliner • négociation • clientélisme • négociant

Latin (bien) vivant

Le mot **patron** exprime toujours en français l'idée d'une supériorité hiérarchique : dirigeant d'une entreprise, commandant d'un bateau de pêche ou, en couture, ce qui commande à la réalisation d'un vêtement.

Le **saint patron** est censé protéger les personnes qu'on a baptisées de son nom. On place parfois une initiative **sous le haut patronage** d'une organisation chargée de sa défense.

saint patron
sous le haut
patronage

Saint Pierre, XIXᵉ siècle, mosaïque. Basilique Saint-Paul-hors-les-Murs, Rome.

REPRÉSENTATION DES ARTISANS ROMAINS

Des professions peu représentées

Les **métiers** exercés par les Romains qui travaillent eux-mêmes pour vivre sont assez peu présents dans l'art. La majeure partie des représentations dont on dispose provient des tombeaux des **artisans** qui se faisaient sculpter dans l'exercice de leurs fonctions.

Fresque de la maison des Vettii, Pompéi, Ier siècle apr. J.-C.

 **Stèle funéraire** de P. Longidienus. Musée de Ravenne (Italie).

 **Monument** de Til-Châtel, Ier siècle apr. J.-C. Musée archéologique de Dijon (Côte-d'Or).

LE BAS-RELIEF

C'est une forme de sculpture très ancienne, dans laquelle les personnages ou les objets se détachent plus ou moins. L'artiste **creuse le fond** autour des personnages et modèle leur forme pour qu'ils soient en relief, mais ils font toujours partie du bloc de pierre dans lequel ils sont sculptés.

Si l'artiste a créé un volume important (on voit plus de la moitié des corps), on peut parler de « **haut-relief** ».

4 Musée Calvet, Avignon.

5 Musée de Langres (Haute-Marne).

✍ ACTIVITÉS

OBSERVER ET COMPRENDRE LES ŒUVRES

1 Attribuez à chaque image le métier qu'elle illustre : *cordonnier – charpentier de marine – conducteur de voiture pour voyageurs – marchand de vin – menuisier.*

2 Décrivez les instruments de travail utilisés par chaque profession.

3 **Les Romains et la perspective**

DOC. 4 : Comment la représentation des chevaux donne-t-elle un effet de relief ?

DOC. 5 : Comment le sculpteur esquive-t-il la difficulté de la représentation de la profondeur de l'étalage ?

PROLONGER

Cherchez d'autres utilisations du bas-relief dans l'art romain (temples, colonnes...) et illustrez-les.

Une société très organisée

Les citoyens romains, ni esclaves ni sénateurs, constituent la majorité de la population. Cette masse est régie par deux grands principes : le clientélisme et les corporations.

L'ESSENTIEL

■ Un protecteur intéressé

Le ***patronus*** est un **citoyen riche** qui protège des citoyens moins riches, les *clientes* (**1**). Il les reçoit tous les matins, et leur donne la ***sportula*** – à l'origine un panier de nourriture, mais souvent aussi de l'argent. Il doit également les défendre en **justice** (**2**).

En échange, ils votent pour lui et l'accompagnent lorsqu'il apparaît en public : le **prestige** d'un citoyen se mesure au nombre de ses *clientes*.

■ Une contrainte choisie

Le ***cliens*** est un homme libre qui se met volontairement **sous la dépendance** d'un autre homme, plus riche que lui (**1**). Il doit venir le **saluer**, l'attendant parfois des heures, et se rendre disponible quand son patron lui demande de faire partie de son escorte (***comitatus***) (**3**). Il renonce donc à une partie de sa liberté pour la sportule, et les services que son patron lui rend : **protection** contre ses ennemis, aide pour obtenir un logement ou un emploi, recommandation à ses amis.

■ Un élément important du tissu social

Rares sont les citoyens qui ne sont ni clients ni patrons. Les **affranchis** deviennent automatiquement clients de leur ancien maître. On est client du même patron de façon **héréditaire**, de père en fils. Et des **groupes** entiers peuvent former une clientèle : membres d'une corporation professionnelle, habitants d'une région vaincue qui deviennent clients du général, etc.

■ Les corporations

Elles réunissent tous les Romains exerçant un même métier (**4**). La légende veut que les plus anciennes aient été fondées par le roi Numa : flûtistes, forgerons, charpentiers, teinturiers, cordonniers, bronziers et potiers. Elles prennent de plus en plus de pouvoir sous la République.

 Un bon client ?

Question :
Quelles sont les contraintes de la position de client ?

Un client d'une patience admirable dînait, dit-on, avec Caelius dans sa chambre, mais il lui était difficile, enchaîné par sa condition, d'échapper à la dispute avec celui auprès de qui il était couché ; il jugea donc que le mieux était de s'incliner devant tout ce qu'il disait, et de se montrer du même avis. Caelius ne put supporter cet assentiment et s'écria : « Dis quelque chose contre, que nous soyons deux ! » Mais lui aussi, coléreux sans colère, s'arrêta vite, sans adversaire.

Sénèque (4 av. J.-C. – 65 apr. J.-C.), *De Providentia*, 5, 8, 6 (traduction UCL).

➋ La basilique, tribunal antique

Intérieur de la basilique Émilienne, IIe siècle av. J-C.,
reconstitution UCBN.

Question : Quelle différence y a-t-il entre
une basilique antique et une basilique
contemporaine ?

*La basilique est le lieu où on rendait la justice.
Le lien de clientèle impliquait que le patron
défende ses clients lors des procès.
D'après Plaute (cf. p. 100), quand les clients étaient
en tort, leurs patrons assumaient cette charge
sans conviction.*

➌ Un magistrat bien entouré

*Le magistrat
sort toujours
accompagné
des licteurs
(cf. p. 19),
de ses clients
et d'esclaves.*

Comitatus, IIe siècle apr. J.-C.,
bas-relief, en provenance
d'Aquileia. Musée de la
civilisation romaine, Rome.

Question : Comment montre-t-on la hiérarchie sociale sur les bas-reliefs ?

➍ Des corporations puissantes

Bureau des armateurs de Sabratha,
Ier siècle av. J.-C. – Ier siècle apr. J.-C.
Mosaïque de la place des corporations,
Ostie.

Question : Comment expliquez-vous le choix
de cet éléphant comme enseigne ?

⌨ ACTIVITÉS B2i

**Ouvrir et enregistrer un
fichier joint**

Votre professeur vous a mis
en ligne deux textes (Martial,
Épigrammes, IX, 101, et Aulu-
Gelle, *Nuits attiques*, V, 13).
Copiez-les, et surlignez ce qui
vous semble important pour
définir le rapport entre client et
patron. Est-il le même dans ces
deux textes ?

CHAPITRE 9

Servorum turba
Une multitude d'esclaves

✳ DÉCOUVRIR — *Marchandise humaine*

① Marché aux esclaves

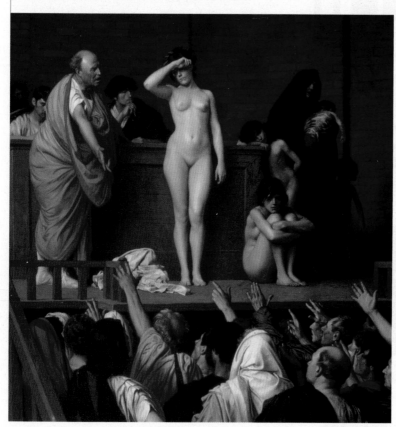

Jean-Léon Gérôme (1824-1904),
Marché aux esclaves à Rome, 1884,
huile sur toile. Musée de l'Ermitage,
Saint-Pétersbourg (Russie).

1 Décrivez les différents éléments du décor. Dans quel lieu semble se dérouler cette scène ?

2 Identifiez les groupes humains représentés dans chacun des trois plans du tableau et leur fonction.

3 Quel personnage attire le regard du spectateur ? Décrivez son attitude.

4 Sur quel aspect de ce « marché » le peintre veut-il insister ?

② Méfions-nous des marchands d'esclaves truqueurs

¹Equum empturus solvi jubes stratum ; detrahis vestimenta venalibus ne qua vitia corporis lateant. […] Mangones quidquid est quod displiceat, id aliquo lenocinio abscondunt, itaque ⁵ementibus ornamenta ipsa suspecta sunt : sive crus alligatum sive brachium aspiceres, nudari juberes et ipsum tibi corpus ostendi.

Sénèque (4 av. J.-C. – 65 apr. J.-C.), Lettres à Lucilius, IX, 80, 9.

*Pour acheter …, tu demandes qu'on détache son harnais ; tu fais enlever leurs vêtements aux **esclaves exposés en vente**, pour qu'ils ne cachent pas de défauts physiques. […] Les trafiquants d'esclaves dissimulent par un maquillage tout ce qui pourrait déplaire ; c'est pourquoi les ornements-mêmes sont suspects pour l'acheteur. Si tu apercevais un bandage, soit à la jambe, soit au bras, tu les ferais dénuder et tu te ferais montrer le corps tout entier.*

1 Complétez la traduction. À quoi est comparé l'achat d'un esclave ?

2 Quel nom latin désigne les *esclaves exposés en vente* ? Quel mot a-t-il donné en français ?

3 Quelles précautions fallait-il prendre avant d'acheter un esclave ? Pourquoi ?

❸ Corvéables à merci

Pressoir à huile, mosaïque de calendrier agricole de Saint-Romain-en-Gal, IIIᵉ s. apr. J.-C. Musée des antiquités nationales, Saint-Germain-en-Laye.

On divise habituellement l'étude de la pratique de l'agriculture en deux parties, celle des hommes et celle des outils dont ils se servent, [...] ou en trois parties selon que le matériel est parlant, semi-parlant ou muet. **Les esclaves constituent le matériel parlant**, les bœufs, le matériel semi-parlant, les chariots, le matériel muet. Les hommes qui cultivent la terre sont soit des esclaves, soit des travailleurs libres, ou les deux.

Varron (116 – 27 av. J.-C.), *Traité d'agriculture*, I, 17, traduit par C. Salles.

1 Quel type d'activité est pratiqué par les esclaves représentés sur cette mosaïque ?

2 Dans une société qui ne connaît pas l'esclavage, par qui le même type de travail pourrait-il être effectué ?

3 Selon Varron, comment peut-on classer ce qui est utile à l'agriculture ? Qu'en pensez-vous ?

❹ Esclaves et pourtant hommes

Le philosophe Sénèque approuve le comportement humain de certains maîtres.

1 Libenter ex iis qui a te veniunt cognovi familiariter te **cum servis tuis** vivere : hoc prudentiam tuam, hoc eruditionem decet. « **Servi sunt.** » Immo **homines**. « **Servi sunt.** » Immo
5 contubernales. « **Servi sunt.** » Immo **humiles amici**. « **Servi sunt.** » Immo **conservi**, si cogitaveris tantundem in utrosque licere fortunae. Itaque rideo istos qui turpe existimant **cum servo suo cenare** : quare, nisi quia superbis-
10 sima consuetudo cenanti domino stantium servorum turbam circumdedit ? [...]
Vis tu cogitare **istum quem servum tuum vocas** ex isdem seminibus ortum eodem frui caelo, aeque spirare, aeque vivere, aeque mori !
15 Tam tu illum videre ingenuum potes quam **ille te servum**.

Je suis heureux d'apprendre de ceux qui arrivent de chez toi que tu vis en famille ... : ceci honore ta sagesse et ta culture. « ... » Non, ce sont .... « ... » Non, ce sont des compagnons. « ... » Non, ce sont .... « ... ». Non, ce sont ..., si tu songes que le sort peut autant sur toi que sur eux. Aussi ne puis-je que rire de ceux qui estiment dégradant de ... ! Et pourquoi ? Parce qu'une habitude particulièrement insolente veut qu'un maître à son repas soit entouré d'une foule d'esclaves tous debout. [...]
Veux-tu réfléchir que ..., est né de la même semence, jouit du même ciel, respire le même air, vit de même, meurt de même, que toi ! Tu peux aussi bien le considérer comme un homme libre que ....

Sénèque (4 av. J.-C. – 65 apr. J.-C.), *Lettres à Lucilius*, V, 47, 1-2 et 10.

1 Complétez la traduction (passages en gras).

2 Quelle est la catégorie d'esclaves évoquée ici ?

3 Relevez toutes les expressions qui montrent que les rôles entre le *dominus* et le *servus* pourraient s'inverser en fonction des circonstances.

Matrone romaine se rendant aux thermes accompagnée de ses esclaves, mosaïque du vestibule de la palestre de la villa romaine du Casale, IVᵉ s. apr. J.-C. Piazza Armerina (Sicile, Italie).

● La troupe servile de Trimalcion

*Le narrateur rencontre aux thermes
le riche affranchi Trimalcion, bien escorté.*

1 Nos errare coepimus [...] <u>cum subito videmus
senem calvum</u> [...] inter **pueros** capillatos lu-
dentem pila. Nec tam **pueri** nos ad spectaculum
duxerant, quam ipse pater familiae, qui soleatus pila prasina exercebatur. [...] *Duo*
5 *spadones* in diversa parte circuli stabant, quorum *alter* matellam tenebat argenteam,
alter numerabat pilas. [...] Trimalchio digitos concrepuit, ad quod signum matellam
spado ludenti subjicit. Exonerata ille vesica aquam poposcit ad manus, digitosque
paululum adspersos in capite **pueri** tersit. [...] *Tres* interim *iatraliptae* in conspectu
ejus Falernum potabant, et <u>cum plurimum rixantes effunderent</u>, Trimalchio hoc
10 suum popinasse dicebat. Hinc lecticae impositus est *praecedentibus phaleratis curso-
ribus quattuor.* [...] <u>Cum ergo auferretur</u>, ad caput ejus *symphoniacus* accessit et toto
itinere cantavit.

Pétrone (15 – 66 apr. J.-C.), *Satiricon*, 27-28.

Aide à la compréhension : *spado, onis*, m. : eunuque / *matella, ae*, f. : pot de chambre /
iatralipta, ae, m. : masseur / *cursori, orum*, m. pl. : porteurs de litière / *symphoniacus, i*, m. : flûtiste.

Vocabulaire

NOMS

digitus, i, m. : le doigt
lectica, ae, f. : la litière
manu mittere : libérer, affranchir
pila, ae, f. : la balle

VERBES

auferro, fers, ferre, abstuli, ablatum : emporter
coepi : commencer à *(toujours au parfait)*
effundo, is, ere, effudi, effusum : verser
ludo, is, ere, lusi, lusum : jouer
numero, as, are, avi, atum : compter
poto, as, are, avi, atum : boire
tergeo, es, ere, tergi, tersum : essuyer

ADJECTIFS

calvus, a, um : chauve

MOTS INVARIABLES

cum + ind. : quand ; + subj. : alors que / comme

Lecture du texte

1 Relevez les deux expressions qui désignent le riche maître Trimalcion (l. 1 à 4).

2 Quel est le sens habituel de *puer* ? Et ici ?

3 Les mots en italique désignent des esclaves. À l'aide du vocabulaire, identifiez la fonction de chacun.

4 À quelles activités se livre Trimalcion aux thermes et sur le chemin du retour ?

5 Quelle attitude de Trimalcion envers ses esclaves vous paraît la plus choquante ?

observation de la Langue

1 **cum ... calvum** (l. 1) : « *lorsque nous apercevons soudain un vieillard chauve* » / **cum ... effunderent** (l. 9) : « *comme, en se le disputant, ils en avaient renversé la plus grande partie* » / **cum ... auferretur** (l. 11) : « *tandis qu'on l'emportait* ». Quelle relation logique exprime chacune de ces propositions subordonnées ? Quel est leur point commun en latin ?

2 À l'aide de leurs temps primitifs, dites comment sont formés les verbes des deux propositions précédentes : **effunderent** et **auferretur** ?

◉ La proposition subordonnée introduite par *cum*

La conjonction de subordination **cum** introduit une proposition subordonnée circonstancielle indiquant :

> ATTENTION : Ne confondez pas ce *CUM* avec la préposition *CUM* + ablatif : avec

● **le temps** : « quand, lorsque, chaque fois que »
Dans ce cas **cum** est suivi de **l'indicatif**.

> **Nos errare coepimus [cum subito videmus senem calvum].**
>> → *Nous commencions à nous promener [lorsque nous apercevons soudain un vieillard chauve].*

● **le temps (idée de simultanéité)** : « comme, alors que, tandis que »
Dans ce cas **cum** est suivi du **subjonctif**.

> **[Cum ergo auferretur,] ad caput ejus symphoniacus accessit.**
>> → *[Tandis qu'on l'emportait,] un flûtiste se plaça à son chevet.*

● **la cause** : « comme, puisque »
Dans ce cas **cum** est suivi du **subjonctif**.

> **[Cum dominus veniret,] servi laborare coeperunt.**
>> → *[Comme le maître arrivait,] les esclaves se mirent au travail.*

◉ Le subjonctif imparfait

● **Ses emplois**
Le subjonctif imparfait s'emploie :
– dans une **proposition subordonnée de temps** introduite par **cum**.
Il exprime une simultanéité par rapport au verbe de la principale.

– dans une **proposition subordonnée de cause** introduite par **cum**.

– dans une **proposition subordonnée de condition** introduite par **si** ainsi que dans la principale dont elle dépend, pour exprimer l'irréel du présent.

> **[Si pecuniam haberet,] multos servos emeret.**
>> → *[S'il avait de l'argent,] il achèterait beaucoup d'esclaves.*

● **Sa formation**
On prend **l'infinitif présent actif** du verbe auquel on ajoute les désinences habituelles :
-m / -s / -t / -mus / -tis / -nt à **l'actif**
-r / -ris / -tur / -mur / -mini / -ntur au **passif**

1ʳᵉ conjugaison	2ᵉ conjugaison	3ᵉ conjugaison	3ᵉ conj. mixte	4ᵉ conjugaison
amarem	delerem	legerem	caperem	audirem
amares	deleres	legeres	caperes	audires
amaret	deleret	legeret	caperet	audiret
amaremus	deleremus	legeremus	caperemus	audiremus
amaretis	deleretis	legeretis	caperetis	audiretis
amarent	delerent	legerent	caperent	audirent

Remarque : La règle fonctionne aussi pour **esse** et ses composés (essem, possem).

💬 Loquamur !

1 Conjuguez au subjonctif imparfait actif.
rapio, is, ere, rapui, raptum • fero, fers, ferre, tuli, latum • possum, potes, posse, potui • numero, as, are, avi, atum • ludo, is, ere, lusi, lusum

2 Retrouvez l'infinitif présent de ces verbes conjugués au subjonctif imparfait.
vinceretur • essetis • viderem • ostenderemus • sederes • amaretis • potarent • deleremini

3 Repérez dans cette série de formes verbales celles au subjonctif imparfait. Identifiez les autres.
lavaretur • mittunt • amarem • delebatis • audiremus • luserunt • vocareris • esses • legerunt

✏ Scribamus !

4 Transposez à l'imparfait du subjonctif ces verbes à l'imparfait de l'indicatif.
audiebam • eramus • clamabatis • potabant • dicebat • debebas • potebam

5 Formez le subjonctif imparfait actif 1ʳᵉ personne du pluriel des verbes du vocabulaire p. 110.

6 Formez le subjonctif imparfait passif 3ᵉ personne du pluriel des verbes du vocabulaire p. 110.

7 Traduisez ces propositions subordonnées introduites par *cum* + subjonctif imparfait.

a. *Ses esclaves le reconduisirent chez lui,* **cum** in lectica dormiret.

b. *Nous entrâmes dans la palestre* **cum** pueri capillati luderent pila.

c. **Cum** jam senex esset, *Trimalcion affranchit tous ses esclaves.*

💭 Cogitemus !

8 Transformez l'ablatif absolu de ces phrases en une proposition introduite par *cum* qui exprimera la même idée temporelle ou causale.

a. Nulla pecunia data, *l'esclave ne put acheter aucun poisson au marché.*

b. Hostibus victis, *les Carthaginois partirent à la conquête de l'Italie.*

c. Domino spectante, *les esclaves se mirent à travailler avec un grand zèle.*

d. *L'acheteur peut juger si l'esclave est de qualité,* vestimentis detractis. (detraho, is, ere, detraxi, detractum : enlever)

e. Exonerata vesica, *il se lava les mains.*

9 Dans cette phrase du texte page 108, repérez deux verbes conjugués au subjonctif imparfait et expliquez quelle est la valeur de ce mode ici, en vous aidant de la traduction.

Sive crus alligatum sive brachium aspiceres, nudari juberes et ipsum tibi corpus ostendi.

Atelier de traduction

Médaillons d'esclaves

Voici des textes gravés sur des médaillons placés au cou de deux esclaves.

Traduisez ces deux textes.

1 : **P. VOLVMNI TONSORIS NIGER SERVVS**

2 : **SERVVS SVM DOMINI MEI SCHOLASTICI VIRI SPECTABILIS TENE ME NE FVGIAM DE DOMO PVLVERATA**

Retrouvez sur le médaillon ci-dessous une expression identique à celle du texte 2.

👈 AIDE

* Dans le texte 1, le verbe est sous-entendu.

* Dans le texte 2, une nouvelle phrase commence à partir de *Tene* / **Ne** + subj. présent : pour que... ne ... pas.

✳ ÉTYMOLOGIE

Mots clés

La servitude

servus, i, m. : *l'esclave*

La racine *serv* contient l'idée de
« garder ». Un servus est d'abord
un « esclave chargé de garder, de surveiller
un troupeau ». Le mot désigne ensuite
tout type d'esclaves. Le français « esclave »
ne vient pas de servus, mais de *slavus* parce
qu'au Moyen Âge de nombreux Slaves
des Balkans sont réduits en esclavage.

libertus, i, m. : *l'affranchi*

Nom formé sur la racine de l'adjectif *liber,
a, um* : « libre ». Les enfants de naissance
libre sont appelés *liberi*. Un esclave qui est
rendu libre ou affranchi est un libertus.
Le *libertinus* est le fils d'un affranchi.

humanitas, atis, f. : *l'humanité*

De *humanus*, « propre au genre humain »,
dont le sens évolue en « sociable », puis
en « cultivé ». L'humanitas est l'ensemble
des qualités qui font l'homme supérieur
à la bête. Le mot prend peu à peu le sens
de « culture ». À la Renaissance, *faire
ses* **humanit***és* signifie : étudier les langues
et la culture gréco-latines.

familia, ae, f. : *la maisonnée*

D'origine étrusque, ce mot viendrait
de *famulus, famula* : « serviteur »,
« servante ». Familia désigne l'ensemble
des esclaves vivant sous le même toit,
puis, par extension, la maison tout entière
contenant le chef, pater familias, sa femme,
ses enfants et tous ses biens : esclaves,
animaux et terres.

☞ ACTIVITÉS

1 En rajoutant un préfixe à la racine *serv, retrouvez les
verbes français correspondant à ces définitions.

garder en bon état • regarder avec soin • mettre à l'abri des
dangers • mettre de côté pour l'utiliser plus tard

2 Découvrez quels mots français de la famille de servus se
cachent derrière ces définitions :

a. Femme employée comme domestique.
b. Qui est toujours prêt à rendre service.
c. Morceau de tissu dont on se sert à table ou pour faire sa
toilette.
d. Réduire en esclavage.

3 Trouvez un synonyme d'**esclavage** contenant la racine
serv-.

4 Le sens de l'adjectif **libertin** est : « qui ne suit pas les lois
de la religion ni de la morale ». Expliquez son rapport avec
l'adjectif latin libertus dont il est issu.

5 Complétez ces phrases avec un mot de la famille de
humanus :

a. Plusieurs associations ... sont venues en aide aux sinis-
trés d'Haïti.
b. Montaigne est un des fondateurs de la culture ....
c. Certains prisonniers de guerre subissent des traitements
....
d. Dans le dernier tome de cette série de science-fiction,
des ... venus d'une lointaine planète prennent le pouvoir et
détruisent l'....

6 Recherchez dans un dictionnaire le sens particulier de
l'expression **faire ses humanités** lorsqu'elle est employée
en Belgique.

7 Trouvez le plus de mots français possible formés sur la
racine de familia.

Latin (bien) vivant

Ne confondez plus jamais un « serf » et un « cerf » !
Maintenant que vous connaissez l'étymologie de *servus*,
vous comprendrez pourquoi au Moyen Âge on appelle
serf l'homme qui travaille à la merci du seigneur
pendant que celui-ci va chasser le cerf.

servus
serf
cerf

Scène de chasse au filet,
IVe siècle apr. J.-C.,
sarcophage des Alyscamps,
Arles.

REPRÉSENTER LES ESCLAVES À ROME

L'esclave, outil de travail

L'esclave au travail orne de nombreuses mosaïques où on le voit plutôt représenté en groupe dans des **activités domestiques** liées aux repas (ces mosaïques ornent principalement les *triclinia*) ou dans des **travaux agricoles**. Lorsqu'il est représenté seul, c'est plutôt sous la forme de statuettes (en bronze, cuivre, ivoire, argent) qui rendent compte de son **origine ethnique**. Mais la représentation la plus originale est celle qui le montre sous la forme d'un objet utilitaire, tout comme l'est un esclave chez les Romains.

1 **Esclaves servant du vin**, IIIe siècle apr. J.-C., mosaïque. Musée du Bardo, Tunis (Tunisie).

OBJETS ANTHROPOMORPHES ET UTILITAIRES

L'esclave qui, dans la vie quotidienne romaine, occupe tous les postes de travail, se voit aussi attribuer la place d'objet ornemental ou utilitaire. On utilise son corps afin de lui donner, sous une forme imagée, de nouvelles fonctions. Ses statues, le plus souvent en bronze, servent ainsi de candélabre, de lampe à huile, de pot à onguent, etc.

2 **Lampadaire**, Ier s. apr. J.-C., bronze, h. : 81 cm. Musée national archéologique de Tarragone (Espagne).

3 **Flacon d'huile pour le bain**, bronze. British Museum, Londres.

4 **Vase en forme de buste d'esclave syrien**, IIe s. apr. J.-C., bronze et plomb. Musée du Louvre, Paris.

L'esclave, souffre-douleur du maître

Les artistes romains se plaisent également à montrer l'esclave dans une position d'infériorité, battu ou suppliant pour ne pas être frappé. Il devient alors **objet de risée** et évoque les nombreux esclaves des comédies de Plaute.

5 **Mosaïque de la grande chasse, villa romaine du Casale,** IVe siècle apr. J.-C. Piazza Armerina (Sicile, Italie).

Le **lanternarius** ou « esclave porte-lampe » est une représentation très fréquente. Il s'agit le plus souvent dans ce cas d'un enfant endormi attendant son maître afin de l'escorter, de nuit, jusque chez lui.

6 **Petit esclave endormi,** Ier siècle av. J.-C., sculpture. Musée national romain, Rome.

☞ ACTIVITÉS

OBSERVER ET COMPRENDRE LES ŒUVRES

1 Cherchez l'étymologie grecque du mot « anthropomorphe ». Trouvez d'autres mots utilisés dans le domaine des arts contenant la racine « morphe ».

2 DOC. 2 à 4 : Pourquoi le bronze est-il beaucoup plus utilisé que le marbre pour les statues représentant des esclaves ?

3 DOC. 2 : Montrez que ce type de représentation respecte les canons de la statuaire antique.

4 DOC. 5 et 6 : Quels sont les supports différents utilisés ? Interprétez les gestes des esclaves.

PROLONGER

Trouvez dans le catalogue des antiquités romaines du musée du Louvre d'autres objets anthropomorphes représentant des esclaves et décrivez-les.

ZOOM sur

Une société esclavagiste

L'économie de la société latine
repose sur le travail servile.

Enfant esclave,
IIe siècle apr. J.-C., bronze.
Musée du Louvre, Paris.

L'ESSENTIEL

■ Des esclaves à tous les postes

Chaque famille de citoyens romains, même pauvre, possède au moins un ou deux esclaves. Les riches propriétaires peuvent en posséder plusieurs centaines.

Les esclaves privés font partie de la *familia* du maître. Ce sont des objets utilitaires qu'il peut acheter ou vendre.

Les esclaves peuvent appartenir :

– à la *familia urbana* ; dans ce cas, ils travaillent dans la *domus* du maître à toutes les fonctions de service, y compris celles de précepteur, médecin ou secrétaire ;

– à la *familia rustica* ; ils occupent des fonctions agricoles. Leurs conditions de vie sont très rudes, ils sont même enchaînés pour la nuit dans leur ergastule.

Les esclaves publics appartiennent à l'État et travaillent à l'entretien des villes ou sur les grands chantiers de construction (routes, aqueducs).

Les gladiateurs et les prostituées sont eux aussi généralement des esclaves.

■ Comment devient-on esclave ?

Naît esclave l'enfant d'une mère esclave dont le *dominus* devient le propriétaire. Certains maîtres se spécialisent dans l'« élevage » d'esclaves dont ils font commerce.

Deviennent esclaves :

– la majorité des prisonniers de guerre (❸) ;

– les victimes de la piraterie ;

– les enfants exposés (non reconnus) par leurs parents citoyens ;

– un citoyen qui ne peut plus payer ses dettes.

■ Comment on cesse d'être un esclave : l'affranchissement

Jamais remise en question, la condition d'esclave est à Rome un état de fait. Cependant, quitter cet état est possible grâce à **l'affranchissement** (*manumissio*) (❹). Sous l'Empire, l'affranchissement devient plus fréquent et se pratique essentiellement par testament. Le statut du **libertus** n'est cependant pas celui du *civis* dont il n'a pas tous les droits.

❶ Congratulations

Quintus Cicéron écrit à son frère Marcus pour le féliciter...

Question :
Déduisez ce que Marcus a fait pour être félicité.

Mon cher Marcus, pour ce qui est de Tiron, tu as réjoui toute la famille. [...] Tu as estimé qu'il ne méritait pas son sort et **tu as jugé préférable qu'il soit pour nous un ami plutôt qu'un esclave**. Je me suis réjoui à la lecture de ta lettre : je te félicite et te remercie.

Cicéron (106-43 av. J.-C.), *Ad familiares*, XVI, 16.

② Au travail

Esclaves en train de paver une rue, Ier siècle apr. J.-C.,
bas-relief. Musée de la Civilisation romaine, Rome.

Question : À quelle catégorie servile
appartient ce groupe d'esclaves ?

③ Esclaves à vendre !

Berbères enchaînés, Ier siècle apr. J.-C.,
mosaïque. Basilique judiciaire
de Tipasa (Algérie).

Question : D'après ses qualités physiques,
à quel poste de travail pourrait être affecté
l'esclave de gauche ?

④ Enfin libre...

Esclave
en train
d'être affranchi,
stèle provenant
de Mariemont
(Belgique).
Musée de
la civilisation
romaine, Rome.

Questions :
Comment le maître
se distingue-t-il de
son ancien esclave ?
Par quel signe
distinctif identifie-t-on
le nouveau *libertus* ?

✎ ACTIVITÉS B2i

S'informer sur Internet

1 Choisissez une des différentes catégories d'esclaves et
présentez-la à la classe sous forme d'un récit à la 1re personne.

2 Recherchez les noms propres des esclaves présents dans
les comédies de Plaute en consultant la liste des arguments
de ses pièces sur le site www.thelatinlibrary.com. À l'aide d'un
dictionnaire, faites des remarques sur ces noms propres.

3 Faites une recherche sur les différentes méthodes
d'affranchissement et mimez celle *per vindictam*.

Quid novi ?

Esclaves d'hier à aujourd'hui

Lampe à huile en bronze, Ier siècle apr. J.-C. Musée archéologique national, Tarragone (Espagne).

L'esclavage n'a pas cessé avec la fin de l'Antiquité. En établissant la traite négrière, les puissances européennes ont, à partir du XVIIe siècle, institutionnalisé ce mode d'exploitation d'une partie de l'humanité par une autre.

Essor de la traite et blâme
(XVIIIe–XIXe s.)

Hommes, femmes et enfants capturés sur le sol africain sont déportés à bord de navires négriers vers les colonies européennes d'Amérique du Nord et des Antilles. Dans les riches ports négriers de Bordeaux, Nantes ou La Rochelle, on représente les esclaves dans toutes sortes d'objets luxueux du quotidien.

Dès le XVIIIe siècle, les écrivains des Lumières (Montesquieu et Voltaire en tête) protestent contre cette situation. Au XIXe siècle, les romanciers comme Mérimée ou Jules Verne, tentent, à travers leurs écrits, de faire prendre conscience au lecteur européen de la cruauté de la traite négrière.

Saladier aux esclaves, 1785, faïence de Nevers polychrome. Musée du Nouveau Monde, La Rochelle.
Scène du haut : travail dans les champs de canne à sucre / **scène centrale :** esclaves bêchant le sol sous la surveillance d'un contremaître blanc tenant un sabre d'abordage / **scène du bas :** cases des esclaves, l'un d'entre eux subit le châtiment du fouet.

Groupe de nègres importés pour être vendus comme esclaves (Surinam, 1772-1777). Avant de conclure la vente, les acheteurs font courir et sauter les esclaves pour s'assurer qu'ils sont en bonne santé.

Gravure illustrant *Un capitaine de quinze ans* de Jules Verne, Le Monde illustré, 1872.

François-Auguste Biart (1798-1882),
L'Abolition de l'esclavage dans les colonies.
Musée national du château de Versailles.

L'abolition (XIXᵉ s.)

Avec l'**abolition officielle de l'esclavage** (27 avril 1848 en France), les représentations montrent des esclaves libérés de leurs chaînes, au moment où la **colonisation** enferme des populations dans une nouvelle forme d'asservissement.

Jean-Baptiste Carpeaux (1827-1875), La Fontaine de l'Observatoire à Paris, 1874, bronze.

Les statues représentent les quatre parties du monde (l'Océanie, découverte depuis peu, n'est pas encore légitimée comme continent).
La femme qui représente l'Afrique porte des chaînes brisées.

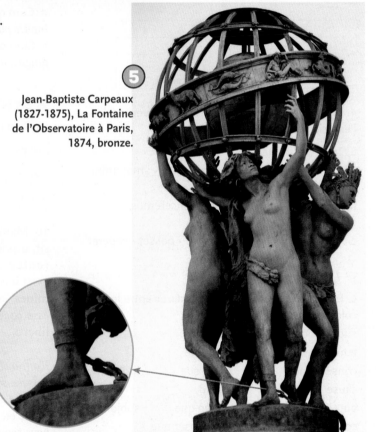

OBSERVER ET COMPRENDRE LES DOCUMENTS

1 @ Copier un article du *Code noir* instauré sous Louis XIV.

2 @ L'esclavage dans les territoires français, aboli une première fois en 1794, a été restauré par Napoléon Iᵉʳ. Cherchez-en la cause.

3 @ Recherchez une illustration du XIXᵉ siècle de *Tamango*, nouvelle de Mérimée.

4 @ En allant sur le site de l'ONISEP, trouvez des exemples de situations où l'on emploie encore des êtres humains comme esclaves dans notre monde contemporain.

La cinquième déclinaison

1. Donnez tous les cas possibles de :

a. dies

b. rei

c. aciebus

2. Reconstituez le mot correspondant au cas donné en remettant les lettres dans l'ordre.

emr (Acc. sg.) • esudib (Abl. pl.) • sre (Acc. pl.) • imedur (G. pl.) • idei (D. sg.) • mscpeie (Acc. sg.)

L'imparfait du subjonctif

3. Complétez le tableau.

essem		
	haberemus	
		audirent

4. Conjuguez, quand c'est possible, les verbes de l'exercice précédent au passif.

5. Trouvez l'intrus.

a. moneretur • legeremur • haberetur • amaremini • tenerem

b. possem • moneam • esses • vinceremus • emeret

c. haberemur • vocarem • essem • posset • caperer

Le *ut* circonstanciel

6. Faites toutes les flèches nécessaires entre les colonnes.

supposition	comme	
temps	pour que	
conséquence	parce que	indicatif
cause	quand	
but	si bien que	subjonctif
comparaison	à supposer que	

7. Traduisez *ut* et dites quel lien logique vous avez exprimé.

a. Ut rem audivit, venit. *... il apprit la nouvelle, il arriva.*

b. Dives, ut Menaechmus dixit, mali clientes fuerunt. *Les riches, ... le dit Ménechme, étaient de mauvais clients.*

c. Ut leges non colunt, mali sunt. *... ils ne respectent pas les lois, ils sont malhonnêtes.*

d. Ut pauper sit, nequam habetur. *... soit pauvre, personne ne le considère.*

e. Male fecerunt ut dies diceretur. *Ils agirent mal, ... un jour de procès fut fixé.*

Le *cum* circonstanciel

8. Complétez la traduction par «comme» ou «quand» et dites si le *cum* exprime le temps ou la cause.

a. Cum pugnabant, ego fugiebam. → *... ils combattaient, je fuyais.*

b. Cum poteris, venies. → *... tu pourras, tu viendras.*

c. Cum Romae esset, beatus fuit. → *... il était à Rome, il était heureux.*

d. Cum magister castigat, servi timent. → *... le maître punit, les esclaves ont peur.*

e. Cum defatigatus esset, dormivit. → *... il était fatigué, il dormit.*

SYNTHÈSE

9. *ut* ou *cum* ?

temps	+ subjonctif	
cause	+ subjonctif	
cause	+ indicatif	

10. Manumissio a jure gentium originem sumpsit, utpote *cum* jure naturali omnes liberi **nascerentur** nec esset nota manumissio, *cum* servitus esset incognita. Et *cum* uno naturali nomine "homines" **appellaremur**, jure gentium tria genera esse coeperunt : liberi et servi et tertium genus liberti.

D'après le Code de Justinien, Digeste, I, 4.

L'affranchissement tire son origine du droit des gens, puisque selon le droit naturel les hommes naissent libres et l'affranchissement est inconnu, puisque la servitude est inconnue. Et alors que selon le droit naturel nous sommes appelés du même nom d'« hommes », selon le droit des gens il y en eut trois sortes : les hommes libres, les esclaves et une troisième catégorie, les affranchis.

a. Retrouvez la traduction des *cum*. Quelles circonstances expriment-ils ?

b. Analysez les verbes en gras (personne, temps, mode).

c. À quel temps sont les verbes soulignés ?

d. Rappelez la règle qui commande leur temps.

Mots croisés

Retrouvez des mots français de la rubrique Étymologie.

Horizontalement

4. travail

6. pourparlers

Verticalement

1. domestique

2. avait des clients

3. extra terrestre qui ressemble à l'homme

5. fabricant

7. fait d'être esclave

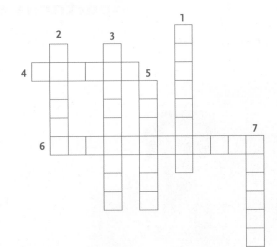

Carré des métiers

Assemblez les morceaux pour former un carré dans lequel vous lirez en latin, horizontalement, cinq métiers évoqués dans le chapitre 8.

Colliers mêlés

Séparez les mots gravés sur ces authentiques colliers d'esclaves en vous aidant des traductions. Attention, elles sont dans le désordre.

TENEMEFVGIOREVOCAMEINGRAE
COSTADIOEVSEBIOMANCIPE

TENEMEQVIAFVGIETREVOCAMEADDOMI
NVMMEVMVIRVMCLARISSIMVM
CETEGVMINMACELLVMLIBIANIREGIONETERTIA

TENEMENEFVGIAMFVGIO

P. VOLVMNITONSORISNIGERSERVVS

FUGITENEMECUMREVOCAVERISMEDOMI
NOZONINOACCIPIESSOLIDUM

Attrape-moi pour éviter que je ne m'enfuie. Je suis en fuite.

Je me suis enfui, attrape-moi ; si tu me ramènes à mon maître Zonino, tu recevras une récompense.

Niger, esclave de Publius Volumnius le coiffeur.

Attrape-moi, je suis en fuite. Ramène-moi au stade grec, chez Eusèbe l'entrepreneur.

Attrape-moi, je me suis enfui et ramène-moi chez mon maître, le très noble Cetegus, au marché de Libianus, troisième arrondissement.

HISTOIRE DES ARTS

Rome, IIe siècle apr. J.-C.

À l'intérieur d'une boutique

1. Quel est le métier de cet artisan ? Justifiez.
2. Qu'est-ce qui est représenté suspendu à gauche ?
3. Comment appelle-t-on ce type de sculpture ?
4. Observez la table : quel artifice permet de donner une certaine profondeur à la représentation malgré l'absence de perspective ?

Spartacus et la révolte des esclaves

Denis Foyatier
(1793-1863),
Spartacus,
73-71 av. J.-C.,
marbre.
Musée du Louvre,
Paris.

Entre 73 et 71 avant Jésus-Christ, une révolte de gladiateurs prend une ampleur inattendue.

Spartacus, Crixus, Œnomaus, après avoir brisé les portes de l'école de Lentulus, s'enfuirent de Capoue avec trente hommes au plus de leur espèce. Ils appelèrent les esclaves sous leurs drapeaux et réunirent tout de suite plus de dix mille hommes. Non contents de s'être évadés, ils aspiraient maintenant à la vengeance. Tels des bêtes sauvages, ils s'installèrent d'abord sur le Vésuve. Assiégés là par Clodius Glaber, ils se glissèrent le long des gorges caverneuses de la montagne à l'aide de liens de sarments et descendirent jusqu'au pied ; puis s'élançant par une issue invisible, ils s'emparèrent tout à coup du camp de notre général qui ne s'attendait pas à une pareille attaque. Ce fut ensuite le tour du camp de Varenus, puis de celui de Thoranius. Ils parcoururent toute la Campanie, et non contents de piller les fermes et les villages, ils commirent d'effroyables massacres à Nole et à Nucérie, à Thurium et à Métaponte.

Leurs troupes grossissaient chaque jour, et ils formaient déjà une véritable armée. Avec de l'osier et des peaux de bêtes, ils se fabriquèrent de grossiers boucliers ; et le fer de leurs chaînes, refondu, leur servit à forger des épées et des lances. Pour qu'il ne leur manque rien de ce qui convenait à une armée régulière, ils se saisirent aussi des troupeaux de chevaux qu'ils rencontrèrent, se constituèrent une cavalerie, et ils offrirent à leur chef les insignes et les faisceaux pris à nos préteurs. Spartacus ne les refusa point ; c'était un ancien Thrace tributaire devenu soldat, de soldat déserteur, ensuite brigand, puis, en considération de sa force, gladiateur. Il célébra les funérailles de ses officiers morts en combattant avec la pompe réservée aux généraux, et il força des prisonniers à combattre, les armes à la main, autour de leur bûcher. Cet ancien gladiateur espérait effacer ainsi l'infamie de tout son passé en donnant à son tour des jeux de gladiateurs. Puis il osa attaquer des armées consulaires ; il écrasa celle de Lentulus dans l'Apennin, et près de Modène il détruisit le camp de Caius Crassus. Enorgueilli par ces victoires, il songea à marcher sur Rome, et cette seule pensée suffit à nous couvrir de honte.

Enfin, toutes les forces de l'empire se dressèrent contre un vil gladiateur, et Licinius Crassus vengea l'honneur romain. Repoussés et mis en fuite, les ennemis, je rougis de leur donner ce nom – se réfugièrent à l'extrémité de l'Italie. Enfermés dans les environs de la pointe du Bruttium, ils se disposaient à fuir en Sicile. N'ayant pas de navires, ils construisirent des radeaux avec des poutres et attachèrent ensemble des tonneaux avec de l'osier ; mais l'extrême violence du courant fit échouer leur tentative. Enfin, ils se jetèrent sur les Romains et moururent en braves. Comme il convenait aux soldats d'un gladiateur, ils ne demandèrent pas de quartier. Spartacus lui-même combattit vaillamment et mourut au premier rang, comme un vrai général.

Florus, *Abrégé de l'histoire romaine*, III, 21,
traduction tirée du site Internet de Ph. Remacle.

✳ CONSEILS DE LECTURE

Dominique Bonnin-Comelli, *Les Esclaves de Rome*, Milan Poche, 2003.
Syram est arraché à son Orient natal pour être vendu comme esclave à Crassus. Ses qualités lui permettront de se distinguer peu à peu, et de côtoyer les personnages historiques les plus importants du siècle de César.

Jacqueline Mirande, *Gannorix*, Castor Poche, 2002.
Jeune Gaulois fait prisonnier par la légion romaine, Gannorix est vendu comme esclave à Rome. Amené à Capoue, il rejoint Spartacus et ses compagnons. Un roman court mais riche en péripéties.

Annie Jay, *L'esclave de Pompéi*, Le Livre de Poche Jeunesse, 2004.
Lupus, capturé par des pirates puis vendu comme esclave, part à la recherche de sa mère de sa sœur. Mais il tombe amoureux de la fille de leur maître... Avec lui, vous revivrez la vie quotidienne des habitants modestes des grandes villes romaines antiques.

IV

Se détendre

CHAPITRE 10

Foro et balneis
Au forum et aux thermes

✳ DÉCOUVRIR   *Des lieux de rencontre*

❶ Le cœur vivant de la cité

comitium   Temple de Janus

Curie Julia

Basilique Aemilia

Basilique Julia

Tribune aux harangues   Chapelle de Vénus Cloacina   Temple de César

Gilles Chaillet, « Le forum de Rome »,
in *Dans la Rome des Césars*, Éditions Glénat, 2004.

1 Distinguez : édifices religieux et édifices civils.

2 Quels sont les monuments qui ont une fonction politique ?

❷ Pas toujours très fréquentable, le forum…

Où trouver chaque catégorie sociale dans les parages du forum ?

1 Qui perjurum convenire volt hominem mitto in
[Comitium ;
Qui mendacem et gloriosum, apud Cluacinae sacrum.
Ditis damnosos maritos sub Basilica quaesito. […]
In foro infimo boni homines, atque dites ambulant.
[…]
5 In Velabro **vel pistorem, vel lanium,** vel haruspicem.

Plaute (255-184 av. J.-C.), *Le Charançon*, IV, vers 471-483.

Celui qui veut rencontrer un faussaire, je l'envoie au Comitium. Un menteur ou un fanfaron ? Je l'envoie vers la chapelle de la Cloacine. On trouvera les maris riches et dépensiers sous la Basilique.[…] Dans le bas du forum se promènent les honnêtes gens et les riches. […] Au Vélabre, … et les haruspices.

1 Retrouvez les lieux cités sur la reconstitution.

2 Montrez qu'on trouve autour du forum des personnes de types tout à fait opposés.

3 Déduisez l'activité principale du quartier du Vélabre d'après les mots en gras.

❸ Affluence dans les thermes publics

1 Estimez la hauteur de la voûte et la largeur de l'espace, en prenant pour échelle la taille humaine.

2 En vous aidant des zooms, indiquez quelles activités étaient pratiquées dans ces thermes publics.

3 Quels types de matériaux et de décoration sont utilisés pour le bâtiment ?

Reconstitution des thermes de Dioclétien, v. 1890, École nationale des beaux-arts, Paris.

❹ Que de bruit !

Sénèque ne parvient pas à travailler... et pour cause !

1 Peream si est tam necessarium quam videtur silentium in studia seposito. Ecce undique me varius clamor circumsonat : **supra ipsum balneum habito**. [...] Cum fortiores exercentur 5 et manus plumbo graves jactant, cum aut laborant, aut laborantem imitantur, gemitus audio. [...] Adjice nunc eos qui in piscinam cum ingenti impulsae aquae sono saliunt. [...] Jam libarii varias exclamationes et botularium et 10 crustularium et omnes popinarum institores mercem sua quadam et insignita modulatione vendentes.

Que je meure s'il est si nécessaire que cela de se renfermer dans le silence pour étudier. Partout autour de moi résonnent des cris variés : ... . [...] Tandis que les costauds s'exercent et soulèvent des poids en plomb, tandis qu'ils peinent ou font comme s'ils peinaient, j'entends leurs gémissements. [...] Ajoute maintenant ceux qui sautent dans la piscine en faisant gicler l'eau dans un grand vacarme. [...] Et encore les exclamations variées du marchand de gâteaux, le marchand de boudins, le marchand de bonbons et tous les gars des tavernes qui vendent leur marchandise sur des airs spéciaux.

Sénèque (4 av. J.-C. – 65 apr. J.-C.), *Lettres à Lucilius*, VI, 56, 1-2.

1 Retrouvez dans le texte latin le champ lexical du bruit (en bleu).

2 Traduisez le passage en gras pour identifier la cause des soucis de Sénèque.

3 Mis à part le bain, quelles autres activités peut-on pratiquer aux thermes d'après ce texte ?

Frigidarium.
Thermes du forum
de Pompéi.

● À chaque époque ses bains

Sénèque visite la villa de Campanie du grand Scipion l'Africain. Il compare ses bains aux bains contemporains.

1 Magna ergo me voluptas subiit contemplantem mores Scipionis ac nostros. In hoc angulo ille « Carthaginis horror », cui Roma debet quod tantum semel capta est, abluebat corpus laboribus rusticis fessum. […] Sub hoc ille tecto tam sordido stetit, hoc illum pavimentum tam vile sustinuit : at nunc, quis est, qui sic lavari sustineat ?
5 Pauper sibi videtur ac sordidus nisi parietes magnis et pretiosis orbibus refulserunt, […] nisi Thasius lapis […] piscinas nostras circumdedit in quas multa sudatione corpora exaniata demittimus, nisi aquam argentea epitonia fuderunt. […] In hoc balneo Scipionis minimae sunt rimae magis quam fenestrae, […] at nunc blattaria vocant balnea, si quae non ita aptata sunt ut totius diei solem fenestris amplissimis
10 recipiant.

Sénèque (4 av. J.-C. – 65 apr. J.-C.), *Lettres à Lucilius*, XI, 86, 5-8.

Vocabulaire

NOMS

balneum, i, n. : le bain
epitonium, ii, n. : le robinet
labor, oris, m. : le travail
lapis, idis, m. : la pierre (« pierre de Thasos » = le marbre)
mos, moris, m. : l'usage, la coutume
orbis, is, m. : le cercle
paries, etis, m. : le mur
pavimentum, i, n. : le carrelage
sudatio, onis, f. : la sueur
tectum, i, n. : le toit
voluptas, atis, f. : le plaisir

VERBES

abluo, is, ere, ablui, ablutum : laver
circumdo, das, dare, dedi, datum : entourer
fundo, is, ere, fudi, fusum : verser
recipio, is, ere, cepi, ceptum : recevoir
refulgeo, es, ere, fulsi : resplendir
sustineo, es, ere, tinui, tentum : soutenir, porter

ADJECTIFS

fessus, a, um : fatigué, las
pretiosus, a, um : précieux
sordidus, a, um : sale, méprisable
vilis, is, e : de peu de valeur, vil

Lecture du texte

1 Rappelez qui est Scipion (cf. p. 56). Traduisez l'expression entre guillemets (l. 2).

2 À quel champ lexical appartiennent les mots en vert ?

3 Relevez les adjectifs qui indiquent que Scipion avait des goûts modestes.

4 Quels sont les éléments d'architecture et de décoration qui font le luxe des bains des contemporains de Sénèque ?

5 Comment comprenez-vous le mot *blattaria* ? Que désigne-t-il et pourquoi ?

Observation de la langue

1 À quels mots français vous font penser les mots en rouge ?

2 > cui **Roma debet quod tantum semel capta est**
auquel Rome doit de n'avoir été prise qu'une fois
> quis est, qui **sic lavari sustineat ?**
*Quel est celui **qui** supporterait de se laver ainsi ?*
> in quas **corpora demittimus**
*dans **lesquelles** nous plongeons nos corps*

a. Quelles fonctions occupent **auquel**, **qui** et **lesquelles** ? À quel cas sont-ils en latin ?

b. Quelle est la nature des mots en rose ? À quels mots latins de la proposition qui les précède renvoient-ils ?

⊙ La proposition subordonnée relative

Comme en français, la **proposition subordonnée relative** en latin est une expansion du nom. Le nom qu'elle complète (l'antécédent) se trouve dans la proposition principale, avant la relative.

⊙ Le pronom relatif

Le **pronom relatif** se place en tête de la proposition subordonnée relative.
Comme tous les pronoms latins, il se décline.

Cas	SINGULIER			PLURIEL		
	Masculin	Féminin	Neutre	Masculin	Féminin	Neutre
N.	qui	quae	quod	qui	quae	quae
Acc.	quem	quam	quod	quos	quas	quae
G.	cujus	cujus	cujus	quorum	quarum	quorum
D.	cui	cui	cui	quibus	quibus	quibus
Abl.	quo	qua	quo	quibus	quibus	quibus

Remarque : Le pronom relatif français continue à se décliner : *qui* : sujet ; *que* : COD ; *quoi* : COI et COS ; *dont* : CDN ou COI.

Le **pronom relatif** se met au **genre** et au **nombre** de son **antécédent** situé dans la proposition principale.

Il se met au **cas** correspondant à la fonction qu'il occupe dans la proposition relative.

> **Lapis piscinas circumdedit [in** quas **corpora demittimus].**
> *La pierre entoure les piscines [dans lesquelles nous plongeons nos corps].*
> Antécédent : féminin pluriel   Pronom relatif : féminin pluriel + CCL → accusatif

Cas particuliers

• **Quand le pronom relatif n'a pas d'antécédent**, on le traduit par : « ce/celui qui/que/auquel/dont... »
> Qui **perjurum convenire volt hominem...**   ***Celui qui*** *veut rencontrer un faussaire...*

• **Si le pronom relatif est placé en début de phrase**, on peut trouver son antécédent dans la phrase précédente. On le traduit alors par un pronom ou par un déterminant possessif ou démonstratif. Il est appelé **relatif de liaison**.
> **Scipionis villam vidit.** Cujus **balneum sordidum pauperumque est.**
> *Il a vu la maison de campagne de Scipion. Ses bains sont sales et misérables.*

Attention : il ne faut pas confondre le pronom relatif avec le **pronom interrogatif** *quis*, *quae*, *quid*, dont la plupart des formes sont identiques à celles du relatif.
> Quis **est, qui sic lavari sustineat ?**   ***Quel*** *est celui qui supporterait de se laver ainsi ?*

> **Remarque :** Lorsque le pronom relatif complète la préposition *cum*, on place celle-ci après le pronom et collée à lui.
> > quibus**cum**   *avec lesquels*

EXERCICES

Loquamur !

1 Donnez toutes les analyses possibles de ces formes du pronom relatif (genre/nombre/cas).

quarum • qui • quae • cui • quibus • quod • cujus

2 Déclinez le pronom relatif au féminin singulier.

3 À quel cas, genre et nombre mettrez-vous les pronoms relatifs latins correspondant aux pronoms relatifs français de ces phrases ?

a. Les boutiques **qui** se situent autour du forum sont les plus élégantes.
b. Le marchand **auquel** j'ai acheté ces poissons m'a trompé sur la marchandise !
c. La chaleur **que** l'hypocauste diffuse sert à chauffer les bassins.
d. Le temple **vers lequel** la vestale se dirige est celui de Janus.
e. Je vais aux thermes de Dioclétien : ce sont ceux **que** je préfère.

Scribamus !

4 Complétez les deux phrases par le même pronom relatif français. Indiquez sa fonction et trouvez les deux formes latines (différentes) qu'il faudrait utiliser.

a. Cette rue ... j'ai oublié le nom conduit au Tibre.
(Via ... nomen oblitus sum ad Tiberim adducit.)
b. Il va aux thermes ... son ami lui a parlé.
(In balnea it ... amicus suus locutus est.)

5 Quelle fonction peuvent avoir les pronoms relatifs français : *dont, à qui, avec lesquelles* ? Comment les traduira-t-on en latin ?

6 Repérez l'antécédent du pronom relatif dans ces phrases. Justifiez.

a. Pavimentum vile erat **quod** Scipionem sustinuit.
b. Corpora nostra demittimus in piscinas **quas** circum lapides sunt.
c. Seneca Scipionis villam vidit **cujus** mores rustici erant.

Cogitemus !

7 Repérez l'antécédent du pronom relatif, analysez-le (genre et nombre), puis trouvez la fonction du pronom relatif. Déduisez-en sa forme.

a. *Le temple [**que** tu m'as décrit] a été détruit.*
b. *Voici le beau masseur [**dont** je t'ai parlé] !*
c. *Scipion [**qui** fut le vainqueur de Carthage] n'avait pas pour autant des bains luxueux.*
d. *Les contemporains de Sénèque auraient refusé d'utiliser les bains [**dans lesquels** Scipion se lavait].*

8 Réunissez les deux phrases latines en une seule qui corresponde à la traduction.

a. Hominem monstravi. Inveniatis hominem in foro. *(Vous trouverez l'homme que je vous ai montré au forum).*
b. Scipio « Carthaginis horror » vocatur. Scipioni Roma debet quod tantum semel capta est. *(Scipion, à qui Rome doit de n'avoir été prise qu'une seule fois, est surnommé « la terreur de Carthage »).*
c. Magnitudo balneorum videtur fieri pro copia hominum. Homines in balneis sunt. *(La taille des bains doit correspondre à la quantité de personnes qui se trouvent à l'intérieur.)*

9 On utilise en français le mot « quorum ».
a. À quelle forme (cas, genre et nombre) du pronom relatif latin correspond ce mot ?
b. Cherchez-en la définition, puis justifiez son cas, son genre et son nombre.

Atelier de traduction

Rencontre aux thermes

Encolpe, le narrateur, et son ami, accompagnés de leur esclave Giton, font la connaissance du riche Trimalcion.
Amicimur ergo diligenter [...] et Gitona jubemus in balneo sequi. [...] Intravimus balneum, et sudore calfacti, [...] ad frigidam eximus. Jam Trimalchio, unguento perfusus, tergebatur non linteis sed palliis ex lana mollissima factis.

Pétrone (Ier siècle apr. J.-C.), *Satiricon*, 26 et 28.

 AIDE

✻ *amiciri* : mettre sa toge ; *calfactus* : réchauffé ; *perfusus* : arrosé ; *unguentum, i*, n. : parfum ; *linteum, i*, n. : toile ; *pallium, ii*, n. : couverture, serviette

✻ Traduisez le récit d'Encolpe et suivez le trajet traditionnel d'un usager des thermes publics.

✳ ÉTYMOLOGIE

Mots clés

La sociabilité

urbanus, a, um : *urbain, poli*

Construit sur la racine **urb*, cet adjectif qualifie celui qui vit en ville, et, par la suite, ce qui le caractérise : être urbanus, c'est être poli, bien élevé, fin, spirituel, **urba**in, faire preuve d'**urban**ité, par opposition à *rusticus*, de la campagne, grossier.

forum, i, n. : *la place publique*

Construit sur la racine **for*, « dehors », que l'on trouve dans **for**ain (qui est du dehors) **for**êt (bois en dehors de l'enclos), **faub**ourg (ce qui est **fors**/à l'extérieur des murs du bourg), le forum est d'abord l'enclos qui entoure la maison, puis la place du marché, puis le lieu public où se pratiquent la politique, les affaires, la justice.

balneum, i, n. : *le bain*

Mot emprunté au grec, balneum désigne le bain privé et au pluriel les bains publics. Les Latins ayant du mal à prononcer le groupe *-ln-*, la langue populaire a transformé le mot en *baneum* d'où le français « ba in ». La série formée sur *baln-* est de construction savante, ainsi une station **baln**éaire.

officium, ii, n. : *le devoir*

Ce mot est un composé de *opus*, « travail », et *facio*, « faire ». L'officium est techniquement l'exécution d'un travail et, sur le plan intellectuel ou moral, l'obligation d'une charge, un devoir, puis un service rendu. De là viennent les noms **offici**er (celui qui remplit une charge) et **offic**e (tâche à accomplir).

☞ ACTIVITÉS

1 Complétez les phrases suivantes par un mot formé à partir d'urbanus.

a. La mairie de Lyon a présenté son nouveau plan d'... pour les années 2010-2015.
b. L'ambassadeur a fait preuve de beaucoup d'... en recevant le roi.
c. Cette région rurale s'est très rapidement ... au début du XXIe siècle.
d. On appelle ... les quartiers périphériques des grandes villes modernes.

2 Recherchez dans le dictionnaire ou sur Internet par qui et en quelle occasion est employée l'expression : « Urbi et orbi ».

3 Rédigez la définition de **balnéothérapie** en faisant apparaître le sens étymologique latin et grec des deux composantes du mot.

4 Rattachez les emplois du mot **office** dans les phrases de la série A à leur définition de la série B.

Série A :
• Son mari est employé dans un office notarial.
• La France a été remerciée pour ses bons offices dans l'affaire des otages.
• J'ai admiré cet été les Botticelli des Offices.
• Ils ont été mis d'office à la retraite.
• Pour leur mariage, nous avons fait office de chauffeurs.
• Le prêtre a lu de manière émouvante l'office des morts.
• Bourreau, fais ton office !

Série B :
• Musée de peinture de Florence
• bureau
• tenir lieu de
• tâche à accomplir
• sans l'avoir demandé
• prières de l'Église pour les funérailles
• services rendus

Latin (bien) vivant

On parle beaucoup aujourd'hui de « forums de discussion » sur Internet. Dans cette expression moderne, c'est l'idée de « lieu d'échanges et de rencontres » qui a été conservée. L'espace public réel est, quant à lui, devenu un espace virtuel, celui de l'écran.

Page de discussion du site Internet
www.premier-ministre.gouv.fr/

LES
Forums
EXPRIMEZ-VOUS !

L'URBANISME DANS LES CITÉS LATINES

Forum Romanum

Le forum de Rome élevé sur le marécage asséché au pied des sept collines, est de construction très anarchique, les bâtiments étant superposés au fil des époques. À la première place de marché établie sous la République s'ajoute le forum de César, puis celui d'Auguste. À leur suite, chacun des empereurs cherchera à laisser sa trace au cœur de Rome en édifiant « son » forum.

1 **Forum de Rome**, maquette.
Université de Caen Basse-Normandie.

2 David Macaulay, *Naissance d'une cité romaine*, Les Deux Coqs d'or, 1977.

Cette reconstitution montre le quadrillage de la cité sur le tracé du *cardo* et du *decumanus*, et ses limites marquées par un rempart fortifié.

LE PLAN D'UNE CITÉ

Les forums construits par Rome dans les villes romanisées suivent un plan très régulier. Il repose sur le principe de construction des *castra* (camps militaires) des légions romaines : à la croisée de deux axes, le *cardo* (axe Nord/Sud) et le *decumanus* (axe Ouest/Est).

La forme du forum

Différent de l'**agora grecque**, place carrée entourée de portiques, le **forum romain** est rectangulaire et son pourtour comporte des édifices religieux (temples), juridiques (tribunal), commerciaux (*tabernae*, basiliques).

3 **Forum et cryptoportique** d'Arelate (Arles), maquette.
Musée de l'Arles antique, Arles.

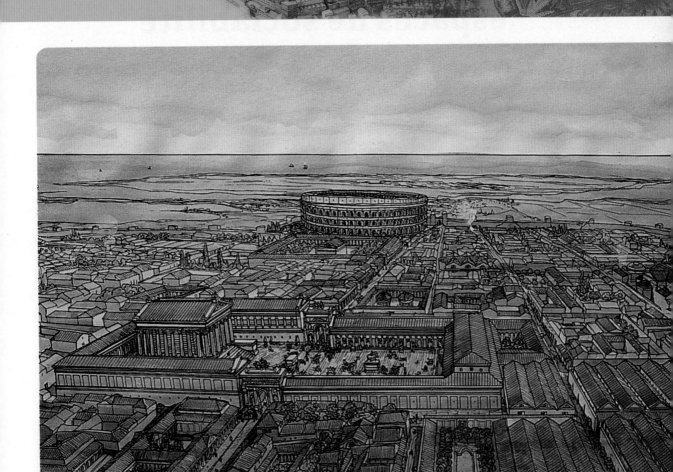

④ Narbonne, au premier plan, le forum. J.-C. Golvin, *Voyage en Gaule romaine*, Actes Sud, 2006.

⑤

Les Grecs construisent leurs places en carré entourées de vastes portiques doubles. [...] Mais il ne convient pas d'utiliser le même procédé pour les cités d'Italie. [...] Il faut conformer la taille du forum à la foule qui le fréquente : qu'il ne soit pas trop étroit pour ses usagers ni ne semble trop vaste si la population est moindre. La bonne largeur sera trouvée en divisant la longueur en trois parties et en en mesurant deux. Ainsi sa forme sera allongée.

Vitruve (Iᵉʳ siècle av. J.-C.), *De l'architecture*, V, 1.

☞ ACTIVITÉS

OBSERVER ET COMPRENDRE

1 DOC. 2 : Dans quel grand pays de l'hémisphère nord trouve-t-on de nombreuses villes qui suivent le même système d'urbanisme que les cités latines ?

2 DOC. 3 et 5 : Recherchez le sens architectural du mot « portiques ».

3 DOC. 4 : Quels bâtiments occupent le périmètre du forum ? Quelles activités pouvait-on pratiquer dans cet espace public ?

4 DOC. 5 : Quelle forme géométrique préconise Vitruve pour les forums romains ? Pourquoi ?

PROLONGER

Renseignez-vous sur la ville d'origine antique la plus proche de chez vous et recherchez où se situait son forum.

Le forum et les thermes, espaces de sociabilité

Du negotium à l'otium : après ses activités publiques de la matinée, sur le forum, le citoyen trouve aux thermes la convivialité qui lui est chère.

L'ESSENTIEL

■ On fait de tout sur le forum

Le *forum Romanum* est le lieu de la *Curie* (le siège du Sénat romain), mais aussi des tribunaux. Les orateurs prononcent leurs discours devant la foule assemblée sur les marches des temples, sur la tribune officielle du *Comitium* ou sur la *tribune aux harangues* (Rostres) (❹).

Mais le forum est également une place de marché et le lieu privilégié des rencontres publiques et religieuses. Sous l'Empire, les immenses édifices que sont les *basilicae* rassemblent toutes ces activités (cf. p. 107).

■ Aux thermes, pour se laver évidemment...

Le Romain ne se lave pas chez lui : la plupart des *domus* et les *insulae* n'ont pas de salles de bains. Cela ne l'empêche pas de prendre soin de son hygiène. Pendant la période d'**otium** de l'après-midi, il se rend aux thermes, nombreux en ville. Ces établissements publics lui permettent de se nettoyer et de purifier son corps comme dans les saunas ou hammams de nos civilisations modernes (❶ et ❷).

■ ...mais surtout pour vivre en société

Aux **thermes**, le Romain peut s'adonner à de longues discussions avec ses concitoyens lorsqu'il se fait masser, lorsqu'il pratique exercices physiques et jeux de balle dans la palestre, ou lorsqu'il se détend dans la vaste *natatio* extérieure, voire aux latrines, publiques elles aussi, formées de longues banquettes à plusieurs places. Il trouve enfin dans les immenses thermes de l'époque impériale des bibliothèques, des échoppes, de quoi se nourrir (❸).

❶ Des bains bien organisés

Question : Qu'apprend-on sur la fréquentation des thermes ?

Il faut s'assurer que le bain chaud réservé aux femmes et celui réservé aux hommes soient proches et situés dans le même secteur. On pourra ainsi chauffer par un même hypocauste les bassins qui s'y trouvent. [...] La taille des bains doit correspondre à la densité de la foule. Voici comment il faut les disposer : [...] la vasque doit être placée juste sous la lumière, de sorte que ceux qui se tiennent debout tout autour ne fassent pas de l'ombre.

Vitruve (Iᵉʳ siècle av. J.-C.), *De l'architecture*, V, 10.

❷ Hypocauste

Système d'hypocauste des thermes de Glanum.

❸ Plan des thermes

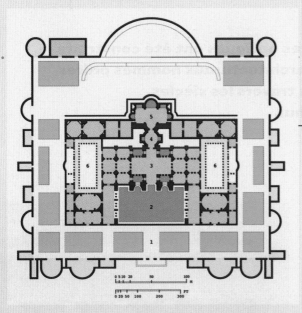

Plan des thermes de Dioclétien.
A. Berengo Gardin, Taschen, 1996.

Question : Pourquoi y a-t-il
tant de salles différentes
dans les thermes ?

1. Accès aux jardins
2. *Natatio*
3. Salle
4. *Tepidarium*
5. *Caldarium*
6. Palestres

❹ Les Rostres

Sur la tribune aux harangues du Forum Romanum, *se trouvaient les éperons (nommés « rostres ») pris aux navires ennemis.*

Bas-relief de l'arc de Constantin,
315 apr. J.-C., marbre. Rome.

Question : D'après ce bas-relief, qui a le droit
de monter sur la tribune aux harangues ?

❺ La beauté des ruines

Question : Pourquoi l'artiste a-t-il
choisi la technique de la mosaïque
pour cette œuvre ?

Mosaïque du XIXᵉ siècle
représentant les ruines du
Forum Romanum, ainsi que
des églises chrétiennes édifiées
à partir du IVᵉ siècle apr. J.-C.

*À la période romantique
les artistes insistent sur l'amplitude
de monuments désertés. En fait,
dans l'Antiquité, ces lieux grouillaient
de vie, de bruits et d'odeurs.*

🖳 ACTIVITÉS B2i

S'informer sur Internet

1 Recherchez le procédé du système
de chauffage dit « hypocauste » et
fabriquez-en une maquette.

2 Sur la maquette de Rome (www.
unicaen.fr/rome), retrouvez
les bâtiments rencontrés au fil
du chapitre.

Quid novi ?

Permanence de l'architecture antique

Les grands édifices antiques ont été construits selon des styles architecturaux nommés ordres qui ont perduré à travers les siècles, jusqu'à aujourd'hui.

1

Les trois ordres

- **l'ordre dorique :** le plus simple et le plus ancien
- **l'ordre ionique :** colonnes à la base sculptée, se terminant par des volutes
- **l'ordre corinthien :** colonnes se terminant par des feuilles d'acanthe

Style dorique   Style ionique   Style corinthien

2 Le temple d'Héra, 460 av. J.-C. Paestum.

Au XVIIIe siècle, l'Antiquité est à la mode.
Ainsi, de 1750 à 1850, l'architecture dite **néoclassique** insère dans les monuments des éléments gréco-romains (colonnes, frontons, portiques).

Édifices politiques

3 L'Assemblée nationale, 1841. Paris.

4 La Maison Blanche, 1800. Washington (États-Unis).

L'architecture du temple, dont la fonction est **religieuse**,
a été souvent reprise pour la construction d'églises.

5 Église de *la Madeleine* (début des travaux : 1763 – fin : 1842). Paris.

Édifices commémoratifs

Les arcs de triomphe dans l'Antiquité sont des monuments commémoratifs,
célébrant une victoire militaire. Cette tradition fut reprise par Napoléon Ier :
il ordonna la construction de *l'arc de triomphe* de l'Étoile en 1806, après la victoire d'Austerlitz.

6 Arc de triomphe. Paris.

La Grande Arche de la Fraternité est une version
moderne de l'arc de triomphe : c'est un monument
consacré à l'humanité et aux idéaux humanitaires.
Elle est construite dans l'axe de l'arc de triomphe.

7 Arche de la Défense. 1989, Paris.

OBSERVER ET COMPRENDRE LES DOCUMENTS

1 DOC. 1 et 2 : a. En vous aidant du DOC. 1, identifiez le style architectural du temple d'Héra.
b. À quelle époque le temple a-t-il été construit ?

2 DOC. 3 et 4 : Quelle est la fonction de ces édifices ? En quoi sont-ils néoclassiques ?

3 DOC. 1 et 5 : Quels sont les points communs entre ces monuments ? Quelle scène est représentée
sur le fronton du DOC. 5 ?

4 DOC. 6 et 7 : Quels rapprochements pouvez-vous faire entre l'Arche et l'arc de triomphe de l'Étoile ?
Ces deux monuments symbolisent-ils les mêmes valeurs ?

Quid novi ?

Vestiges bien vivants

Le XIXᵉ siècle romantique a voué un culte aux ruines antiques laissées dans leur état d'abandon. Mais dans les autres périodes de l'histoire, on a préféré exploiter les vestiges des monuments de la Rome antique à des fins plus utilitaires…

Stades

 Le stade de Domitien

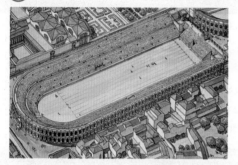

Cet édifice original, intermédiaire entre l'amphithéâtre et le cirque, était destiné aux compétitions athlétiques. L'une des plus belles places de Rome, la **piazza Navona**, suit aujourd'hui encore la forme exacte de ce stade.

2 La place Navone (XVIIIᵉ siècle).

3 La place Navone aujourd'hui.

Théâtres

Le palais Barberini de Préneste a été construit en lieu et place de la colonnade en hémicycle qui couronnait la *cavea* du théâtre antique.

4 Palais Barberini, 1640, Préneste (Italie).

Les thermes de Bath sont toujours utilisés de nos jours (ici la natatio entourée de portiques).

5 Les thermes de Bath (Royaume-Uni).

6 L'église Sainte-Marie-des-Anges.

Cette fontaine est en fait une baignoire issue des thermes de Caracalla.

7 La fontaine de la place Farnèse.

La salle basilicale des **thermes de Dioclétien** a conservé son aspect originel (colonnes de marbre et de granit, fenêtres thermales, placages de marbres polychromes sont restés en place) malgré l'usage radicalement différent qu'en a fait **Michel-Ange** en la transformant en l'**église Sainte-Marie-des-Anges**.

🔍 **OBSERVER ET COMPRENDRE LES DOCUMENTS**

1 Comparez la reconstitution, **DOC. 1**, et la photo aérienne, **DOC. 3**.

2 **DOC. 2** : À quel usage semble être utilisée la place sur cette peinture ?

3 **DOC. 4** : : Quel usage a été fait de la *cavea* ?

4 Retrouvez l'usage chrétien fait, comme dans le **DOC. 6**, d'autres lieux païens de Rome (Panthéon, Basilique San Clemente, Santa Maria in Cosmedin…).

PROLONGER : Trouvez des aqueducs antiques encore utilisés aujourd'hui.

Eamus ad theatrum
Allons au théâtre

✳ DÉCOUVRIR   *Jeux de scène*

❶ Une troupe de théâtre ambulante

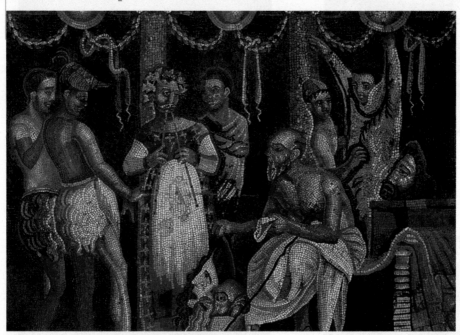

Troupe de théâtre (acteurs et musiciens), mosaïque de Pompéi, Ier s. apr. J.-C. Musée Archéologique, Naples.

1 Quels éléments de cette mosaïque montrent qu'il s'agit d'une troupe de théâtre ?

2 À quel moment de la vie de la troupe correspond la scène représentée ?

3 Quel rôle peuvent tenir les deux personnages de gauche, d'après leur costume ?

❷ Des dialogues qui claquent !

Le vieil Euclion craint que son or ne lui ait été dérobé par son esclave Strobile.

1 STROBILVS. Quae te mala crux agitat ? Quid tibi mecum est commerci, senex ? Quid me adflictas ? Quid me raptas ? Qua me causa verberas ?
EVCLION. Verberabilissime, etiam rogitas, non
5 fur, sed trifur ?
STROBILVS. Quid tibi surrupui ?
EVCLION. Redde huc sis.
STROBILVS. Quid tibi vis reddam ?
EVCLION. Rogas ?
10 STROBILVS. Nil equidem tibi abstuli.

S. Quel fichu mal te tourmente ? Qu'ai-je à faire avec toi, le vieux ? Pourquoi tu me cognes ? Pourquoi tu me traînes ? Pourquoi tu me frappes ? E. Tête à claques ! Tu oses le demander ? Non pas voleur, mais triple voleur ! S. Qu'est-ce que je t'ai chipé ? E. Rends-le ! S. Que veux-tu que je rende ? E. Tu le demandes ? S. Mais je ne t'ai rien pris du tout.

Plaute (254-184 av. J.-C.), *La Marmite*, Acte IV, scène 4.

1 Montrez que le comique de gestes est indiqué directement par le texte (sans didascalies).

2 Les jeux avec les mots aussi sont essentiels. Prouvez-le avec la première réplique d'Euclion.

❸ Distribution des rôles

On présente habituellement la liste des personnages au début des pièces de théâtre.
En voici trois exemples : ceux de deux comédies et d'une tragédie.

<table>
<tr><td align="center">PERSONAE</td><td align="center">PERSONAE</td><td align="center">PERSONAE</td></tr>
<tr><td align="center">MERCVRIVS DEVS</td><td align="center">SIMO SENEX</td><td align="center">MEDEA</td></tr>
<tr><td align="center">SOSIA SERVVS</td><td align="center">SOSIA LIBERTVS</td><td align="center">NVTRIX</td></tr>
<tr><td align="center">IVPPITER DEVS</td><td align="center">DAVOS SERVOS</td><td align="center">CREO</td></tr>
<tr><td align="center">ALCVMENA MATRONA</td><td align="center">MYSIS ANCILLA</td><td align="center">IASON</td></tr>
<tr><td align="center">AMPHITRVO DVX</td><td align="center">PAMPHILVS ADVLESCENS</td><td align="center">NVNTIVS (messager)</td></tr>
<tr><td align="center">BLEPHARO GVBERNATOR</td><td align="center">CHARINVS ADVLESCENS</td><td align="center">CHORVS (chœur)</td></tr>
<tr><td align="center">BROMIA ANCILLA</td><td align="center">BYRRIA SERVOS</td><td align="center">CORINTHIORVM</td></tr>
<tr><td align="right">Plaute, Amphitryon.</td><td align="center">GLYCERIVM MVLIER</td><td align="center">Personae mutae</td></tr>
<tr><td></td><td align="center">CHREMES SENEX</td><td align="center">(personnages muets) :</td></tr>
<tr><td></td><td align="center">CRITO SENEX</td><td align="center">Medeae et Iasonis filii</td></tr>
<tr><td></td><td align="right">Térence, Andria.</td><td align="center">Creontis comites</td></tr>
<tr><td></td><td></td><td align="center">Furiae</td></tr>
<tr><td></td><td></td><td align="center">Medeae fratris umbra</td></tr>
<tr><td></td><td></td><td align="right">Sénèque, Médée.</td></tr>
</table>

1 À quoi correspondent les noms en bleu ? les noms en noir ?

2 Dans *Amphitryon* les personnages sont-ils tous des humains ? Justifiez.

3 De quel univers viennent certains des personnages de la pièce de Sénèque ?

❹ Qui se cache derrière le masque ?

Acrotère en pierre,
musée de Vaison-la-Romaine.

Lampe à huile, musée d'Orange.

Fresque d'une villa pompéienne,
Iᵉʳ s. apr. J.-C..

1 Identifiez les différents supports sur lesquels sont représentés ces masques.

2 Pourquoi, à votre avis, n'avons-nous conservé que des représentations de masques et pas de véritables masques ?

3 Attribuez chaque masque à l'un des rôles des pièces ci-dessus.

● Début de représentation agité

Le personnage du « Prologue » entre en scène en premier pour présenter la pièce au public. Il se trouve contraint de réclamer le silence.

1 *Audire jubet vos* imperator histricus ! [...]
Exsurge, praeco, *fac* populo audientiam. [...]
Exerce vocem, quam per vivisque et colis. [...]
Scortum exoletum ne quis in proscaenio
5 sedeat. [...]
Neu dissignator praeter os obambulet,
neu sessum ducat, dum histrio in scaena siet. [...]
Servi ne obsideant, liberis ut sit locus,
vel aes pro capite dent. [...]
10 Matronae tacitae spectent, tacitae rideant ;
canora hic voce sua tinnire temperent,
domum sermones fabulandi conferant,
ne et hic viris sint et domi molestiae.
Quodque ad ludorum curatores attinet,
15 ne palma detur quoiquam artifici injuria.

Plaute (254-184 av. J.-C.), *Le Carthaginois*, Prologue, vers 4 à 37.

Maquette du théâtre antique d'Arles, détail des gradins. Musée de l'Arles antique.

⌔ AIDE

Traduction des vers 1 ; 3-7 ; 14-15 : Le général de la troupe vous ordonne d'écouter. [...] Exerce ce gosier qui te nourris et t'habille ! (*Aux spectateurs*) Qu'une vieille peau ne s'asseye pas sur le devant du théâtre ; que le placeur ne passe pas devant les gens pour conduire quelqu'un à son gradin tandis qu'un comédien est en scène.[...] En ce qui concerne les directeurs des jeux, qu'ils n'accordent injustement la palme à aucun artiste.

Vocabulaire

NOMS
aes, aeris, n. : la monnaie de cuivre
histrio, onis, m. : l'acteur
molestia, ae, f. : le désagrément, la gêne
praeco, onis, m. : le héraut

VERBES
exerceo, es, ere, cui, citum : travailler, exercer
exsurgo, is, ere, surrexi, rectum : se lever
obsideo, es, ere, sedi, sessum : s'asseoir
rideo, es, ere, risi, risum : rire
sedeo, es, ere, sedi, sessum : être assis
tempero, as, are, avi, atum : maîtriser, modérer
tinnio, is, ire, ivi, itum : crier

ADJECTIFS
tacitus, a, um : calme, silencieux

MOTS INVARIABLES
ut + subj. : que *(exprime le souhait)*

Lecture du texte

1 À quel champ lexical appartiennent les mots en bleu ?

2 Vers 2-3 : quelle est la fonction du *praeco* ?

3 Vers 6-7 : quelle est la fonction du *dissignator* ?

4 Quels sont les grands groupes sociaux présents dans le public (mots en vert) ?

5 De quoi sont accusées les *matronae* aux vers 10-13 ?

6 Vers 1-3 et 10-13 : relevez le champ lexical du bruit. Quelle ambiance régnait dans les gradins ?

observation de la langue

1 Comment s'y prend le prologue pour donner un ordre : **a.** dans le 1er vers ? **b.** dans les vers 2 et 3 ? Servez-vous des expressions en italique pour répondre.

2 Les verbes soulignés sont au **subjonctif présent**. Comment forme-t-on ce mode ?

3 > **Scortum exoletum ne quis sedeat.**
qu'une vieille peau ne s'asseye pas
> **Servi ne obsideant**
que les esclaves ne s'installent pas
Quelle est d'ordinaire la négation en latin ? Quel est le mot utilisé ici ? De quel type de phrase s'agit-il ?

⦿ Le subjonctif présent

Formation

Le **subjonctif présent** se distingue de l'indicatif présent car il utilise pour chaque verbe une voyelle qui n'est pas habituelle à sa conjugaison.
– Le subjonctif du verbe **sum** et de ses composés est marqué par la **voyelle** -i.
– Le subjonctif des **verbes en -a** est marqué par la **voyelle** -e.
– Le subjonctif de **tous les autres verbes** est marqué par la **voyelle** -a.

sum	1re conjugaison	2e conjugaison	3e conjugaison	3e conjugaison mixte	4e conjugaison
sim	amem	deleam	legam	capiam	audiam
sis	ames	deleas	legas	capias	audias
sit	amet	deleat	legat	capiat	audiat
simus	amemus	deleamus	legamus	capiamus	audiamus
sitis	ametis	deleatis	legatis	capiatis	audiatis
sint	ament	deleant	legant	capiant	audiant

REMARQUE : Pour former le **subjonctif présent passif**, on remplace les désinences actives -m / -s / -t / -mus / -tis / -nt / par les désinences passives -r / -ris / -tur / -mur / -mini / -ntur.

⦿ L'impératif présent

L'impératif n'est utilisé que pour la **deuxième personne du singulier** et **du pluriel**.

Formation

– **Au singulier**, il se forme avec le radical seul lorsque celui-ci se termine par une voyelle. Lorsque le radical se termine par une consonne, on ajoute la voyelle -e.
– **Au pluriel**, quand le radical se termine par une voyelle, on ajoute seulement la désinence -te. Lorsque le radical se termine par une consonne, on intercale un -i entre le radical et le suffixe -te.

sum	1re conjugaison	2e conjugaison	3e conjugaison	3e conjugaison mixte	4e conjugaison
es	ama	dele	lege	cape	audi
este	amate	delete	legite	capite	audite

REMARQUE : 4 verbes très fréquents ont un impératif irrégulier : **dicere, ducere, facere, ferre**.
– Singulier : dic / duc / fac / fer   Pluriel : dicite / ducite / facite / ferte

⦿ Exprimer l'ordre et la défense

Le latin **exprime des ordres** en utilisant deux moyens, au choix :
– **L'impératif présent** : seulement pour les 2es personnes du singulier et du pluriel.
> **Exsurge, praeco, fac populo audientiam.**
  Lève-toi, héraut, rends le public attentif.
– **Le subjonctif présent** : pour remplacer les formes manquantes de l'impératif, donc aux 1res et 3es personnes du singulier et du pluriel.
> **Matronae tacitae spectent.**
  Que les dames regardent en silence.

Pour **interdire quelque chose** (exprimer la « **défense** ») le latin utilise :
– À la 2e personne : **noli** / **nolite** + infinitif présent
– À la 1re et à la 3e personne : **ne** + subjonctif présent
> **Ne in proscaenio sedeat.**   *Qu'elle ne s'asseye pas sur le devant du théâtre.*

Loquamur !

1 Conjuguez au subjonctif présent à toutes les autres personnes les verbes soulignés page 142.

2 Mettez à l'impératif 2ᵉ personne du singulier ces mêmes verbes (à l'exception de *detur*).

3 Mettez à l'impératif pluriel ces trois expressions.

exsurge • fac populo audientiam • exerce vocem

4 Faites passer ces ordres à la 3ᵉ personne du singulier puis du pluriel.

Scribamus !

5 « Jubet vos audire ». Donnez le même ordre d'une autre manière.

6 Dans chaque série de formes verbales, repérez l'intrus qui n'est pas au subjonctif présent. Traduisez-les.

a. ament • rideamus • sedes • temperetis • obambulem

b. tinniamus • exsurgat • obsident • sis • temperes

c. amentur • audiaris • legamini • deleatur • capiebar

Cogitemus !

7 Retrouvez dans l'extrait de *La Marmite* (p. 140) un même verbe conjugué à l'impératif et au subjonctif présent. Déduisez de ces deux formes les trois premiers temps primitifs de ce verbe.

8 Le titre de ce chapitre est « Eamus ad theatrum ». Dites la même phrase de toutes les manières et à toutes les personnes possibles.

9 Les trois verbes utilisés dans cette page : « loquamur ! / scribamus ! / cogitemus ! » sont au subjonctif présent.

a. Pourquoi a-t-on utilisé ce mode ici ? Traduisez-les.

b. Retrouvez leur indicatif présent à la même personne.

10 Donnez les mêmes ordres que dans l'exercice précédent à vos camarades de classe : utilisez l'impératif présent 2ᵉ personne du pluriel.

11 Comment le prologue pourrait-il donner aux spectateurs d'une comédie de Plaute les ordres et interdictions suivants ?

a. Que le public se taise et regarde !

b. Que les esclaves ne mangent pas pendant le spectacle !

c. Que les sénateurs ne dorment pas !

(taceo, es, ere, cui, citum : **se taire** / edo, edis, edere, edi, essum : **manger** / dormio, is, ire, ivi, itum : **dormir**)

Atelier de traduction

Interdit aux bébés !

Plaute évoque une autre catégorie de spectateurs personae non gratae *au théâtre.*

**Nutrices pueros infantis minutulos
domi ut procurent neve spectatum adferant :
ne et ipsae sitiant et pueri pereant fame
neve esurientes hic quasi haedi obvagiant.**

Plaute, *Le Carthaginois*, Prologue, vers 28-31.

Mosaïque en marbre et verre.
Musée de Sousse, Tunisie.

AIDE

* Les verbes soulignés sont au subjonctif présent, ils dépendent de **ut** : « que » / de **ne** ou **neve** : « pour que ne pas ».

* Commencer par traduire : Nutrices ut procurent.

* minutulus, a, um : *tout petit* / procuro, as, are : *s'occuper de, prendre soin + acc.* / adfero, fers, ferre : *apporter* / sitio, is, ire : *avoir soif* / pereo, is, ire : *périr, mourir* / esurientes : *assoiffés* / obvagio, is, ire : *vagir* / haedus, i, m. : *chevreau*

✳ ÉTYMOLOGIE

Mots clés

Le théâtre

otium, ii, n. : *le loisir*

Le sens de otium se comprend par ses contraires. L'otium c'est d'abord, par opposition à *bellum*, le temps de paix. Lorsqu'il s'oppose au *negotium*, temps des affaires et de l'activité commerciale, otium signifie « loisir », « inaction », « tranquillité », mais aussi « temps pour soi », « étude ». Le mot a donné « oisif » et « oisiveté ».

persona, ae, f. : *le masque*

Les Grecs utilisent un même mot : « *prosopon* » (racine *ops*, « œil ») pour le « visage » et le « masque de théâtre ». Les Étrusques le transforment en *phersu* et les Latins en persona. Il garde le sens de « masque de théâtre » puis évolue en « personnage de théâtre », enfin en « caractère », « personnalité ».

histrio, onis, m. : *l'acteur*

De l'étrusque *hister*, nom de la région d'où seraient originaires les premiers acteurs de théâtre. Le mot désigne « le mime », « le comédien », « l'acteur ». Il a donné « histrion », toujours employé en français, mais avec la connotation péjorative de « pitre », « bouffon ».

scaena, ae, f. : *la scène*

Du mot grec *skènè*, « scène d'un théâtre », scaena apparaît en latin chez Plaute. Il sert en composition à former d'autres noms liés à l'univers du théâtre : *scaenicus*, « l'acteur », *proscaenium*, « l'avant-scène ».

☞ ACTIVITÉS

1 Intégrez dans ces phrases un mot formé sur la racine scaen-.

a. Quentin Tarantino a reçu un oscar pour le meilleur ... original.
b. Les didascalies sont des indications ... placées avant les paroles des personnages.
c. Les journalistes de télévision ... leurs reportages pour les rendre plus attractifs.

2 Scaena a donné le nom **scène** qui prend plusieurs sens en français. Donnez-lui un synonyme dans chacune de ces phrases.

a. Cet enfant gâté fait une **scène** à sa mère pour avoir un bonbon.
b. Harpagon a sa plus belle **scène** dès le premier acte de *L'Avare*.
c. Le sol de la **scène** était défoncé, l'acteur s'est foulé la cheville !

3 Complétez ces phrases par un mot construit sur le radical **persona**.

a. Le verbe « sortant » est conjugué à un mode ....
b. Dans les fresques de Giotto les vices et les vertus sont ....
c. Le dédoublement de ... est une maladie psychologique.
d. Ils ne veulent rien dire à ..., c'est une surprise !

4 Cherchez dans le dictionnaire le nom **personnage** venu de persona et employez-le dans trois phrases avec trois sens différents.

5 Rajoutez à chacun de ces mots un suffixe négatif et il deviendra synonyme d'un mot de la famille de « oisif ».

Mot	Préfixe négatif	Mot de la famille de « oisif »
utile		
action		
*œuvré		

Latin (bien) vivant

Persona non grata se dit de quelqu'un qui n'est pas le bienvenu à un endroit donné : ainsi des chefs d'État interdits officiellement dans certains pays reçoivent ce titre latin peu glorieux.
Dans le théâtre antique, on faisait descendre les dieux, grâce à des machineries, sur scène afin qu'ils règlent les situations inextricables. On parle toujours de « deus ex machina » pour évoquer une intervention inespérée et quasi-divine.

persona non grata

deus ex machina

Scène de comédie, bas-relief, Iᵉʳ siècle apr. J.-C. Musée de la civilisation romaine, Rome.

ARCHITECTURE :
du théâtre grec au théâtre latin

Adossé à la colline

Le théâtre grec est un édifice de plein air. Ses gradins prennent appui sur une **pente naturelle** et forment un demi-cercle « outrepassé » (il dessine un arc de cercle plus grand que le demi-cercle). Le spectacle se déroule sur un espace circulaire : l'*orchestra*.

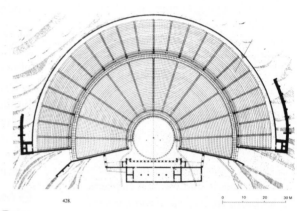

1 **Théâtre grec d'Épidaure**, fin du IVe siècle av. J.-C.

Un lieu de spectacle fermé sur lui-même

Pour le théâtre latin, les représentations ont d'abord lieu en plein air sur des estrades provisoires. Puis on construit des théâtres en bois. Le premier en pierre est édifié par Pompée en 55 av. J.-C. Sous l'Empire, chaque ville s'équipe d'un **théâtre** et d'un **amphithéâtre**. Certaines cités possèdent même un **odéon**, théâtre de dimensions réduites et entièrement couvert qui sert aux concerts et aux lectures publiques.

3 *Gradins réservés aux chevaliers, orchestra du théâtre d'Orange.*

2 **Théâtre d'Orange**, plan.

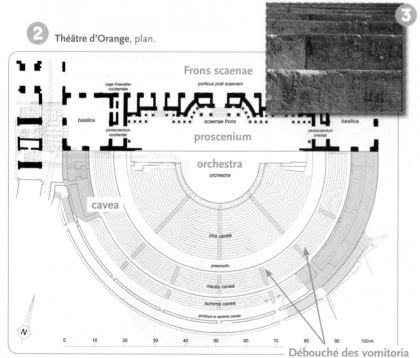

Débouché des vomitoria

LE THÉÂTRE LATIN

• Les gradins ou *cavea* dessinent des demi-cercles. Les spectateurs parviennent à leur place par des souterrains, les *vomitoria*. Ils peuvent être protégés du soleil par un système de **velum** tendu au-dessus des gradins.
• L'*orchestra* est une zone dallée où se trouvent les sièges des sénateurs.
• Le *proscenium* où évoluent les acteurs se trouve en hauteur. Derrière lui s'élève le front de scène, *frons scaenae*, haut mur avec trois portes, orné de colonnades et de niches pour les statues.

Effets spéciaux antiques

Un système de **rideau de scène** est descendu jusque dans le sol au début de la représentation et monte à la fin du spectacle. Des machineries en sous-sol communiquent avec le *proscenium* par des trappes et autorisent des mises en scène sophistiquées. Des décors et des « effets spéciaux » permettant en particulier l'apparition de *deus ex machina* sont utilisés.

L'acoustique est améliorée en donnant aux gradins une pente régulière et en plaçant sous ces derniers des vases de bronze dits *vases résonateurs*.

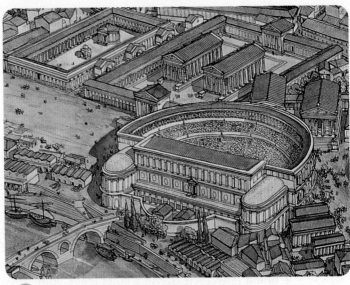

4 **Reconstitution du théâtre d'Ostie**, J.-C. Golvin, *Voyages sur la Méditerranée romaine*, Errance, 2005, p. 72.

> Que l'on trace une ligne qui sépare le plateau du mur de scène et l'emplacement de l'orchestre. Ainsi le plateau sera plus large que chez les Grecs, parce que tous les acteurs jouent sur la scène, tandis que dans l'orchestre se trouvent les emplacements réservés aux sièges des sénateurs. Et que la hauteur de ce plateau ne dépasse pas cinq pieds, pour que ceux qui seront assis dans l'orchestre puissent regarder tous les mouvements des acteurs.
>
> Vitruve (Ier s. av. J.-C.), *De l'architecture*, V, 6, 1-2.

5 **Front de scène du théâtre d'Orange** : état actuel.

ACTIVITÉS

OBSERVER ET COMPRENDRE

1 DOC. 1 et 2 : Listez les différences entre les théâtres grec et latin.

2 DOC. 2 à 5 : Quel intérêt y a-t-il, à votre avis, à fermer le théâtre latin par un mur ?

3 DOC. 5 : Que pouvaient représenter les statues des niches ?

PROLONGER

4 Recherchez le nombre de places d'un théâtre antique (Marcellus à Rome, Arles) ; comparez avec la capacité d'une salle de spectacle actuelle.

5 Trouvez sur Internet des représentations d'un odéon antique (celui de Pompéi, ou celui d'Hérode Atticus, à Athènes).

Le théâtre latin

Les Ludi scaenici, malgré leur origine religieuse, deviennent vite de simples divertissements.

L'ESSENTIEL

■ Que montre-t-on sur une scène de théâtre ?

La première œuvre littéraire romaine conservée est une pièce de théâtre de Livius Andronicus, datant du IIIᵉ siècle av. J.-C.

Sous l'influence des Grecs, les auteurs latins du IIᵉ siècle av. J.-C. **Plaute** et **Térence** produisent des pièces de théâtre à sujet grec : les *fabulaes palliatae* (les acteurs portaient le *pallium*, manteau grec).

Mais ces sujets grecs tombent vite en défaveur au profit de sujets latins : les *fabulae togatae*, et plus encore de spectacles bruyants et délurés. Sous Auguste, la comédie n'existe plus. On préfère le jeu de scène, les musiciens et le grand spectacle (❶) :
– le **mime** (spectacle dansé à sujet léger, voire grossier) ;
– la **pantomime** (un acteur muet danse en musique) ;
– l'**atellane** (courte farce improvisée, souvent obscène, qui recourt toujours aux mêmes personnages stéréotypés).

■ Qui sont les acteurs ?

Les premiers acteurs () viennent sans doute d'Étrurie au IIIᵉ siècle av. J.-C., comme semble l'indiquer l'origine étrusque de nombreux termes du vocabulaire théâtral.

Les acteurs (*histriones*) à Rome sont seulement des hommes, esclaves ou affranchis, regroupés en troupes sous l'autorité d'un chef, le *dominus gregis*. Ils sont accompagnés de musiciens (❸).

■ Masques et costumes

Selon que la pièce est *palliata* ou *togata*, les costumes varient. Le même acteur jouant plusieurs rôles, on doit identifier aisément ces personnages grâce à des couleurs et des accessoires particuliers.

Le masque, *persona*, n'est introduit qu'au Iᵉʳ siècle. Il permet d'identifier le genre de pièce, l'âge et le sexe du personnage, mais il a aussi un rôle utilitaire d'amplificateur de la voix de l'acteur.

❶ *Ludi*

Question : Comment F. Dupont définit-elle la comédie romaine ?

La représentation théâtrale, aussi bien à Rome qu'en Grèce, est un rituel. Un rituel offert aux hommes, mais aussi aux dieux, qui sont censés être présents au spectacle. [...] Aussi la comédie romaine n'a-t-elle aucune fonction critique ni satirique. Elle relève du jeu pur, jeu avec les mots, avec le corps, avec la musique. D'ailleurs le mot « théâtre » n'existe pas, le terme latin pour le désigner est « ludi » : jeux. L'espace du jeu est un univers complètement imaginaire, fictif, qui ne se rattache en aucun point au monde extra-théâtral. C'est comparable aux clowns ou aux dessins animés pour nous !

Florence Dupont, entretien, 11/10/2004 (Le litteraire.com).

② Sur les planches

Motif d'un vase d'Apulie montrant une troupe de théâtre ambulant. Un rideau décoré masque le dessous de la scène, le toit est soutenu par des colonnes.

Peinture de Peter Connolly (1935-), d'après un vase.

Question : Quel type de spectacle cette troupe semble-t-elle jouer ?

③ Les musiciens ambulants

Maison dite de Cicéron, mosaïque, IIe siècle av. J.-C. Pompéi.

④ Représentations de masques de théâtre

Masque avec diadème, 20 av. J.-C. Villa romaine, Trastevere.

Villa romaine de Poppée, Oplontis.

Question : Pourquoi selon vous ces fresques se trouvent-elles dans des *domus* ?

⌨ ACTIVITÉS B2i

S'informer sur Internet

1 Vous assistez à une représentation au théâtre d'Orange dans l'Antiquité. Racontez-la comme si vous étiez l'envoyé spécial de « Rome info » dans la Provincia.

2 Présentez un des rôles de convention de l'atellane : Maccus, Bucco, Pappus, Dossenus.

3 Faites une recherche sur les instruments de musique utilisés dans la Rome antique sur les scènes théâtrales. Utilisez les mosaïques qui en représentent reproduites dans ce chapitre.

L'héritage de la comédie latine

La comédie latine de Plaute cède rapidement la place à des farces gestuelles. Molière synthétisera ces deux héritages dans ses comédies.

La commedia dell'arte, héritière de la pantomime

Les personnages de la comédie latine sont codés, facilement identifiables et symbolisent un trait de caractère particulier : on dit qu'ils sont stéréotypés. Dès le XVIe siècle, le théâtre italien, la commedia dell'arte, reprend ces personnages de convention, masqués, qui s'expriment comme dans la Rome antique, par des danses et pirouettes parfois improvisées.

1 *Masques de la comédie italienne*, peinture anonyme, XVIIe siècle.

Molière et la commedia dell'arte

Louis XIV, au XVIIe siècle, introduit les Italiens à la Cour. Ils vont alors jouer en français et partager la salle du palais Royal au Louvre avec **Molière**. Celui-ci leur voue une grande admiration et assimile leur technique et leur répertoire.

2 *L'Avare* adapté au cinéma par Jean Girault en 1980 ; Louis de Funès dans le rôle d'Harpagon.

Mise en scène de *l'Avare* par la Compagnie Colette Roumanoff. Harpagon (Laurent Richard), La Flèche (Richard Chevallier). Théâtre de la Fontaine, Paris, 2010.

3

Plaute et Molière : imitation ou héritage ?

Molière reprend au XVIIe siècle de nombreux thèmes ou scènes de Plaute pour ses propres comédies.

 Copie ou originalité ?

Aululaia (La Marmite) de Plaute
vers 713-720

Euclion vient de découvrir que sa marmite d'or a disparu.

Je suis mort ! je suis égorgé ! je suis assassiné ! Où courir ? où ne pas courir ? Arrêtez ! arrêtez ! Qui ? lequel ? je ne sais ; je ne vois plus, je marche dans les ténèbres. Où vais-je ? où suis-je ? Qui suis-je ? je ne sais ; je n'ai plus ma tête. Ah ! je vous prie, je vous conjure, vous autres cachés sous vos robes blanchies, secourez-moi ! Montrez-moi celui qui me l'a ravie, et assis comme des honnêtes gens… Parle, toi, je veux t'en croire ; ta figure annonce un homme de bien… Qu'est-ce ? pourquoi riez-vous ? On vous connaît tous. Certainement, il y a ici plus d'un voleur… Eh bien ! dis ; aucun d'eux ne l'a prise ?… Tu me donnes le coup de la mort.

(Traduction J. Naudet)

L'Avare de Molière
acte IV, scène 7

Harpagon vient de faire la même découverte.

Au voleur, au voleur, à l'assassin, au meurtrier ! Justice ! juste Ciel ! Je suis perdu, je suis assassiné, on m'a coupé la gorge, on m'a dérobé mon argent. Qui peut-ce être ? Qu'est-il devenu ? Où est-il ? Où se cache-t-il ? Que ferai-je pour le trouver ? Où courir ? Où ne pas courir ? N'est-il point là ? N'est-il point ici ? Qui est-ce ? Arrête. Rends-moi mon argent, coquin… *(Il se prend lui-même le bras.)* Ah, c'est moi. Mon esprit est troublé, et j'ignore où je suis, qui je suis, et ce que je fais. Hélas ! mon pauvre argent, mon pauvre argent, mon cher ami, on m'a privé de toi ; et puisque tu m'es enlevé, j'ai perdu mon support, ma consolation, ma joie, tout est fini pour moi, et je n'ai plus que faire au monde. Sans toi, il m'est impossible de vivre. C'en est fait, je n'en puis plus, je me meurs, je suis mort, je suis enterré !

Un Arlequin des temps modernes : Charlot

En 1914, le cinéaste **Charlie Chaplin** crée un personnage qui va devenir mondialement connu : **Charlot**. C'est un vagabond, rêveur, comique et malicieux à la fois, tel l'Arlequin de la commedia dell'arte qui, par sa légèreté, souligne les rudesses du monde qui l'entoure.

Charlie Chaplin en Charlot. **5**

☞ **OBSERVER ET COMPRENDRE LES DOCUMENTS**

1 DOC. 1 : Quelle est l'activité principale des comédiens dans ce tableau ? Observez les mouvements de leur corps (bras, position) pour répondre.

2 DOC. 2 et 3 : a. À quelles époques font référence le décor et les costumes adoptés par les deux metteurs en scène ? **b.** Observez les gestes et la position des comédiens. En quoi y retrouvez-vous l'esprit de la *commedia dell'arte* ?

3 DOC. 4 : Comparez les textes de Plaute et de Molière : peut-on dire que Molière a *copié* Plaute ?

4 DOC. 5 : a. Quels éléments dans le costume, le physique ou la gestuelle de Charlot rendent ce personnage comique ? **b.** Quels éléments symbolisent ce personnage, à la manière du masque de comédie ?

Panem et circenses
Du pain et des jeux

✳ DÉCOUVRIR *Les jeux*

❶ Dans l'amphithéâtre

Mosaïque,
II-IIIᵉ siècle apr. J.-C.,
villa de Nennig
(Allemagne).

1 Que représente cette mosaïque ?

2 Décrivez l'équipement et les postures des personnages.

3 @ Renseignez-vous sur leur armement et dites qui est le *retiarius* et qui est le *secutor*.

1 Retrouvez les nombres manquants dans la traduction et commentez-les.

2 Quelles sont les issues possibles d'un combat ?

<table>
<tr><td>1</td><td>FLAMMA SECVTOR</td><td></td><td>*Flamma, secutor,*</td></tr>
<tr><td></td><td>VIXIT ANNORVM XXX</td><td></td><td>*a vécu … ans.*</td></tr>
<tr><td></td><td>PVGNAVIT XXXIIII</td><td></td><td>*Il a combattu … fois,*</td></tr>
<tr><td></td><td>VICIT XXI</td><td></td><td>*il a été vainqueur … fois,*</td></tr>
<tr><td>5</td><td>STANS VIIII</td><td></td><td>*il a fait … fois match nul,*</td></tr>
<tr><td></td><td>MISSVS IIII</td><td></td><td>*il a été grâcié … fois.*</td></tr>
<tr><td></td><td>NATVS SYRVS</td><td></td><td>*Il était syrien d'origine.*</td></tr>
<tr><td></td><td>HVIC DELICATVS COARMIO</td><td></td><td>*Delicatus a fait élever cette stèle*</td></tr>
<tr><td></td><td>MERENTI FECIT</td><td></td><td>*pour ce compagnon d'armes*</td></tr>
<tr><td></td><td></td><td></td><td>*qui l'avait bien mérité.*</td></tr>
</table>

Pierre tombale d'un *secutor*. C.I.L. X, 7297.

② Des jeux variés

Pour commencer sa carrière politique de manière éclatante, Jules César donne des jeux divers.

Edidit **spectacula** varii generis : munus **gladiatorium**, ludos etiam regionatim urbe tota et quidem per omnium linguarum histriones, item **circenses**, athletas, naumachiam. [...] Circensibus Trojam lusit turma duplex majorum minorumque puerorum. Venationes editae per dies quinque ac novissime pugna divisa in duas acies, quingenis peditibus, elephantis vicenis, tricenis equitibus hinc et inde commissis. [...] **Navali** proelio in minore Codeta defosso lacu biremes ac triremes quadriremesque Tyriae et Aegyptiae classis magno pugnatorum numero conflixerunt.

Il donna des ... de genres variés : des combats de ..., des pièces de théâtre dans tous les quartiers de la ville et même avec des acteurs en toutes les langues, ..., des concours d'athlètes, une naumachie. [...] Au cirque, un bataillon d'enfants, divisé en deux, les plus grands et les plus petits, reconstitua la guerre de Troie. Des chasses furent organisées pendant cinq jours et, pour le tout dernier combat, divisés en deux armées, on fit lutter de part et d'autre cinq cents fantassins, vingt éléphants et trente cavaliers. [...]
Pour la bataille ..., après qu'on eut creusé un lac dans la petite Codète*, des navires à deux, trois et quatre rangs de rames, des flottes tyrienne et égyptienne, s'affrontèrent au cours d'un grand nombre de combats.

Suétone (70-c. 150 apr. J.-C.), *Vie de César*, 39.

* La grande et la petite Codète sont des plaines voisines de Rome.

1 Complétez la traduction. Quelles sont les distractions évoquées ici ? Retrouvez le nom latin de chacune d'elles.

2 César donne la première naumachie de l'histoire, dans la petite Codète : de quoi s'agit-il ? En quoi est-ce exceptionnel ?

3 Que pensez-vous de ces jeux donnés par César ? Quel est son but, selon vous ?

③ Au cirque

Mosaïque de can Pau Birol, 300 apr. J.-C.
Musée archéologique, Gérone (Espagne).

1 De quel type de jeux s'agit-il ?

2 Décrivez l'image.

3 À quoi peuvent correspondre les inscriptions ?

4 @ Cherchez le nom de ce type de char.

Combat entre un rétiaire et un secutor, IIᵉ siècle apr. J.-C., médaillon de Cavillargues. Musée de Nîmes.

● Distraction ou massacre ?

Aux jeux de midi, les condamnés à mort sont envoyés dans l'arène.

1 Non galea, non scuto **repellitur** ferrum. Quo munimenta ? Quo artes ? Omnia ista mortis morae sunt. Mane leonibus et ursis homines, meridie spectatoribus suis **objiciuntur**. Interfectores interfecturis jubent
5 objici et victorem in aliam detinent caedem. Exitus pugnantium mors est. Ferro et igne res geritur. Haec fiunt dum vacat arena. « Sed latrocinium fecit aliquis, occidit hominem. » Quid ergo ? quia occidit, ille meruit ut hoc pateretur : tu quid meruisti miser ut hoc spectes ?
10 « Occide, verbera, ure ! Quare tam timide incurrit in ferrum ? Quare parum audacter occidit ? Quare parum libenter moritur ? » […] Intermissum est spectaculum : « Interim **jugulentur** homines, ne nihil agatur. »

… Où se réfugier ? À quoi bon des feintes ? Ce sont des trucs pour retarder la mort. …. On ordonne que les tueurs affrontent leurs futurs meurtriers et on retient le vainqueur pour un autre carnage. …. Le problème se règle …. Voilà ce qu'on fait pour éviter que l'arène reste vide. « Mais celui-là a commis un crime, … » Quoi donc ? Parce qu'il a tué, il a mérité ce qui lui arrive : ….
« … » C'est l'entracte : « Que … pour qu'il n'y ait pas de temps mort. »

Sénèque (4 av. J.-C. – 65 apr. J.-C.),
Lettres à Lucilius, I, 7, 4-5.

Vocabulaire

NOMS
galea, ae, f. : le casque
scutum, i, n. : le bouclier

VERBES
fio, is, fieri, factus sum : devenir, arriver
jugulo, as, are, avi, atum : égorger
objicio, is, ere, jeci, jectum : exposer
occido, is, ere, occidi, occisum : tuer
repello, is, ere, puli, pulsum : repousser
uro, is, ere, ussi, ustum : brûler
verbero, as, are, avi, atum : frapper

ADJECTIF
miser, a, um : malheureux

MOTS INVARIABLES
dum, conj. + ind. : pendant que
quid : quoi ?
tam, adv. : si, autant

Lecture du texte

1 Complétez la traduction (passages en bleu). Repérez les champs lexicaux de la mort et des armes : quelle est la particularité de ces jeux ?

2 Est-il utile de gagner ces combats ? Pourquoi ?

3 Sénèque approuve-t-il ces jeux ? Quel procédé utilise-t-il pour donner son opinion ?

Observation de la langue

1 Quelle ponctuation observez-vous dans cet extrait ? En français, comment appelle-t-on les mots qui introduisent une interrogation ? Relevez tous ces mots en latin.

2 Analysez (personne, temps et voix) les verbes en gras. Trouvez d'autres formes verbales similaires.

3 > **Non galea repellitur ferrum.**
Le fer n'est pas repoussé par le casque.
> **Ferro et igne res geritur.**
Le problème est réglé par le fer et le feu.
Quelle est la fonction des groupes soulignés ?
Retrouvez-les en latin : à quel cas sont les noms ?

✳ APPRENDRE LA LANGUE

● L'interrogation

Pour poser une question, le latin, comme le français, utilise une phrase interrogative. L'interrogation directe est souvent introduite par un **pronom** ou un **adjectif interrogatif** et la phrase finit par un **point d'interrogation**.

> **Quid novi ?** *Quoi de neuf ?*   > **Quid meruisti ?** *Qu'as-tu mérité ?*

Le mot interrogatif le plus utilisé est le **pronom** quis, quae, quid (*qui, quoi*).
Lorsqu'il est adjectif, donc suivi d'un nom, son nominatif est différent : qui, quae, quod.

	Cas	\multicolumn{3}{c}{PRONOM INTERROGATIF}	\multicolumn{3}{c}{ADJECTIF INTERROGATIF}
		Masculin	Féminin	Neutre	Masculin	Féminin	Neutre
SINGULIER	Nominatif	quis	quae	quid	qui	quae	quod
	Accusatif	quem	quam	quid	quem	quam	quod
	Génitif	cujus	cujus	cujus	cujus	cujus	cujus
	Datif	cui	cui	cui	cui	cui	cui
	Ablatif	quo	qua	quo	quo	qua	quo
PLURIEL	Nominatif	qui	quae	quae	qui	quae	quae
	Accusatif	quos	quas	quae	quos	quas	quae
	Génitif	quorum	quarum	quorum	quorum	quarum	quorum
	Datif	quibus	quibus	quibus	quibus	quibus	quibus
	Ablatif	quibus	quibus	quibus	quibus	quibus	quibus

> **Quis verberat ?** *Qui frappe ?*   > **Qui gladiator verberat ?** *Quel gladiateur frappe ?*

Il existe d'**autres mots interrogatifs** :

\multicolumn{2}{c}{ADVERBES INTERROGATIFS}	ADJECTIFS INTERROGATIFS
quare ? cur ? *pourquoi ?*	ubi ? quo ? *où ?*	qualis, e ? *quel ?*
quomodo ? *comment ?*	unde ? *d'où ?*	quantus, a, um ? *combien ?*
quando ? *quand ?*	qua ? *par où ?*	uter, tra, trum ? *lequel des deux ?*
quantum ? quot ? *combien ?*		

> **Quare tam timide incurrit in ferrum ?** *Pourquoi se jette-t-il si timidement sur l'épée ?*
> **Quo munimenta ?** *Où trouver refuge ?*

Quand **l'interrogation porte sur toute la phrase**, le mot interrogatif dépend de la réponse :
-ne ? (à la fin du premier mot) > **Vidistine munera ?** *As-tu vu les combats ?* → Oui/Non
Num ? (réponse négative) > **Num insanis ?** *Es-tu fou ?* → Non
Nonne ? (réponse positive) > **Nonne amicus meus es ?** *N'es-tu pas mon ami ?* → Si

● Le complément d'agent

Le complément d'agent désigne **la personne ou la chose qui fait l'action** exprimée par le **verbe passif**. Si on met la phrase à l'actif, il devient le sujet.
L'épée est repoussée <u>par le bouclier</u>. → *<u>Le bouclier</u> repousse l'épée.*
　　　　　complément d'agent　　　　sujet

En latin, il est à l'**ablatif** :
– **seul** si c'est **un être inanimé**, un objet :
> **Scuto repellitur ferrum.** *L'épée est repoussée <u>par le bouclier</u>.*
– **précédé de** la préposition **a** (devant consonne)/**ab** (devant voyelle) si c'est **une personne**.
> **A gladiatore repellitur ferrum.** *L'épée est repoussée <u>par le gladiateur</u>.*

Loquamur !

1 Déclinez le pronom interrogatif du nominatif à l'ablatif puis de l'ablatif au nominatif.

2 Relevez les noms du vocabulaire (p. 154) et ajoutez-leur un adjectif interrogatif au nominatif, génitif et datif singulier et pluriel.

3 Analysez (cas, genre et nombre) ces formes en donnant toutes les possibilités, et précisez s'il s'agit du pronom, de l'adjectif ou des deux.

cujus • quae • qui • quibus • quod • quas • quis • quorum • quid • cui • quem

4 Transformez ces noms en compléments d'agent.

gladiator, oris, m. • arena, ae, f. • secutor, oris, m. • circus, i, m. • Augustus, i, m. • mors, mortis, f. • galea, ae, f.

Scribamus !

5 Accordez l'adjectif au nom qu'il complète.

Qu_ gladiatorem • In qu_ muneribus • Qu _ arenas • Qu_ scutum • Qu_ mortes

6 Posez le plus de questions possible.

Cur	fit ?
Quare	vadis ?
Quo	verberat ?
Quem	est ?
Quid	occidit ?
Num	dicis ?

7 Ajoutez *a/ab* si nécessaire et traduisez.

a. _ gladiatore verberatur.
b. Occiduntur _ spectatoribus.
c. _ ferro jugulantur homines.
d. _ ursis homines interficiuntur.

8 Donnez toutes les réponses possibles.

a. Nonne munera vidisti ?
b. Num munera vidisti ?
c. Vidistine munera ?

Cogitemus !

9 Dans cet extrait des *Hermeneumata Monacensia*,
a. trouvez les mots interrogatifs et traduisez-les ;
b. lesquels sont invariables ? Mettez les autres au pluriel.

Si vis, veni mecum. Ubi ? Ad amicum nostrum Lucium. Visitemus eum. Quid enim habet ? Aegrotat. A quando ? Intra paucos dies incurrit. Ubi manet ? Non longe. Ecce ostiarius et ille dixit : Quem quaeritis ? Dominum tuum. Ascendite. Quot scalas ? Duas.

Si tu veux, viens avec moi. Où ? Chez notre ami Lucius. Rendons-lui visite. Qu'a-t-il donc ? Il est malade. Depuis quand ? Quelques jours. Où habite-t-il ? Pas loin. Voilà le portier qui dit : Que voulez-vous ? Voir ton maître. Montez. Combien d'étages ? Deux.

10 Replacez les mots interrogatifs suivants dans ces extraits des *Hermeneumata* et traduisez.
qualis – quid – ubi – quem – quare

a. ... erat ? Ad domum sedebat. Et ... faciebat ? Studebat.
b. ... non bibis ? Bibe.
c. ... est ipsa res ?
d. Ad ... ? Ad quaestorem ?

Atelier de traduction

Un combat trop égal

Cum traheret Priscus, *traheret certamina* Verus, [...]
  pugnavere pares, *subcubuere pares.*
Misit utrique rudes et palmas Caesar utrique :
  hoc pretium virtus ingeniosa tulit ;
Contigit hoc nullo nisi te sub principe, Caesar :
  cum duo pugnarent, victor uterque fuit.

Martial (40-104 apr. J.-C.), *De spectaculis*, 29.

☞ AIDE

* Repérez toutes les constructions parallèles.

* Des fragments de traduction : *faisait durer le combat (2 fois) – donna à tous deux l'épée de bois – Cela ne se produisit sous aucun autre prince que toi, César – ils tombèrent ensemble.*

✳ ÉTYMOLOGIE

Mots clés

les jeux

arena, ae, f. : *le sable*

Arena vient de la racine *hvas*, « brûler », « sécher » : le sable évoque l'aridité des terres brûlées des régions désertiques. Utilisé sur le sol des amphithéâtres pour absorber le sang des bêtes et des hommes, l'arena finit par désigner la piste elle-même.

circus, i, m. : *le cirque*

L'indo-européen *kwel*, « entourer », donne aussi bien le **kirk**os grec, le faucon qui vole en tournoyant, que « **cerc**le » et « **cirq**ue », dans lesquels on retrouve l'idée de **circ**ularité.

ludus, i, m. : *le jeu*

Dérivé de l'indo-européen *leid* qui signifie « insulter », donc « railler » et « plaisanter », ludus a un rapport avec tout ce qui est léger, amusant. Ludus désigne également « l'école », et « l'école de gladiateurs » dans certains contextes.

munus, eris, n. : *la charge* / pl., munera : *les combats de gladiateurs*

Le sanskrit *mû*, « lier », donne naissance au radical latin *mun*, « protéger », « gratifier » et à une famille de mots désignant tout ce qui fait le lien social entre les individus, ce que la com**mun**auté partage, ce dont les responsables **mun**icipaux vont **mun**ir leur ville, les **mur**ailles (**moen**ia appartient à cette famille) comme la **mun**ificence des jeux.

👉 ACTIVITÉS

1 À l'aide d'un dictionnaire, retrouvez la définition de ces mots de la famille de ludus :

• éluder	• morceau musical faisant une transition
• ludion	• entente secrète pour tromper qqn
• interlude	• fausse apparence
• allusion	• figure qui flotte dans un tube plein d'eau
• illusion	• en rapport avec le jeu
• collusion	• sous-entendu
• ludique	• éviter

2 Définissez chaque mot en expliquant son rapport avec l'idée de tourner :

cyclone • bicyclette • incurvé • circulaire • encercler

3 Complétez les phrases avec un mot construit sur le radical mun :

a. Certaines maladies détruisent le système ....
b. Les chariots transportaient les ... pour les canons.
c. La campagne de ... de ce candidat est excellente.
d. La ... a beaucoup investi pour rénover le centre-ville.
e. Tous les invités ont été éblouis par la ... de cette fête.
f. La révolution russe de 1917 a instauré le premier régime ....

4 Lequel de ces mots n'est pas de la famille d'arena ?

aride • ardu • ardent • azalée • ardeur • arène

5 Trouvez des mots formés sur le radical mun.

Horizontalement
1. Informer, annoncer
Verticalement
1. Ville ou village
2. Enceinte ; celle de Chine est célèbre
3. Partagé
4. De la ville

Latin (bien) vivant

Plusieurs expressions françaises viennent des jeux antiques. On dit ainsi qu'on « jette quelqu'un aux lions » quand on le laisse sans défense face à ses ennemis, ou qu'on « descend dans l'arène » quand on accepte de prendre part à un débat où on s'attend à être critiqué. L'exclamation enfantine « Pouce ! », demandant une pause dans le jeu, rappelle également le mouvement du pouce par lequel on gracie le combattant – qui est probablement une légende, d'ailleurs.

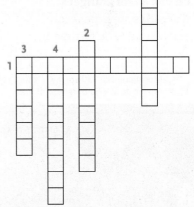

descendre
dans l'arène
jeter
aux lions

Combat contre des lions lors de jeux du cirque, 1er siècle apr. J.-C., bas-relief. Musée des Thermes de Dioclétien, Rome.

CIRQUES ET AMPHITHÉÂTRES

Les amphithéâtres

L'**amphithéâtre**, comme son nom l'indique, est la combinaison de deux théâtres de type grec (cf. p. 146). Il apparaît au IIe siècle av. J.-C., mais se développe au Ier siècle. C'est une **arène elliptique entourée de gradins** sous laquelle sont creusées des galeries, des pièces contenant décors et machines. Des monte-charge permettent de faire surgir les bêtes et les décors du sol. De larges couloirs, les vomitoires, assurent la circulation comme au théâtre.

La façade est composée de une à trois rangées d'arcades superposées selon la taille du bâtiment.

1 **Le Colisée**, détail de la maquette de la ville de Rome à l'époque de l'empereur Constantin, IVe siècle, échelle 1/250, réalisée par l'architecte Italo Gismondi (1887-1974).

MOSAÏQUES

Le mot « mosaïque » apparaît au Ier siècle et vient de *musivum opus*, la décoration des lieux dédiés aux muses (grottes, fontaines). La **mosaïque** décore les sols ou les murs des riches édifices publics ou privés. Elle est d'abord composée de petits cailloux, puis de **tesselles**, petits cubes multicolores taillés. Ils sont plantés dans du mortier frais sur lequel on a tracé le dessin. Plus les tesselles sont petites et les couleurs nuancées et plus on obtient un dessin fin très apprécié des Romains.

2 **Mosaïque**, 320-330 apr. J.-C., Villa Casilina, Torrenova. Musée de la Villa Borghèse, Rome.

Les cirques

Sur le modèle des **hippodromes grecs**, les cirques sont destinés aux **courses de chars**. Ils sont rectangulaires, avec un côté en demi-cercle. La longue piste est bordée de gradins, d'abord en bois puis en pierre, sauf sur le côté réservé aux boxes des chevaux. **Un mur central, la *spina*, divisant l'arène en deux**, est orné de statues de dieux, d'obélisques, et des 7 œufs et dauphins qui servaient à compter les tours effectués.

③ Le circus maximus, détail de la maquette de la ville de Rome à l'époque de l'empereur Constantin, IVe siècle, échelle 1/250, réalisée par l'architecte Italo Gismondi (1887-1974).

④ Mosaïque, IIe siècle apr. J.-C. Musée gallo romain, Lyon.

☞ ACTIVITÉS

OBSERVER ET COMPRENDRE LES ŒUVRES

1 DOC. 1 et 3 : Quels points communs et quelles différences observez-vous entre ces bâtiments ?

2 DOC. 2 : Lisez les inscriptions. À quoi correspondent-elles ?

3 DOC. 4 : Observez les auriges (conducteurs de char) : qu'est-ce qui permet de les identifier ?

PROLONGER

Sur une reconstitution d'amphithéâtre, situez les différentes parties du bâtiment (*velum*, vomitoires, *arena*, *cavea*...) sur le modèle de la page 146.

ZOOM sur

Les jeux de l'amphithéâtre

Des jeux qui fascinent le peuple...

L'ESSENTIEL

■ Du pain et des jeux

À partir du IIe siècle av J.-C., les amphithéâtres accueillent des jeux qui existaient déjà, sur le forum essentiellement, et leur permettent de se développer. On vient y voir surtout des ***venationes*** (❷), chasses contre des bêtes parfois exotiques – lions, rhinocéros, éléphants –, et des ***munera***, combats de gladiateurs ; mais certains empereurs y donneront aussi des ***naumachies***, batailles navales. Pour s'assurer le soutien du peuple (❶), les hommes politiques – César, par exemple –, offraient des jeux et des distributions de pain gratuites : ces deux besoins fondamentaux du peuple romain, manger et se distraire, sont moqués par Juvénal dans sa célèbre formule « *panem et circenses* ».

■ *Munera*

Jeux préférés des Romains, les ***munera*** opposent des paires de **gladiateurs** dotés d'armes d'efficacité équivalente, comme le rétiaire et le *secutor* (❸). Plusieurs dizaines de paires peuvent combattre en même temps, pour que chaque spectateur ait un combat sous les yeux. Les mises à mort ne sont pas aussi fréquentes qu'on l'imagine, car un gladiateur coûte cher.

■ Les gladiateurs

Esclaves ou prisonniers de guerre pour la plupart, les gladiateurs sont plus rarement des citoyens ayant choisi ce métier. Ils sont entraînés et enfermés dans des ***ludi gladiatorii***, des écoles de gladiateurs, où un entraîneur, le **laniste**, les forme au combat. Ils peuvent gagner beaucoup d'argent, voire obtenir leur épée de bois (***rudis***), symbole de leur liberté. Certains devenaient très célèbres : de nombreux graffitis nous ont transmis leurs noms (❺).

❶ L'inauguration du Colisée par l'empereur Titus

Question : Quels sont les spectacles donnés par Titus ? Nommez-les en latin.

Beaucoup d'hommes se firent gladiateurs, beaucoup aussi luttèrent en troupes dans des combats sur terre et sur mer. Après avoir rempli tout à coup d'eau cet amphithéâtre, [...] Titus y fit paraître des hommes sur des vaisseaux. Ces hommes engagèrent, comme s'ils eussent été les uns corcyréens, les autres corinthiens, un combat naval ; d'autres en livrèrent un, hors de l'amphithéâtre, dans le bois de Caius et de Lucius, que jadis Auguste avait fait creuser pour cet effet. Là, il y eut, le premier jour, combat de gladiateurs et massacre de bêtes, le lac ayant été recouvert d'un plancher ; [...] le second, jeux du cirque, le troisième, combat naval de trois mille hommes et, ensuite, combat sur terre. [...] On eut pendant cent jours ces sortes de spectacles sous les yeux.

Dion Cassius (155-235 apr. J.-C.), *Histoire romaine*, LXVI, 25, traduit par Étienne Gros.

❷ Homme contre bête

Venatio, fresque pompéienne, Iᵉʳ siècle apr. J.-C.
Musée archéologique de Mérida (Espagne).

Question : Comment le peintre montre-t-il
le danger pour l'homme ?

Question : Le casque du *secutor*
peut s'ouvrir et la statuette mesure
19 cm : à quoi pouvait-elle servir ?

❸ Bien équipé

Secutor, bronze,
Iᵉʳ siècle apr. J.-C.
Musée de l'Arles antique.

❹ Quelle galère !

Fresque, Iᵉʳ siècle apr. J.-C.
Maison des Vettii, Pompéi.

Question : Quel type de spectacle cette fresque
représente-t-elle ?

❺ Sur les murs de la ville

Question :
Comment s'appelait
ce gladiateur ?
Combien de
combats a-t-il
gagnés ?

Graffiti, Iᵉʳ siècle, Pompéi.

🖥 ACTIVITÉS B2i

1 Faire un document de synthèse

Cherchez l'équipement de chacun
de ces gladiateurs, trouvez-en
une illustration et présentez le
tout selon la mise en page de
votre choix : le *secutor*, le *rétiaire*,
l'*hoplomaque*, le *mirmillon*,
le *Thrace*, le *provocator*,
le *Samnite*.

2 Chercher une information :

Une course au *Circus Maximus* :
présentez le lieu, le déroulement
de l'épreuve et les différentes
équipes (« factions ») qui y
participent.

Le péplum : clichés ou réalisme ?

Le « péplum » désigne un film dont l'action se déroule dans l'Antiquité. Ce nom vient du mot grec *peplos*, vêtement de femme grecque.

L'Antiquité, star du cinéma américain

Le cinéma américain, dans les années 1950-1960, crée de nombreux péplums qui présentent une Rome antique d'or et de marbre et des héros invincibles. Ces films mettent en avant tous les **clichés** sur l'Antiquité qui produisent du **grand spectacle**.

1 Affiche de *Quo vadis*, film de Mervyn Leroy, 1951.

Affiche de *Ben Hur*, film de William Wyler, 1959. **2**

De grands noms de la mythologie — comme Hercule — ou de l'histoire romaine — tels César ou Cléopâtre — sont au cœur des péplums. Le gladiateur Spartacus devient au cinéma un défenseur de la liberté. Il incarne, dans l'esprit collectif, tous les gladiateurs de toute la période romaine, occultant ainsi l'évolution de la gladiature.

Affiche de **3** *Spartacus*, film de Stanley Kubrick, 1960.

Du **péplum** nouveau au **docu-fiction** : un retour au **réalisme**

Depuis 2000 – date de sortie de *Gladiator*, film américain de Ridley Scott – les producteurs de cinéma s'intéressent de nouveau à l'Antiquité. Mais s'ils mettent encore en scène les aventures de grands héros comme Achille ou Alexandre le Grand, l'Antiquité est présentée de façon **de plus en plus réaliste**. Aux côtés du péplum, apparaît un nouveau genre : **le docu-fiction**, film de **fiction** qui s'appuie sur une **documentation** historique et scientifique solide.

④ *Le Dernier Jour de Pompéi*, docu-fiction de la BBC, 2003.

Ce film présente une fiction vraisemblable à partir des découvertes archéologiques faites à Pompéi et de deux lettres de Pline le Jeune, témoin de la catastrophe.
Il utilise des images numériques et des effets spéciaux pour faire revivre le plus fidèlement possible les événements.

⑤ Lucius et Titus, dans la série *Rome*, 2007.

⑥ *Agora*, film hispano-maltais de A. Amenabar, 2009.

Les héros antiques vus par le cinéma des années 2000 sont des gens simples qui vivent dans des maisons modestes, comme dans la série Rome, ou des héros moins connus d'une Antiquité plus tardive, telle Hypatie d'Alexandrie, mathématicienne, astronome et philosophe du Ve siècle après J.-C., dans le film Agora.

👉 OBSERVER ET COMPRENDRE LES DOCUMENTS

1 DOC. 1 : Quels sont tous les thèmes du film annoncés par l'affiche ? Comment l'affiche présente-t-elle les personnages masculins et les personnages féminins ?

2 DOC. 2 et 3 : Comment le héros du film est-il présenté ? Étudiez la symbolique des couleurs dans le document 3. Montrez que ces représentations s'appuient sur des clichés de l'Antiquité.

3 DOC. 4 : Étudiez les différents plans de l'image. Pourquoi peut-on dire qu'il s'agit d'un docu-fiction ?

4 DOC. 5 : Comparez ces personnages à ceux des affiches ci-contre. Qu'en pensez-vous ?

5 DOC. 6 : Dans quel lieu se déroule cette scène ? Qui la préside ? Quelle vision de l'Antiquité présente-t-on ici ? Correspond-elle à la vôtre ?

6 @ Rechercher des titres de péplums récents et leur affiche de cinéma. Retrouvez le thème du film d'après l'affiche et indiquez si elle semble recourir à des clichés ou si elle tend vers le réalisme.

Les pronoms relatifs et les propositions subordonnées relatives

1. Dans les phrases suivantes :
a. Repérez les pronoms relatifs, analysez leur forme puis retrouvez leur antécédent.
b. Traduisez ces phrases.

• Romani qui circenses amant saepe in amphitheatrum veniunt.
• Illa domus in qua habitare mihi est magna voluptas pulcherrima est.
• Est saevus leo qui miseros homines devoravit.
• Circenses quos multi Romani amant semper me delectant.
• Dominus cujus domus maxima in urbe est Ciceronis frater est.

Le subjonctif présent

2. Conjuguez les verbes suivants au subjonctif présent à la personne demandée et traduisez la forme obtenue.

jubeo, es, ere, jussi, jussum (3ᵉ pers. pl.) • occido, is, ere, occidi, occisum (1ʳᵉ pers. sg.) • jugulo, as, are, avi, atum (3ᵉ pers. sg.) • exerceo, es, ere, cui, citum (2ᵉ pers. pl.) • amo, as, are, avi, atum (1ʳᵉ pers. sg.) • exsurgo, is, ere, surrexi, surrectum (1ʳᵉ pers. pl.) • curro, is, ere, cucurri, cursum (2ᵉ pers. sg.)

La défense

3. Traduisez les propositions suivantes de deux manières – quand c'est possible – en recourant aux modes infinitif et subjonctif. (Vous devez vous aider du vocabulaire appris.)

Qu'il ne vienne pas ! • N'égorge pas le lion ! • Ne vous lavez pas les mains ! • Ne soutenons pas les gladiateurs ! • Ne verse pas d'eau !

Les adjectifs interrogatifs

4. Indiquez quelle forme de l'adjectif interrogatif il faut mettre devant les noms suivants.

... circum • ... civibus • ... bibliothecam • ... foro • ... caveam • ... personis • ... theatra • ... histrionis • ... gladiatorem • ... civitatem

Le complément d'agent

5. Complétez les phrases ci-dessous avec celui des noms qui convient comme complément d'agent :
secutor, oris, m. • spectaculum, i, n. • scutum, i, n. • ignis, is, m. • gladiator, oris, m.

Traduisez les phrases obtenues.

a. Non ferrum ... repellitur.
b. Spectatores ... delectabantur.
c. Leones ... occiduntur.
d. Consulis domus ... deleta est.
e. Retiarius in harena ... jugulatur.

SYNTHÈSE

6. Complétez le tableau suivant en mettant des croix dans les cases correspondantes (parfois plusieurs croix possibles par ligne).

	Pronom relatif	Adjectif interrogatif	Pronom interrogatif
qui			
quid			
quae			
quod			
quarum			
quis			
quibus			

7. Dans le texte ci-dessous :
a. Indiquez pour chaque forme verbale en bleu le mode, le temps, la voix et la personne.
b. Quelle est la nature grammaticale des mots en rouge ?

Nec expectetis spectatores, dum illi[1] ad vos exeant.
Nemo exibit, omnes intus conficient negotium.
Ubi id erit factum, ornamenta ponent ; postidea
[loci[2]
Qui deliquit vapulabit[3], qui non deliquit bibet.
Nunc quod ad vos spectatores, relicuum relin-
[quitur :
More majorum date plausum postrema in co-
[moedia.

Plaute, *Cistellaria*, v 782 à 787.

1. Illi : *ceux-ci*, fait référence aux acteurs de la pièce.
2. Postidea loci : ensuite.
3. Vapulabit : sera châtié.

c. Relevez les termes se rapportant au théâtre.

● Écrire

Faites une phrase ayant un sens plausible en employant chaque série de mots.

a. Curie • forum • citoyen • temple • politique

b. otium • cirque • borne • quadrige • cavea

c. hypocauste • bains • esclave • masseur

d. masque • proscenium • danse • bâton

● Vrai ou faux ?

Corrigez la phrase quand la proposition est fausse.

a. La basilique est le temple réservé au culte de Jupiter.

b. Les jeux du cirque duraient une journée entière.

c. Être acteur à Rome était très honorable.

d. Un char à deux chevaux s'appelle un bige, un char à quatre chevaux un quatuor.

e. Au théâtre les musiciens se tenaient sur la scène et non dans l'orchestre.

f. *Persona* désigne le personnage de théâtre.

g. Les rostres représentent initialement les têtes des ennemis vaincus.

h. Les grands axes d'une ville romaine indiquent toujours les points cardinaux.

● Mots mêlés

Retrouvez dans la grille 10 mots latins sur le thème de la ville (dans le sens horizontal, vertical et en diagonale).

A	M	A	C	E	L	L	U	M	D
T	B	I	S	T	O	R	I	O	E
E	T	A	B	E	R	N	A	E	C
M	E	M	S	V	U	L	G	I	U
P	F	A	R	I	M	R	U	N	M
L	O	S	T	L	L	A	S	S	A
U	R	V	I	L	L	I	R	U	N
M	U	I	R	A	T	U	C	L	U
O	M	A	Q	U	E	V	I	A	S
U	R	B	S	A	R	D	O	M	U

HISTOIRE DES ARTS

● Aux bains

*Thermes d'Herculanum,
Ier siècle après J.-C.*

1. D'après vous, dans quelle partie des thermes se situe ce lieu ?

2. Quels motifs sont représentés au sol ? Quelle est leur relation avec les thermes ?

3. Quelle technique est utilisée pour représenter ces motifs ? Pourquoi est-elle ici la mieux adaptée ?

Une course de chars dont l'enjeu est lourd !

Bas-relief antique représentant une course de chars au Circus Maximus, IIᵉ s. apr. J.-C. Musée de la Civilisation romaine, Rome.

Le poète assiste à une course de chars avec sa maîtresse ; la jeune femme est passionnée par la course mais le principal spectacle pour Ovide est la beauté de sa maîtresse elle-même qui lui a promis ses faveurs.

Déjà la carrière est libre et les grands jeux vont commencer : le préteur vient de donner le signal, et les quadriges se sont élancés à la fois de la barrière. Je vois à qui tu[1] t'intéresses ; quel que soit celui-là, il est sûr de vaincre. Ses coursiers semblent eux-mêmes deviner ton désir. Hélas ! Autour de la borne il décrit un vaste cercle ! Malheureux, que fais-tu[2] là ? Ton rival l'a rasée de plus près, et va toucher au but. Malheureux, que fais-tu ? Tu rends inutiles les vœux d'une belle ; de grâce, serre plus fortement la rêne gauche. Nous, nous nous intéressions à un maladroit ; Romains, rappelez-le, et que vos toges, de toutes parts agitées, en donnent le signal. Voici qu'on le rappelle : mais, de peur que le mouvement des toges ne dérange ta chevelure, tu peux chercher un refuge sous les pans de la mienne. Déjà la lice s'ouvre de nouveau, la barrière est levée, et les rivaux, distingués par les couleurs qu'ils portent, lancent leurs coursiers dans l'arène. Cette fois au moins, sois vainqueur, et vole à travers l'espace libre devant toi. Fais que mes vœux, que les vœux de ma maîtresse soient accomplis. Ils sont remplis, les vœux de ma maîtresse, et les miens ne le sont pas encore. Le vainqueur tient la palme ; il me reste à gagner la mienne. Mais elle a souri, et son œil étincelant a promis quelque chose. C'est assez pour le moment, ailleurs tu m'accorderas le reste.

Ovide, *Les Amours*, III, 2, 65, traduction T. Baudement.

1. Il s'adresse ici à la jeune fille qu'il aime.
2. Le « tu » désigne cette fois un conducteur de char.

Alypius est pris de passion pour les jeux sanglants

Saint-Augustin, philosophe converti au christianisme, raconte la mésaventure de son ami Alypius et condamne la passion pour des jeux qui font couler le sang humain.

Il fut pris d'une étrange passion pour les combats de gladiateurs, et de la façon la plus étrange. Il avait pour ces spectacles autant d'aversion que d'horreur, quand un jour, quelques condisciples de ses amis, au sortir de table, le rencontrent, et malgré l'obstination de ses refus et de sa résistance, l'entraînent à l'amphithéâtre avec une violence amicale, au moment de ces cruels et funestes jeux. […]

Ils arrivent, prennent place où ils peuvent ; tout respirait l'ardeur et la volupté du sang. Mais lui, fermant la porte de ses yeux, défend à son âme de descendre dans cette arène barbare ; heureux s'il eût encore condamné ses oreilles ! car, à un incident du combat, un grand cri s'étant élevé de toutes parts, il est violemment ému, cède à la curiosité, et se croyant peut-être assez en garde pour braver, et vaincre même après avoir vu, il ouvre les yeux. Alors son âme est grièvement blessée. À peine a-t-il vu ce sang, il y boit du regard la cruauté. Dès lors il ne détourne plus l'œil ; il l'arrête avec complaisance ; il se désaltère à la coupe des furies, et sans le savoir, il fait ses délices de ces luttes féroces ; il s'enivre des parfums du carnage. Ce n'était plus ce même homme qui venait d'arriver, c'était l'un des habitués de cette foule barbare ; c'était le véritable compagnon de ses condisciples. Que dirai-je encore ? il devint spectateur, applaudisseur, furieux enthousiaste, il remporta de ce lieu une effrayante impatience d'y revenir. Ardent, autant et plus, que ceux qui l'avaient entraîné, il entraînait les autres.

Augustin, *Confessions*, VI, 8.

✳ CONSEILS DE LECTURE

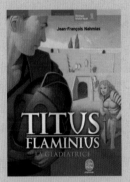

H. Winterfeld, *Caïus et le gladiateur*, Le Livre de Poche Jeunesse.
Le jeune héros Caïus et ses amis offrent un esclave à leur professeur ; cependant, ce cadeau va les entraîner dans une aventure mouvementée, d'un cimetière jusqu'aux arènes... ils sont poursuivis par un effroyable assassin, gladiateur redouté.

Jean-François Nahmias, *Titus Flaminius tome 2, La Gladiatrice*, Le Livre de Poche Jeunesse.
En 58 avant J.-C., une femme gladiatrice commet une série de meurtres à Rome. Le jeune patricien Titus Flaminius mène l'enquête jusqu'à Pompéi. Il décide d'infiltrer le milieu de la meurtrière en devenant lui-même gladiateur. Il découvre alors un univers sans pitié où violence et amitié se côtoient...

Magali Wiener, *À la rencontre des Romains*, « Casta Doc », Casterman, 2007.
Quelle était la vie quotidienne des Romains ? Quel rôle avaient les esclaves ? Qui étaient les gladiateurs qui se battaient dans l'arène ? Ce livre donne à voir, chapitre après chapitre, les points essentiels de la civilisation romaine : les différents âges de la vie, le pouvoir politique, l'armée, la religion, les loisirs...

Les croyances des Romains

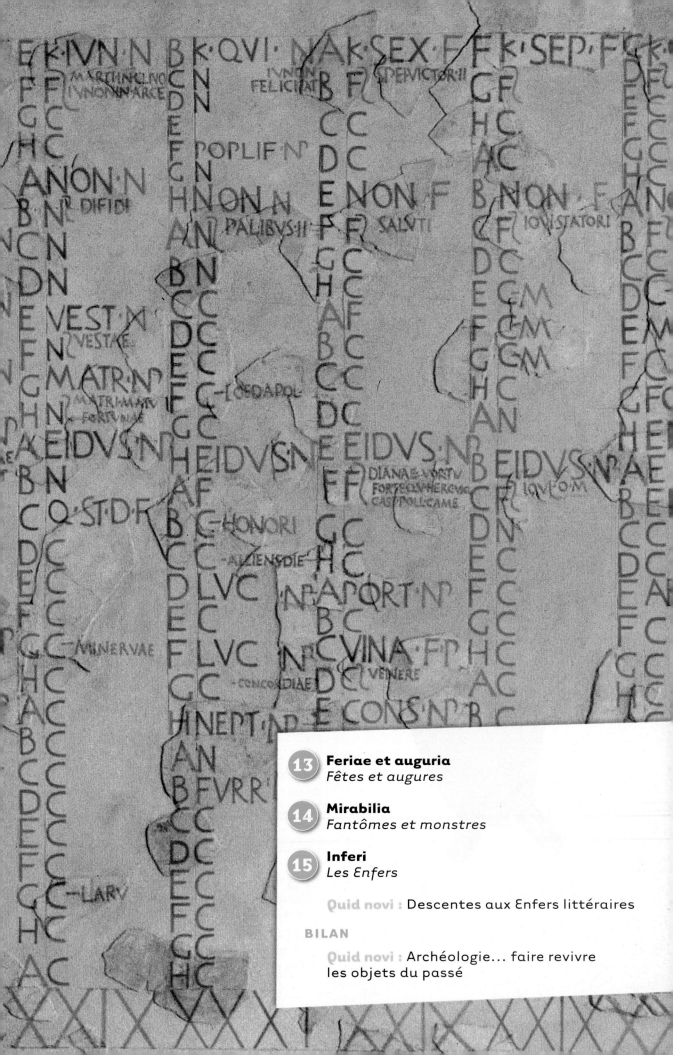

Feriae et auguria
Fêtes et augures

✳ DÉCOUVRIR *Les fêtes religieuses*

➊ Des prêtres pour honorer les dieux

1 Décrivez la tenue du personnage.
Quel détail, curieux pour un homme, montre qu'il accomplit un rite religieux ?

2 Que tient-il ? Qu'est-il en train de faire selon vous ?

3 @ Qu'est-ce qu'une *libatio* (libation) ?

➋ Les *Mamuralia*

Une des nombreuses fêtes instaurées par Numa Pompilius…

1 Salios item duodecim Marti Gradivo legit **tunicae**que pictae insigne dedit et **super tunicam** aeneum pectori tegumen caelestiaque **arma**, quae ancilia appellantur, ferre ac **per urbem** ire
5 **canentes carmina** cum tripudiis sollemnique **saltatu** jussit.

....

Il choisit aussi en l'honneur de Mars Gradivus douze prêtres saliens et leur donna pour insigne … brodée, avec … une cuirasse pectorale en airain ; il leur ordonna de porter … sacrées qu'on appelle anciles*, et de courir … … accompagnés de danses à trois temps et … solennels.

Tite-Live (59 av. J.-C. – 17 apr. J.-C.), *Ab Vrbe Condita*, I, 20.

* *Les anciles sont des boucliers d'origine mycénienne.*

Prêtre officiant, 1er siècle apr. J.-C., bronze. Musée gallo romain, Lyon.

1 Traduisez les mots en gras. Les Saliens sont-ils vêtus comme la statuette ? Pourquoi selon vous ?

2 Cherchez la signification de *saliens*. Traduisez les mots en bleu : comment les prêtres honorent-ils Mars ?

❸ Des rites mystérieux

Des légendes expliquent certains rites, étranges pour les Romains eux-mêmes. Ainsi l'histoire de ce petit garçon de Carseoli est à l'origine du sacrifice de renards lors des Cerealia.

1 Is capit extremi volpem convalle salicti ;
abstulerat multas illa cohortis aves.
Captivam stipula fenoque involuit et ignes
admovet : urentes effugit illa manus,
5 qua fugit, incendit vestitos messibus agros ;
damnosis vires ignibus aura dabat.
Factum abiit, monimenta manent : [...]
nunc quoque lex volpem Carseolana vetat,
utque luat poenas, gens haec Cerialibus ardet,
10 quoque modo segetes perdidit ipsa perit.

Ovide (43 av. J.-C. – 17 apr. J.-C.), *Fastes*, IV, 703-712.

*L'enfant attrape un renard, au fond d'une vallée plantée de saules ; il avait volé beaucoup d'oiseaux de leur basse-cour. Il entoure de paille et de foin le renard capturé, et y met le **feu**. L'animal fuit ces mains incendiaires. Partout où il fuit, il incendie les champs couverts de moissons ; le vent donnait des forces au feu dévastateur. [...] L'événement est passé, le souvenir reste : aujourd'hui encore ... à Carseoli ; pour expier, cette espèce ... lors des Cerealia, et ... comme elle a fait périr les récoltes.*

1 À quel champ lexical appartient le mot en **gras** ? Relevez-en d'autres en français et en latin.

2 Quelle divinité honore-t-on lors des *Cerealia* ? Justifiez.

3 Traduisez les mots en bleu. Quelles traces de cette histoire reste-t-il à l'époque d'Ovide ?

4 Quel rapport établit Ovide entre les moissons et les renards ? Cherchez ce qu'est un récit étiologique et expliquez en quoi cette anecdote en est un.

❹ Les sacrifices

Lors de nombreuses fêtes, on fait des sacrifices plus officiels aux dieux.

Scène de sacrifice, IIIᵉ siècle apr. J.-C., bas-relief. Palazzo Massimo, Rome.

1 Où est le prêtre qui fait le sacrifice ? À quoi le reconnaissez-vous ?

2 Que font les personnages qui l'accompagnent ?

3 En vous aidant de la page 178, expliquez ce qu'il y a sur l'autel.

Michel-Ange (1475-1564),
La Sibylle de Cumes, 1510, fresque.
Chapelle Sixtine, Vatican.

● Les livres Sibyllins

Ces livres sacrés servent à prendre les augures ; on les consulte
en cas de malheur. Hélas, six d'entre eux ont disparu par la faute
de Tarquin le Superbe.

1 Anus hospita atque incognita ad Tarquinium Superbum regem adiit,
novem libros ferens, quos esse dicebat divina oracula : eos velle venundare.
Tarquinius pretium percontatus est ; mulier nimium atque immensum
poposcit. Rex, quasi anus aetate desiperet, derisit. Tum illa foculum coram cum
5 igni apposuit, et tres libros ex novem deurit ; et, ecquid reliquos sex eodem
pretio emere vellet, regem interrogavit. Sed enim Tarquinius id multo risit magis,
dixitque anum jam procul dubio delirare. Mulier ibidem statim tres alios libros
exussit atque id ipsum denuo planide rogat ut tres reliquos eodem illo pretio
emat. Tarquinius ore jam serio atque attentiore animo fit, eam constantiam
10 confidentiamque non insuper habendam intellegit, libros tres reliquos mercatur
nihilo minore pretio, quam quod erat petitum pro omnibus.

Aulu-Gelle (IIᵉ siècle apr. J.-C.), *Nuits attiques*, I, 19.

Pour aider votre lecture, sont en vert certains sujets et expressions au nominatif, en rouge leur verbe, en bleu des COD.

Vocabulaire

NOMS
anus, us, f. : la vieille femme
os, oris, n. : le visage, la bouche
pretium, ii, n. : le prix, la valeur

VERBES
adeo, is, ire, ii, itum : aller à, vers
deuro, is, ere, ussi, ustum : brûler
emo, is, ere, emi, emptum :
acheter
fero, fers, ferre, tuli, latum :
porter, supporter
percontor, aris, ari, atus sum :
demander
venundo, as, are, avi, atum :
vendre

PRONOM
is, ea, id : ce, cette ; celui-ci, celle-ci

MOTS INVARIABLES
magis, adv. : plus
multo, adv. : beaucoup
novem : neuf

Lecture du texte

1 Qui sont les personnages en présence ?
Qu'apporte la femme ?

2 Relevez les chiffres et les mots qualifiant le prix.
Que vend la femme ? Combien ?

3 Observez les verbes dont le roi Tarquin est le sujet.
En quoi ses réactions sont-elles conformes à son surnom,
« le Superbe » ?

4 **Ligne 5 :** Quel moyen la vieille femme utilise-t-elle
pour l'impressionner ?

5 **Lignes 10-11 :** Comment s'achève cette rencontre ?

observation de La Langue

1 Retrouvez la traduction des mots en rose.
> **eos velle venundare** *elle voulait vendre ceux-ci*
> **Tarquinius id risit** *Tarquin se moqua de cela*
> **eam constantiam intellegit...**
il comprend que cette constance...

2 Quelle est la nature de chacun de ces mots ?

3 > **attentiore animo** *l'esprit* **plus attentif**
> **minore pretio** *à un prix* **plus petit**

Quelle est la particularité des adjectifs en gras ?
Cherchez leur forme habituelle en latin dans le lexique.

● Le pronom-adjectif *is, ea, id*

C'est un pronom ou un adjectif **de rappel** : la plupart du temps, il sert à désigner quelqu'un ou quelque chose dont on a déjà parlé pour éviter une répétition.

> **Anus adiit <u>novem libros</u> ferens :** eos **velle venundare.**
>> → *Arrive une vieille femme portant <u>neuf livres</u> : elle voulait **les** vendre.*

Au génitif, il exprime la possession.

> **Rex** ejus **libros nolle emere.** → *Le roi refusait d'acheter **ses** livres.*

Il peut s'employer seul (pronom) ou avec un nom (adjectif démonstratif).

> eos **venundare** → ***les** vendre*
> eos libros **venundare** → *vendre **ces livres***

Cas	SINGULIER			PLURIEL		
	Masculin	Féminin	Neutre	Masculin	Féminin	Neutre
N.	is	ea	id	ei/ii	eae	ea
Acc.	eum	eam	id	eos	eas	ea
G.	ejus	ejus	ejus	eorum	earum	eorum
D.	ei	ei	ei	eis/iis	eis/iis	eis/iis
Abl.	eo	ea	eo	eis/iis	eis/iis	eis/iis

● Le comparatif de l'adjectif

Comme en français, le comparatif exprime l'égalité, l'infériorité ou la supériorité.
– le **comparatif d'égalité** s'obtient en ajoutant tam avant l'adjectif

> tam **magnus** → *aussi grand*

– le **comparatif d'infériorité** s'obtient en ajoutant minus avant l'adjectif

> minus **attentus** → *moins attentif*

– le **comparatif de supériorité**, le plus courant, a une terminaison particulière :
on remplace la terminaison de l'adjectif par ior, ioris au masculin et féminin, ius, ioris au neutre.

> **attent**us**, a, um** : *attentif* → **attenti**or**, attenti**us : *plus attentif*

Il peut avoir un sens intensif : *trop..., assez...*

Déclinaison : L'adjectif au comparatif se décline comme *consul* (cf. tableau p. 51).

● Le superlatif

Le superlatif de l'adjectif se forme en ajoutant le suffixe : issimus, a, um (errimus, a, um pour les adjectifs en -er) au radical de l'adjectif. Il se décline comme un adjectif de la première classe.

> **attent**issimus : *le plus attentif, très attentif*

Il existe quelques **comparatifs et superlatifs irréguliers**, construits sur un **radical différent**.

ADJECTIF	TRADUCTION	COMPARATIF	SUPERLATIF
bonus, a, um	*bon*	melior, melius	optimus, a, um
malus, a, um	*mauvais*	pejor, pejus	pessimus, a, um
magnus, a, um	*grand*	major, majus	maximus, a, um
parvus, a, um	*petit*	minor, minus	minimus, a, um
multi, ae, a	*nombreux*	plures, plura	plurimi, ae, a
propinquus, a, um	*proche*	propior, propius	proximus, a, um

✳ EXERCICES

💬 Loquamur !

1 Récitez *is, ea, id* le plus vite possible dans l'ordre puis en partant de l'ablatif pluriel.

2 Analysez (cas, genre, nombre) les formes de *is, ea, id* employées par Aulu-Gelle (texte p. 172).

3 Faites des phrases en français illustrant chacun des trois sens du comparatif.

4 Déclinez *bonus* au comparatif puis au superlatif.

🖋 Scribamus !

5 Remplacez le nom en gras par le pronom *is, ea, id* à la forme qui convient (attention au genre).

a. **Anus** ad regem adiit. ... ad regem adiit.
b. Anus ad **regem** adiit. Anus ad ... adiit.
c. **Libros** tulit. ... tulit.
d. **Rex** anus libros vidit. ... anus libros vidit.
e. Rex **anus** libros vidit. Rex libros ... vidit.

6 Accordez le comparatif ou le superlatif au nom.

minor... pretio • minim... pretium • minor... pretia • minim... pretii • minor... pretiis

7 Complétez le tableau.

			meilleur
	pejus		
multi			
			le plus proche
	major		
			très grand
attentus			
			plus petit

8 Traduisez.
a. Au départ (**primum**), les livres sont plus nombreux.
b. Tarquin attend (**exspecto, as, are**) un meilleur prix.
c. Anus minus pretium negat.
d. Pejus est : rex libros majore pretio emit.

💡 Cogitemus !

9 Voici la suite du texte de la page 172.
a. **Trouvez les formes d'*is, ea, id*. Analysez-les.
b. **Comment sont-elles traduites ?
c. **À quel nom renvoient-elles ?

Sed eam mulierem tunc a Tarquinio digressam postea nusquam loci visam constitit. Libri tres in sacrarium conditi *Sibyllini* appellati. Ad eos, quasi ad oraculum, quindecimviri adeunt, cum dii immortales publice consulendi sunt.

Mais on assure que cette femme quitta Tarquin et qu'on ne la revit plus nulle part ensuite. Les trois livres, placés dans un sanctuaire, furent appelés « livres Sibyllins ». C'est vers eux, comme vers un oracle, que les quindécemvirs se tournent, lorsqu'il faut consulter les dieux immortels pour l'État.

10 Dans cette anecdote racontée par Tite-Live :
a. **Analysez les formes d'*is, ea, id*.
b. **Supposez que l'augure soit une femme, puis qu'ils soient deux, et faites les modifications nécessaires.

Numa temptandae scientiae Atti Navi auguris causa fertur consuluisse eum, an id de quo cogitaret effici posset ; quod cum ille fieri posse dixisset, jussisse eum novacula cotem praecidere, idque ab Atto protinus factum.

Periochae, I, B.

Numa, pour éprouver la science de l'augure Attus Navius, le consulta, dit-on, pour savoir s'il pourrait faire ce à quoi il pensait ; et, comme celui-ci disait qu'il pouvait, il lui ordonna de couper une pierre avec un rasoir ; et ce fut fait par Attus.

Atelier de traduction

De mauvais auspices

P. Claudius, bello Punico primo, **cum proelium navale committere** vellet **auspiciaque more majorum** petiisset **et** pullarius **non exire cavea pullos** nuntiasset, abjici eos in mare jussit **dicens : « Quia esse** nolunt, bibant. » **Et** L. Junius, P. Claudii collega, neglectis auspiciis, **classem tempestate amisit damnationisque ignominiam voluntaria morte** praevenit.

Valère-Maxime (Ier siècle apr. J.-C.), *Faits et dits mémorables*, I, 4, 3.

👉 AIDE

✳ Que reconnaissez-vous en orange et en **violet** ?

✳ vellet : *il voulait* ; petiisset : *il avait demandé* ; pullarius : *celui qui a la garde des poulets sacrés* ; nuntiasset : *avait annoncé* ; abjici : *soient jetés* ; esse : *manger.*

❋ ÉTYMOLOGIE

Mots clés

La religion

augurium, ii, n. /**augur, uris**, m. : *l'augure*

Probablement composé du radical *au*, présent dans *avis*, « l'oiseau », et d'un ancien verbe *gurere*, « éprouver », le mot augure désigne à la fois le prêtre chargé d'interpréter le vol des oiseaux pour prédire l'avenir (augur) et la prédiction qu'il rend (augurium).

fas, n. : *ce qui est permis par les dieux*

Issu de la racine *fa*, « parler » (*fari*), c'est la volonté exprimée par les dieux, qui décident si le jour est **fas**te ou né**fas**te (cf. p. 178).

numen, inis, n. : *la volonté divine*

Le verbe *nuo*, « incliner la tête », vient de la racine *nug* qui signifie « tordre », « courber ». On la retrouve dans ce qui permet de plier la jambe, le ge**nou** (ge*nu*). Le numen est le signe de tête par lequel les dieux montrent leur approbation.

omen, inis, n. : *le présage*

De l'ancien latin *osmen*, ce mot est apparenté à *vox*, la parole : l'omen est une parole involontaire considérée comme la voix prophétique indiquant la volonté divine.

religio, onis, f. : *la religion*

Ce mot, parfois rattaché à la famille de *religare*, relier, vient sans doute de *leg*, choisir, mettre de côté. Il désigne un recueil de pratiques **religi**euses col**lect**ées et érigées en règles.

☞ ACTIVITÉS

1 Faites correspondre les mots dérivés de *fa (liste a) à leur définition (liste b).

a. enfant • diffamation • fanatique • fable • faconde • profaner • fameux • affable

b. récit imaginaire • dont on parle beaucoup • aimable • passionné pour quelque chose • calomnie • personne qui ne parle pas encore • facilité à parler • dégrader un lieu sacré

2 Complétez les phrases avec un mot de la famille d'augurium.

a. Méfie-toi, après son message de mauvais ... !

b. Le maire a coupé un ruban à l'... de la nouvelle médiathèque.

c. L'empereur ... a tiré son nom d'un adjectif signifiant « grave, digne de respect ».

3 Placez dans la grille des mots construits sur *leg.

Horizontalement
1. malin
2. personne avec laquelle on travaille
3. bien habillé
4. choix
5. entre l'école et le lycée
6. élu de la classe

Verticalement
7. corps d'armée
8. personne qui vote
9. plante comestible
10. enchantement, magie

Latin (bien) vivant

Les rites religieux antiques ont laissé des traces. Des **propos sibyllins** sont des propos très obscurs, difficiles à comprendre, comme les oracles rendus par la Sibylle. Dérivés du grec, une **hécatombe**, sacrifice de cent bœufs, est aujourd'hui un synonyme de « massacre », et un **holocauste** ne désigne plus la combustion complète d'un animal, mais la destruction d'un peuple.

propos sibyllins
hécatombe
holocauste

Antonio Federighi (1411-1490), *Sibylle d'Érythrée*, 1481-1483, mosaïque. Cathédrale de Sienne (Italie).

Feriae et auguria Fêtes et augures **175**

LES TEMPLES

De l'espace mental à l'édifice

Du **templum** découpé dans le ciel par les augures, on passe au temple, bâtiment délimitant l'espace réservé à un dieu. Les premiers temples romains sont inspirés des **temples étrusques**, puis influencés par l'**architecture grecque**.

Maison carrée, Iᵉʳ siècle apr. J.-C. Nîmes. **1**

① le fronton ; **②** la corniche ; **③** les métopes ; **④** l'architrave ; **⑤** le chapiteau ; **⑥** le fût

Acrotère, Vᵉ siècle av. J.-C. Musée national archéologique, Madrid.

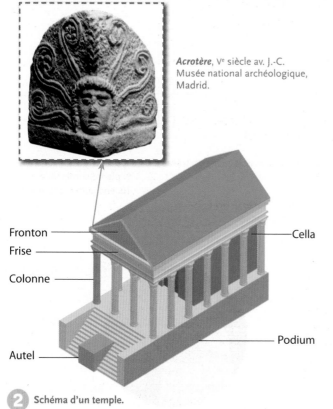

Fronton — Frise — Colonne — Autel — Cella — Podium

2 Schéma d'un temple.

UNE ARCHITECTURE CARACTÉRISTIQUE

Le temple romain est construit sur un **podium**. Des marches donnent accès au **porche** entouré de colonnes, généralement corinthiennes. Ce porche précède la *cella*, pièce où se trouve la statue du dieu. Le toit à deux pentes est couvert de tuiles et parfois décoré d'**acrotères** en terre cuite sur le modèle étrusque.

Une forme variable

Il existe aussi des **temples ronds**, comme celui de Vesta sur le *Forum Romanum* ou le petit temple d'Hercule sur le *Forum Boarium*. Le plus remarquable d'entre eux est le **Panthéon**, à Rome, temple de tous les dieux (construit au Ier siècle av. J.-C.). La **coupole**, de 43,50 mètres de diamètre, a été réalisée en béton coulé dans un coffrage.

Il faut attendre quinze siècles pour qu'une coupole de diamètre supérieur soit construite, le **dôme de Florence**.

Intérieur du Panthéon, XIXe siècle, gravure. **3**

4 Temple d'Hercule, IIe siècle av. J.-C. Forum Boarium, Rome.

☞ ACTIVITÉS

OBSERVER ET COMPRENDRE

1 @ Cherchez la définition des légendes des **DOC. 1 et 2**.

2 **DOC. 1 et 4** : Observez les chapiteaux des temples cités. À quel(s) ordre(s) appartiennent-ils (cf. p. 136) ?

3 Malgré la différence de forme, quels points communs voyez-vous entre ces temples ?

4 **DOC. 3** : @ Comment appelle-t-on l'ouverture au sommet de la coupole ?

PROLONGER

Cherchez d'autres exemples de temples romains et présentez-les (date, description...) sous forme de panneau ou de diaporama.

ZOOM sur Les fêtes religieuses

*Lors des multiples fêtes religieuses,
les Romains honorent et consultent les dieux.*

L'ESSENTIEL

■ De nombreux jours de fête

Les *fasti*, calendriers romains (cf. pp. 168-169), sont ainsi nommés car ils listent les **jours fastes**, où l'homme peut agir, et les **jours néfastes**, réservés aux dieux, qui sont des jours de fête.

La plupart des fêtes ont lieu à des dates fixes (*stativae*), d'autres sont mobiles (*indictivae*). On accomplit des cérémonies, des rites parfois étranges et dont les Romains eux-mêmes ont oublié la signification, ou on donne des jeux.

À l'époque républicaine, il y a chaque année 45 jours de fête et une soixantaine de jours de jeux publics.

■ Le déroulement d'un sacrifice

Lors des cérémonies religieuses, le prêtre, la tête voilée, accomplit le sacrifice. À l'origine, il offre des végétaux (pain, fruits…), mais l'usage du sacrifice animal s'impose après Numa (715-673 av. J.-C.). Le prêtre jette sur la tête de l'animal une farine fabriquée par les Vestales, la *mola salsa* (d'où le verbe « immoler »), puis verse du vin : c'est la *libatio* (libation) (❷ et ❸). Les assistants du prêtre amènent l'animal, l'égorgent et le découpent rituellement. Une partie est brûlée pour les dieux, le reste consommé par les participants.

■ Les victimes

Selon la divinité, on ne sacrifie pas toujours le même animal. On fait ainsi pour Mars un sacrifice nommé **suovetaurile**, de *sus*, le porc, *ovis*, le mouton, et *taurus*, le taureau. Le gibier est utilisé pour Diane (❹), des animaux sombres pour les divinités infernales. Il y aurait également eu des sacrifices humains sous la République, mais très rares et dans des cas critiques (❶).

❶ Sacrifices et fêtes de novembre

En 228 avant notre ère, les Romains redoutent une attaque des Gaulois.

Question : À quoi voit-on que Plutarque est un auteur grec ? Condamne-t-il les Romains ?

Ce qui prouve aussi leur effroi, ce sont les préparatifs qu'ils firent et le caractère inouï du sacrifice qu'ils accomplirent. Eux qui d'habitude ne pratiquaient aucun rite barbare ni étranger, et qui, partageant autant que possible les opinions des Grecs, se montraient doux dans le culte rendu aux dieux, furent contraints, quand la guerre eut éclaté, d'obéir à des oracles tirés des livres Sibyllins et enterrèrent vivants deux Grecs, un homme et une femme, et pareillement deux Gaulois sur la place appelée le Marché aux bœufs ; et, de nos jours encore, au mois de novembre, on célèbre en leur honneur des cérémonies secrètes, auxquelles personne ne peut assister.

Plutarque (46-125), *Vie de Marcellus*, III, traduit par Robert Flacelière et Émile Chambry.

② Les accessoires du prêtre

Denier de Nerva, Ier siècle apr. J.-C.

L'*aspersorium* pour
asperger les fidèles.

Le *simpulum*, louche
pour faire les libations.

Le *lituus*.

Le *praefericulum*,
vase à vin.

Question : À quoi sert le *lituus* ? (cf. p. 180)

③ Un double sacrifice

*Le prêtre, sans doute un censeur,
suivi des licteurs tenant les
faisceaux, fait une libation sur
l'autel, la tête voilée.*

Question : À quel dieu
s'apprête-t-on à sacrifier
ces animaux ?

Suovetaurilia, sarcophage, vers 48 apr. J.-C., marbre.
Musée du Louvre, Paris.

④ Sacrifice à une déesse

Sacrifice à Diane, IIIe-IVe siècle apr. J.-C., mosaïque.
Villa du Casale, Piazza Armerina, Sicile.

Question : Le sacrifice est-il effectué
par un prêtre ? Justifiez.

✐ ACTIVITÉS B2i

S'informer sur Internet

Cherchez les noms latins des
différentes étapes d'un sacrifice
(« religion de la Rome antique »,
Wikipedia) et résumez-les.

Prédictions et signes célestes

Consulter l'avis des dieux est indispensable avant toute décision militaire ou politique importante.

Augure, bronze, 500-480 av. J.-C. Musée du Louvre, Paris.

L'ESSENTIEL

■ Haruspicine et autres présages

Les haruspices (❷ et ❸), devins étrusques qui prédisaient l'avenir en observant les entrailles des animaux, sont restés influents, bien que certains auteurs s'en moquent, sous la République comme sous l'Empire. Des particuliers les consultaient aussi.

Les poulets sacrés, qui annonçaient l'accord du dieu en mangeant avec appétit, étaient utilisés loin de Rome.

Mais les Romains croient aussi que tout le monde peut annoncer l'avenir par une parole involontaire, sans rapport avec la situation annoncée, l'**omen**, ou qu'on peut le lire dans l'eau ou le feu.

■ Les augures

Les jours néfastes, avant les cérémonies, on prend souvent les **augures**. Cette interprétation de la volonté divine, dans le vol des oiseaux, mais aussi dans la foudre ou l'interprétation de phénomènes prodigieux, vient des Étrusques.

Le prêtre, nommé augure (❹), trace un espace imaginaire dans le ciel, le **templum**, du bout de son **lituus**. Une fois cet espace délimité, il regarde vers l'Est et observe le vol des oiseaux. Si ceux-ci volent vers la droite, les dieux sont favorables ; vers la gauche (**sinister**), c'est mauvais signe.

■ Les manifestations divines

Les phénomènes inexplicables que les Romains n'attribuent pas aux monstres ou aux revenants leur semblent causés par les dieux. Avant chaque événement historique important, les textes rapportent des prodiges généralement inquiétants : naissance d'enfants ou d'animaux difformes et monstrueux, animaux qui parlent ou pleurent, manifestations météorologiques anormales, etc. (❶)

❶ Des phénomènes inexplicables

Avant les conflits sociaux du Vᵉ siècle et une attaque des Sabins...

Question : Les signes divins vous semblent-ils faciles à comprendre ? Justifiez.

La terre fut ébranlée de violentes secousses, un bœuf parla, et le ciel sembla s'embraser. On vit et on entendit diverses sortes de spectres et de voix horribles. Il plut de la chair, qui tombait du ciel comme de la neige, en morceaux petits ou gros, et était dévorée par des oiseaux de toutes sortes volant au milieu avant de toucher le sol ; le peu qui passa à travers, dispersé à Rome et dans les champs, joncha le sol longtemps, sans changer de couleur, sans odeur, contrairement à l'habitude de la viande pourrissant. Les devins du pays ne purent en donner d'interprétation. Mais les livres sibyllins avertirent qu'on prenne garde à un ennemi extérieur et à des discordes entre citoyens.

Julius Obsequens (IVᵉ siècle apr. J.-C.), *Livre des Prodiges*, XVI.

❷ Haruspicine : pratique...

Question : À quoi reconnaissez-vous l'haruspice sur ce bas-relief ?

Scène d'haruspicine, 120 apr. J.-C, relief en marbre provenant du Forum de Trajan. Musée du Louvre, Paris.

❸ ... et théorie

Question : À quoi pouvait servir cet objet ?

Foie de mouton, bronze, IIᵉ siècle av. J.-C. Musée municipal, Piacenza (Italie).

❹ Des prêtres au travail

*Marc Antoine (83 - 30 av. J.-C.) est représenté en **augure**, avec la tête voilée et le lituus dans la main droite.*

Question : Que lisez-vous sur l'inscription en face du *lituus* ?

Pièce de monnaie, Iᵉʳ siècle av. J.-C.

ACTIVITÉS B2i

S'informer sur Internet

Les auspices célèbres : livres Sibyllins, augures, poulets sacrés, sont à la source de beaucoup d'anecdotes. Cherchez-en quelques-unes.

Mirabilia
Fantômes et monstres

Des créatures nées de la nuit

❶ Passeurs entre hommes et dieux

1 @ Qui sont Hypnos et Thanatos ? Décrivez-les. Que signifient leurs noms ?

2 Comment Euphronios montre-t-il qu'ils interviennent à la fois chez les vivants et dans l'au-delà ?

Euphronios (VIᵉ-Vᵉ siècle av. J.-C.), *Hypnos et Thanatos portant le corps de Sarpédon*, cratère attique, 520-510 av. J.-C. Metropolitan Museum, New York.

❷ Morphée, entre vivants et morts

Dieu des rêves, le fils d'Hypnos et de Nuit annonce à Alcyone la mort de Céyx, son mari.

[...] positisque e corpore pennis
In faciem Ceycis abit sumptaque figura
Luridus, exanimi similis, sine vestibus ullis,
Conjugis ante torum miserae stetit. [...]
5 « Agnoscis Ceyca, **miserrima conjux**,
An mea mutata est facies nece ? Respice : nosces
Inveniesque tuo **pro conjuge conjugis umbram !** »

Il détache ses plumes de son corps et va, sous l'apparence de Céyx, ayant pris un visage livide, sans vie, sans aucun vêtement, et il s'arrête devant le lit de sa malheureuse femme. [...] « Reconnais-tu Céyx, ..., ou mon visage est-il changé par la mort ? Regarde : tu me reconnaîtras et tu découvriras ... ».

Ovide (43 av. J.-C. – 17 apr. J.-C.), *Métamorphoses*, XI, 652-660.

1 Relevez les mots décrivant Morphée avant et après la métamorphose : à quoi ressemble-t-il ?

2 Complétez la traduction : comment les époux sont-ils qualifiés ?

❸ Conjurer les fantômes : les *Lemuria*

Les lémures sont les âmes des morts qui ne connaissent pas le repos des Enfers, car ils n'ont pas été enterrés avec les honneurs. Pour qu'ils laissent les vivants en paix, chaque pater familias *les honore ainsi, une nuit de mai.*

1 Cumque manus puras **fontana** perluit **unda**,
vertitur et nigras accipit ante fabas,
aversusque jacit ; sed dum jacit, « Haec ego mitto,
his, inquit, redimo meque meosque fabis ».
5 Hoc **novies dicit nec respicit** : umbra putatur
colligere et nullo terga vidente sequi.
Rursus aquam tangit, Temesaeaque concrepat aera,
et rogat ut tectis exeat umbra suis.
Cum dixit **novies « Manes exite paterni »**
10 respicit, et pure sacra peracta putat.

Ovide (43 av. J.-C. – 17 apr. J.-C.), Fastes, V, 435-444.

Après s'être purifié les mains ..., il se retourne et prend d'abord des fèves noires, puis il les jette derrière ; pendant qu'il les jette, il dit : « Je jette ces fèves, par elles je me rachète, moi et les miens. » Cela, ... : on pense que l'ombre les ramasse et le suit sans être vue. Il touche une nouvelle fois l'eau, il fait sonner le bronze de Témésa* et il demande à l'ombre de quitter sa demeure. Quand il a dit ... : « ... », il se retourne et il pense avoir accompli régulièrement les rites.

* Témésa (ou Tempsa) est une ville du Sud de l'Italie.

1 Complétez la traduction.

2 Résumez les étapes du rite. Pourquoi le *pater familias* ne doit-il pas se retourner ?

3 Combien de fois le rite est-il répété ? Pourquoi, à votre avis ?

❹ Des monstres de la nuit : les striges

Ancienne croyance populaire, transmise ensuite par la littérature, la strige est un démon mi-femme, mi-oiseau.

Elles ont une tête énorme, des yeux toujours ouverts, un bec de rapace, un plumage blanc, et leurs ongles sont des crocs. Leurs becs, dit-on, fouillent les entrailles des nourrissons et leurs gosiers sont pleins du sang qu'elles ont bu. On les appelle Striges - ce nom vient des cris stridents qu'elles ont l'habitude de pousser, rendant les nuits effrayantes.

Ovide, Fastes, VI, 133-141, traduit par D. Nisard.

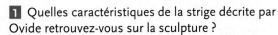

1 Quelles caractéristiques de la strige décrite par Ovide retrouvez-vous sur la sculpture ?

2 Pourquoi les striges sont-elles redoutables ?

3 À quelles créatures antiques ressemblent-elles ?

4 De quelles créatures fantastiques sont-elles l'ancêtre ?

La strige, XIXᵉ siècle, calcaire. Façade de la cathédrale Notre-Dame de Paris.

Le philosophe grec Métrodore,
IIe siècle av. J.-C., mosaïque.
Musée Rolin, Autun.

● Maison hantée !

Le philosophe Athénodore achète une maison hantée par
un spectre (effigies), décrit comme un vieillard portant
des chaînes. Le premier soir, il travaille seul…

1 Initio, silentium noctis ; dein concuti ferrum, vincula moveri.
Ille non tollere oculos, non remittere stilum, sed offirmare ani-
mum auribusque praetendere. Tum crebrescere fragor, adven-
tare et jam ut in limine, jam ut intra limen audiri. Respicit, videt
5 agnoscitque narratam sibi effigiem. Stabat innuebatque digito similis vocanti. *Hic*
contra ut paulum exspectaret manu significat rursusque ceris et stilo incumbit. *Illa*
scribentis capiti catenis insonabat. Respicit rursus idem quod prius innuentem, nec
moratus tollit lumen et sequitur. Ibat *illa* lento gradu quasi gravis vinculis. Postquam deflexit in aream domus, repente dilapsa deserit comitem. Desertus herbas
10 et folia concerpta signum loco ponit. Postero die adit magistratus, monet ut illum
locum effodi jubeant. Inveniuntur ossa inserta catenis.

Pline le Jeune (61-114 apr. J.-C.), *Lettres*, VII, 27, 8-11.

Vocabulaire

NOMS
catena, ae, f. : la chaîne
comes, itis, m. : le compagnon
limen, inis, n. : le seuil

VERBES
desum, es, esse, fui : abandonner
moneo, es, ere, ui, itum : avertir,
engager à
scribo, is, ere, scripsi, scriptum :
écrire
tollo, is, tollere, sustuli,
sublatum : soulever, lever, enlever

ADJECTIFS
gravis, e : sérieux, lourd
lentus, a, um : mou, lent, impassible

PRONOMS
hic, haec, hoc : ce, cette, celui-ci,
celle-ci
ille, illa, illud : ce, cette, celui-ci,
celle-ci, il, elle

Lecture du texte

1 L. 1 à 4 : à quel champ lexical appartiennent les mots
en bleu ? Complétez-le.

2 Quel autre champ lexical prend le relais (en rouge) ?
Pourquoi ? Expliquez son importance.

3 L. 5 à 7 : Que font les personnages ?
Expliquez l'attitude d'Athénodore.

4 L. 8-9 : Observez les verbes et résumez l'action.

5 L. 10-11 : Que voulait montrer le spectre (le mot est
répété 2 fois) ? Pourquoi ?

Observation de la langue

1 Retrouvez la traduction des passages en vert.
elle se déplaçait • celui-ci fait un signe de la main • lui, il ne
levait pas les yeux • elle, elle fait un bruit de chaînes.
a. Quelle est la nature des mots en italique ?
b. Observez leur traduction. Que remarquez-vous ?
c. Trouvez une autre forme de *ille*. Quelle est sa nature ?

2 > **significat ut exspectaret**
   il lui fait comprendre qu'elle attende
   > **monet ut jubeant effodere**
   il demande qu'ils ordonnent de creuser
Quelle est la traduction de *ut* ?
Quelle proposition reconnaissez-vous en français ?

● Les pronoms-adjectifs démonstratifs *hic*, *iste* et *ille*

Hic, *iste*, *ille* peuvent s'employer seuls, comme **pronoms**, ou avec un nom, comme **adjectifs**. Ils se traduisent généralement par **celui-ci**, **celle-ci** ou **ce**, **cette**.

— hic désigne quelque chose de **plus proche** qu'iste, qui désigne quelque chose de **plus proche** qu'ille, dans l'espace, dans le temps ou dans la pensée.

> hic **puer,** illa **puella**   *ce garçon-**ci**, cette fille-**là**.*

— iste peut être **péjoratif**, ille **mélioratif**.

> iste **vir**   *ce **sinistre** individu*   ille **consul**   *ce **grand** consul*

Cas	SINGULIER			PLURIEL		
	Masculin	Féminin	Neutre	Masculin	Féminin	Neutre
N.	hic	haec	hoc	hi	hae	haec
Acc.	hunc	hanc	hoc	hos	has	haec
G.	hujus	hujus	hujus	horum	harum	horum
D.	huic	huic	huic	his	his	his
Abl.	hoc	hac	hoc	his	his	his

Cas	SINGULIER			PLURIEL		
	Masculin	Féminin	Neutre	Masculin	Féminin	Neutre
N.	iste	ista	istud	isti	istae	ista
Acc.	istum	istam	istud	istos	istas	ista
G.	istius	istius	istius	istorum	istarum	istorum
D.	isti	isti	isti	istis	istis	istis
Abl.	isto	ista	isto	istis	istis	istis

Cas	SINGULIER			PLURIEL		
	Masculin	Féminin	Neutre	Masculin	Féminin	Neutre
N.	ille	illa	illud	illi	illae	illa
Acc.	illum	illam	illud	illos	illas	illa
G.	illius	illius	illius	illorum	illarum	illorum
D.	illi	illi	illi	illis	illis	illis
Abl.	illo	illa	illo	illis	illis	illis

● La proposition subordonnée complétive introduite par *ut*

Comme en français, après certains verbes exprimant une volonté, un souhait, un effort, on trouve une **proposition subordonnée complétive**, introduite par ut ou par ne si elle est négative.

> **Monet ut jubeant effodere.**   *Il demande qu'ils ordonnent de creuser.*
> **Opto ut venias.**   *Je souhaite que tu viennes.*
> **Opto ne venias.**   *Je souhaite que tu ne viennes pas.*

Le verbe de cette proposition est au **subjonctif**.

Si la principale est au **présent**, la subordonnée est au **subjonctif présent** si l'action est simultanée (se passe en même temps).

> **Opto ne veniat.**   *Je souhaite qu'il ne vienne pas.*

Si la principale est au **passé** (imparfait, parfait, plus-que-parfait), la subordonnée est à **l'imparfait du subjonctif** si l'action est simultanée.

> **Optabam ne veniret.**   *Je souhaitais qu'il ne vienne/ne vînt pas.*

✳ EXERCICES

💬 Loquamur !

1 Déclinez les pronoms du nominatif à l'ablatif puis de l'ablatif au nominatif.

2 Quel démonstratif le personnage utilisera-t-il pour désigner le bateau (*navis, is*, f.) ?

3 Analysez (cas, genre, nombre).

illorum • haec • ista • illud • hanc • istorum • hoc • illos • has

4 Trouvez le plus de verbes français possibles exprimant la volonté, l'effort, le souhait et pouvant être suivis de la conjonction « que » ou de la préposition « de » + infinitif.

✍ Scribamus !

5 Faites correspondre.

illa	capiti	*cette main*
istis	manus	*ces lieux sinistres*
illo	oculum	*cet œil*
istum	animo	*cette tête*
huic	locis	*ce grand esprit*

6 Complétez le groupe nominal par *hic, haec, hoc* à la forme voulue (parfois, il y a plusieurs possibilités).

... caput • ... comitis • ... manus • ... oculo • ... locorum • ... catenis • ... limen

7 Traduisez.
a. Hic ibat, ille scribebat.
b. Hi fabulam narrant, illi hanc scribunt.
c. Istam effigiem videt.
d. Ille philosophus oculos non tollit.

8 Traduisez.
a. Illa effigies significat ut veniat.
b. Illa significat ne scribeat.
c. Ille monet ut effodiant.
d. Illa optat ut philosophus locum videat.
e. Philosophus timebat ne catenas audiret.

9 Traduisez en latin.
a. Le fantôme ordonnait qu'ils creusent.
b. Le philosophe fait signe qu'il ne vient pas.
c. Je souhaite voir un fantôme.
d. Ils craignent d'entendre des chaînes.

💡 Cogitemus !

10 Repérez les démonstratifs.
Sont-ils pronoms ou adjectifs ?
Reformulez la traduction (p. 183) en les mettant en valeur.

Est illis strigibus nomen ; sed nominis hujus causa quod horrenda stridere nocte solent.

(Ovide, *Fastes*, VI, 139-140).

11 Réécrivez cette phrase de Julius Obsequens (cf. p. 180) :
a. en remplaçant le sujet par un pronom démonstratif ;
b. en remplaçant *cavendum* (caveo, es, ere) par une proposition complétive (aide : le verbe aura pour sujet « ils » et sera au subjonctif imparfait).

Libri autem Sibyllini monuerunt cavendum ab externo hoste et civium seditionibus.

Atelier de traduction

Témoignage de l'au-delà

Discours d'un fantôme à celui qui lui succède dans sa maison.

Nam me Acheruntem recipere Orcus noluit,
quia praemature vita careo. Per fidem
deceptus sum : hospes me necavit isque me
defodit insepultum *clam ibidem in hisce aedibus,*
scelestus, auri causa. Nunc tu hinc emigra.
Scelestae haec sunt aedes, impia est habitatio.

Plaute (254-184 av. J.-C.), *Mostellaria*, III, 2.

👉 AIDE

* les fonctions : sujet, verbe, COD

* la traduction du passage en italique : *en secret, là, dans cette maison.*

* L'Achéron est le fleuve des Enfers dont Orcus est le dieu.

* vocabulaire : careo, es, ere (+ abl.) : *être privé de* ; defodio, is, ere : *enterrer.*

✳ ÉTYMOLOGIE

Mots clés

L'irrationnel

imago, inis, f. : *l'image*

Dérivé du radical *ig*, présent également dans le grec *eikô*, qui signifie « ressembler à », *imago* désigne toutes les représentations, réelles ou **imagin**aires : portrait, fantôme ou **ic**ône.

monstrum, i, n. : *le prodige, le monstre*

Le radical *mon* se retrouve dans monere, « avertir » : le monstrum est ce qui avertit de la volonté divine, un phénomène inexpliqué, donc attribué aux dieux.

prodigium, ii, n. : *le prodige*

Composé du préfixe *pro*, « en avant » et du verbe *ago*, « bouger », prodigium est littéralement « la chose mise en avant », ce qui mérite d'être remarqué, en bien – le miracle – comme en mal – le monstre.

spectrum, i, n. : *le spectre*

De la racine indo-européenne *spek*, « voir », le spectre est souvent remarquable d'a**spect**. Son existence est totalement liée à la vue, puisqu'il n'a aucune réalité matérielle.

superstitio, onis, f. : *la superstition*

Dérivé du verbe archaïque *superstitare*, « protéger », ce mot est composé de *super*, « au dessus » et *stare*, « se tenir » : la **superstitio**n est le respect ou la crainte des dieux, qui sont au-dessus des hommes.

☞ ACTIVITÉS

1 Les familles de spectrum et de superstitio sont mélangées. À vous de les séparer.

inspection • spectacle • station • circonspect • constant • introspection • substance • perspective • circonstance • spécimen

2 Complétez les phrases avec des dérivés de ig ou mon.

a. Cet humoriste ... très bien tous les hommes politiques.

b. Le ... de ski m'a appris une nouvelle technique.

c. Il y a des fleurs devant le ... aux morts.

d. Pour illustrer mon exposé, je ... des photos.

e. Les églises orthodoxes sont ornées de nombreuses ... .

3 Voici cinq mots de la famille de prodigium. Cherchez leur sens dans le dictionnaire et employez-les dans une phrase.

ambigu • exigu • prodiguer • cogiter • ambages

4 Cherchez l'intrus et justifiez.

a. respect • suspect • spécial • espion • sport

b. étable • statue • instable • stérile • statique

5 Reliez chacun de ces mots de la famille de prodigium à sa définition.

agonie •   • figé, devenu solide
coagulé •   • point de désaccord
exigeant •   • ruse
fumigation •   • fin de vie
fustiger •   • héros
intransigeant •   • qui demande beaucoup
litige •   • frapper, critiquer
protagoniste •   • inflexible, dur
stratagème •   • action d'exposer à
                                 la fumée pour désinfecter

Latin/Grec (bien) vivant

Le français a gardé tels quels tous les mots vus en étymologie : image, monstre, prodige, spectre, superstition.

Le nom grec du dieu des songes demeure lui aussi : **être dans les bras de Morphée** est une image toujours employée pour décrire le fait de dormir.

être dans
les bras
de morphée

Hypnos, IVe siècle av. J.-C., bronze, British Museum, Londres.

LA REPRÉSENTATION DE L'AU-DELÀ DANS LA CÉRAMIQUE GRECQUE

Post mortem

L'évocation des fantômes et de la mort est peu prisée par les artistes antiques. On représente l'au-delà, essentiellement sur la céramique.

Sur les **lécythes** on peint parfois le mort et non un héros mythologique. Ces vases apparaissent au VIᵉ siècle avant J.-C. et ont un décor particulier, sur fond blanc.

Lécythe, *Hypnos et Thanatos ensevelissant un mort*, peintre de Thanatos, v. 420 av. J.-C., British Museum, Londres. ①

Amphore attique trouvée à Cerveteri, groupe de Leagros, 520-510 av. J.-C., musée du Vatican. ②

Coupe attique en provenance de Vulci, peintre de Codrus, 430-420 av. J.-C. British Museum, Londres. ③

LA CÉRAMIQUE GRECQUE

À l'exception des **lécythes**, les vases sont décorés à partir du VIe siècle selon une technique appelée **figure noire** (**DOC. 2**) : on dessine en noir sur l'argile qui devient rouge à la cuisson. Les détails sont obtenus en incisant la peinture noire. Vers 530-520 av. J.-C., on découvre la **figure rouge** (**DOC. 3**), qui est la technique inverse : les détails sont peints et non plus incisés (cf. p. 78).
À la fin du Ve siècle, la production se déplace vers l'Italie du Sud, et la **céramique apulienne** (**DOC. 4**), plus chargée, s'impose.

4 **Cratère apulien**, 320 av. J.-C., trouvé à Canosa, Antikensammlungen, Munich.

Perséphone est debout dans son palais, la torche d'Éleusis à la main, avec Hadès assis sur son trône. Autour, Mégara et ses fils ; Orphée et sa lyre ; Hector, Andromaque et Astyanax ; Sisyphe, menacé par une furie ; Hercule et Cerbère, Hécate ; Tantale ; les trois juges ; Médée ; Thésée et Pirithoos.

☞ ACTIVITÉS

OBSERVER ET COMPRENDRE LES ŒUVRES

1 **DOC. 1** : Qui sont les deux personnages debout (cf. p. 182) ?

2 **DOC. 2 à 4** : Selon vous, quelle technique permet les dessins les plus précis ?

3 **DOC. 2 à 4** : Quels personnages retrouvez-vous sur ces différents vases ?

PROLONGER

Quatre types de vases différents sont présentés sur cette double page. Cherchez-en d'autres, et présentez la forme et la fonction de chacun.

Les Romains et le surnaturel

Revenues d'entre les morts ou à l'affût des vivants, nombreuses sont les créatures fantastiques que redoutent les Romains.

L'ESSENTIEL

▪ Les fantômes

Dans l'imaginaire antique, le fantôme est très présent. En témoigne l'abondance de mots pour le désigner : *spectrum, imago, idolon, monstrum* et son diminutif *mostellum*. Une pièce de théâtre de Plaute a même pour titre *Mostellaria*, « la comédie du fantôme ». En revanche, on ne les utilise pas comme motifs décoratifs, contrairement aux monstres mythologiques. On ignore donc à quoi ressemblaient les fantômes romains.

▪ Des peurs liées à la mort

Les Romains comme les Grecs attachaient beaucoup d'importance aux rites funéraires. Ils pensaient que si quelqu'un mourait de mort violente ou ne pouvait être envoyé convenablement aux Enfers, il devenait un esprit errant et malfaisant pour les vivants. Nommés **lémures** (*lemures, um*) (cf. p. 183) ou **larves** (*larva, ae*) (❷), ces revenants n'ont pas de forme précise ; ils diffèrent selon les textes, mais inspirent toujours l'épouvante.

▪ Les créatures maléfiques

Outre ces fantômes, les Romains redoutaient également des créatures imaginaires (❸) : les **striges** (*strix, strigis*), qui boivent le sang des nouveau-nés et donneront naissance aux vampires, les **loups-garous** (*versipellis, is*), dont les descriptions antiques sont à la source des légendes ultérieures, et des monstres mythologiques comme les **Sirènes** (*siren, enis*) et les **Harpies** (*harpyia, ae*) (❶).

❶ Une attaque de harpies

Question : La plupart des monstres antiques sont des **hybrides** (cf. p. 78). En quoi les Harpies l'illustrent-elles ?

Nul monstre n'existe plus sinistre qu'elles, et jamais n'ont surgi des eaux du Styx fléau plus cruel ni colère divine plus furieuse. Ces oiseaux ont une tête de femme, un flux immonde s'écoule de leur ventre, leurs mains sont pourvues de griffes, et leurs faces sont toujours pâles de faim ! [...] Se laissant glisser des montagnes en un vol effrayant, les Harpies sont là et secouent leurs ailes qui claquent bruyamment. Elles pillent notre nourriture et souillent tout à leur contact immonde, puis un cri sauvage se mêle à une odeur nauséabonde. [...] Leurs plumes les protègent contre toute atteinte, leurs échines sont invulnérables et, rapides, elles s'enfuient en glissant vers les astres, laissant une proie à demi consommée et des traces répugnantes.

Virgile, *Énéide*, III, 214-218, 225-228 et 242-244, traduction BCL.

❷ Les larves

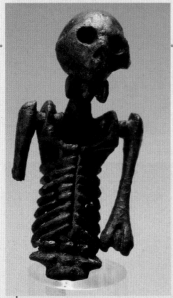

Larva convivialis, bronze,
Ier siècle apr. J.-C.
Palazzo Massimo, Rome.

*Mosaïque provenant
de la villa des Quintilii,
IIe siècle apr. J.-C. Musée
National Romain, Rome.*

*On a retrouvé des larvae
conviviales, petits
squelettes représentés
sur les mosaïques
des triclinia ou placés sur
les tables de banquet
pour inviter à profiter de
la vie, seules larves dont
on ait ainsi une
représentation.*

Question : En quoi cette
larve est-elle inquiétante ?

Question : Sur cette mosaïque
romaine figure l'inscription grecque
« gnothi seauton ».
Cherchez-en le sens.

❸ D'étranges créatures

Les ...,
mi-femmes
mi-oiseaux,
devenues
femmes
poissons dans
les légendes
plus récentes,
attirent les
hommes pour
les noyer.

un ..., mi-aigle, mi-lion

Question : Replacez les noms
de ces créatures, en vous
aidant éventuellement d'un
dictionnaire : *Tritons – Satyres
– Sirènes – Griffon*.

Friedrich Justin Bertuch,
Livre d'images pour les enfants, 1806.

Les ... sont
des êtres
malfaisants
des forêts.

Les ... montent
des chevaux
marins ou
nagent.

📖 ACTIVITÉS B2i

**Chercher une
information**

1 Des fantômes à la zoologie :
cherchez l'étymologie de *larve* et
de *lémurien*. Quel rapport avec
les créatures romaines ?

2 Qu'est-ce qu'un Triton dans
la mythologie ? La représentation
qu'en donne F. J. Bertuch vous
semble-t-elle fidèle ?

Inferi
Les Enfers

✳ DÉCOUVRIR *Descentes aux Enfers*

❶ Le royaume de Pluton

Monsù Desiderio (XVIIᵉ siècle),
Les Enfers, 1622, huile sur toile.
Musée des Beaux-Arts et d'Archéologie, Besançon.

1 À quoi voit-on que ce tableau représente le monde des morts ?

2 Quelle est probablement la religion du peintre ? Qu'entendait-on par « enfer » à son époque ?

3 Les deux personnages de gauche font référence à la mythologie latine. Qui peuvent-ils être ?

❷ Une épouse pour le roi des Enfers

¹ Ceres cum raptam a Plutone Proserpinam filiam diu quaesisset, tandem aliquando eam esse apud inferos comperit quia a **Plutone, sive Orco, fratre Jovis** rapta fuerat. Sane Ceres ⁵ postea meruisse dicitur ut Proserpina sex esset **cum matre** mensibus, sex **cum marito**. Quod ideo fingitur quia Proserpina ipsa est et **luna**, quare toto anno sex mensibus crescit, sex deficit, ut crescens **apud superos** et deficiens **apud** ¹⁰ **inferos** videatur.

Comme elle cherchait depuis longtemps sa fille, Proserpine, enlevée par Pluton, Cérès finit par découvrir qu'elle se trouvait aux Enfers parce qu'elle avait été enlevée par …. On dit que, finalement, Cérès obtint que Proserpine reste six mois …, six mois …. Tout cela a été imaginé parce que Proserpine est aussi …, qui, sur une année entière, croît six mois, décroît six mois, de telle sorte qu'elle paraît être … quand elle croît et … quand elle décroît.

Premier mythographe du Vatican (IXᵉ ou Xᵉ s. apr. J.-C.), I, 7.

1 Traduisez les mots ou expressions en gras.

2 Quelle expression désigne les Enfers en latin ? À quelle autre s'oppose-t-elle ?

3 En quoi cet épisode mythologique explique-t-il le cycle des saisons ?

③ Une traversée impressionnante

*Énée, conduit par la Sibylle de Cumes, part retrouver son père Anchise aux Enfers.
Pour cela, il doit affronter le terrible nocher Charon et traverser la foule des ombres
des morts...*

1 Hinc via Tartarei quae fert Acherontis ad undas. [...]
Portitor has horrendus aquas et flumina servat
Terribili squalore Charon, cui plurima mento
Canities inculta jacet, stant lumina flamma,
5 Sordidus ex umeris nodo dependet amictus.
Ipse ratem conto subigit velisque ministrat
Et ferruginea subvectat corpora cumba,
Jam senior, sed cruda deo viridisque senectus.
Huc omnis turba ad ripas effusa ruebat,
10 **matres atque viri** defunctaque corpora vita
magnanimum heroum, **pueri innuptaeque**
                                              [puellae,
impositique rogis **juvenes** ante ora parentum.

De là, part ... qui mène ... de l'Achéron qui
coule au Tartare. [...] Un horrible passeur
garde les eaux ..., Charon, effrayant de saleté ;
à son menton, des poils blancs, incultes ; ses
yeux sont fixes comme des flammes ; un manteau sale pend, noué à ses épaules. Il pousse
lui-même la barque avec une perche, dirige les
voiles, et transporte les corps dans son esquif
de fer. Il est déjà vieux, mais c'est la vieillesse
encore verte et pleine de sang d'un dieu.
Là, ..., toute une foule en désordre se ruait, ...,
les corps désormais sans vie ..., ..., ..., ... mis
au bûcher sous les yeux de leurs parents.

Virgile (70-19 av. J.-C.), *Énéide*, VI, 295, 298-308.

1 Les Enfers sont un univers à part entière reproduisant sous terre la géographie de la surface. Traduisez les termes en bleu qui donnent des indications de type géographique.

2 Expliquez l'expression qui désigne Charon : « *portitor horrendus* » en relevant deux séries de mots dans le texte, l'une confirmant qu'il est « passeur », l'autre qu'il est « horrible ».

3 Les âmes que Charon doit transporter dans sa barque sont très diverses : identifiez-les en traduisant les noms en gras.

④ Le nocher Charon

Joachim Patinir (1485-1524), *Charon traversant le Styx*, 1515,
huile sur bois. Musée du Prado, Madrid.

1 Recherchez dans un dictionnaire le sens du nom « nocher ».

2 Identifiez les différents éléments géographiques nommés dans le texte ci-dessus.

3 Comparez la vision de Patinir dans cette peinture et celle de Virgile dans le texte : quelles en sont les différences ?

✴ LIRE EN LATIN

Alfred Pierre Agache
(1843-1915), *Les Parques*,
huile sur toile. Palais
des Beaux-Arts, Lille.

● Traversée périlleuse

Psyché, contrainte par Vénus de se rendre aux Enfers, veut se jeter du haut d'une tour. Mais la tour prend la parole et lui indique comment se rendre vivante chez les morts.

1 Jam *canale directo* perges *ad ipsam Orci regiam*. Sed non hactenus vacua debebis *per il-las tenebras* incedere, sed offas polentae mulso concretas ambabus gestare manibus at in ipso ore duas ferre stipes. [...] Nec mora *ad flumen mortuum* venies, cui praefectus Charon protenus expetens portorium. [...] Huic squalido seni dabis nauli nomine
5 de stipibus quas feres alteram, sic tamen ut ipse sua manu de tuo sumat ore [...]. *Transito fluvio*, [...] textrices orabunt anus manus telam struentes paulisper accom-modes, nec id tamen tibi contingere fas est. [...] Altera enim perdita lux haec tibi prorsus denegabitur. [...] *Ad ipsamque* protinus *Proserpinam* introibis, quae te comi-ter excipiet ac benigne.

Apulée (123-170 apr. J.-C.), *Métamorphoses*, VI, 18-19.

Vocabulaire

NOMS

canale directo : en droite ligne
lux, lucis, f. : la lumière, la vie
os, oris, n. : la bouche
portorium, ii, n. : le péage
stips, stipis, f. : l'obole (pièce de monnaie)
tela, ae, f. : la toile
tenebrae, arum, f. pl. : les ténèbres
textrix, icis, f. : la tisseuse

VERBES

accommodo, as, are, avi, atum : ajuster, s'appliquer à
denego, as, are, avi, atum : dénier, refuser
excipio, is, ere, cepi, ceptum : recevoir
introeo, is, ire, ii, itum : entrer dans
oro, as, are, avi, atum : prier

ADJECTIF

squalidus, a, um : sale, négligé

MOT INVARIABLE

protenus, adv. : droit devant soi

Lecture du texte

1 À quelle personne sont les verbes **(l. 1-5)** ? Pourquoi ?

2 Relevez les étapes du parcours de Psyché en vous appuyant sur les CCL en italique.

3 **Phrase 2 :** Que doit porter la jeune fille ? Quelles parties de son corps doit-elle utiliser ?

4 Retrouvez les expressions traduites : « *en tenant dans tes deux mains des boulettes de polenta pétries au vin miellé* » / « *fais en sorte cependant qu'il la prenne de sa propre main dans ta bouche* » / «*Mais il ne t'est pas permis d'y toucher.* »

5 Quels personnages rencontrera Psyché **(l. 4, 6, 8)** ?

Observation de la langue

1 À quelle voix est conjugué le verbe denegabitur ?

2 À quelle conjugaison appartiennent les verbes en bleu ? Quel point commun présentent leurs formes ? Même question pour les verbes en vert.

3 Tous ces verbes sont conjugués au futur. Justifiez l'emploi fréquent de ce temps dans le texte.

4 De quel verbe **introibis** est-il le futur ? Quel est son radical ? son préfixe ?

● La formation du futur simple

Le **futur latin** suit **deux formations différentes** selon le modèle de conjugaison.

– **Pour les verbes des 1ʳᵉ et 2ᵉ conjugaisons :**

Radical du présent (terminé par –a ou –e) + bi + -s / -t / -mus / -tis

bo

bu + -nt

– **Pour les verbes des 3ᵉ, 3ᵉ mixte et 4ᵉ conjugaisons :**

Radical du présent + -a- + -m

-e- + -s / -t / -mus / -tis / -nt

1ʳᵉ conjugaison	2ᵉ conjugaison	3ᵉ conjugaison	3ᵉ conjugaison mixte	4ᵉ conjugaison	esse
amabo	tenebo	legam	capiam	audiam	ero
amabis	tenebis	leges	capies	audies	eris
amabit	tenebit	leget	capiet	audiet	erit
amabimus	tenebimus	legemus	capiemus	audiemus	erimus
amabitis	tenebitis	legetis	capietis	audietis	eritis
amabunt	tenebunt	legent	capient	audient	erunt

● Le futur passif

Au passif, on remplace les désinences actives par les désinences passives :
-r / -ris / -tur / -mur / -mini / -ntur

amabor / tenebor / legar / capiar / audiar

● *Eo et ses composés*

Le verbe **eo, is, ire, ivi, itum** (*aller*) suit une conjugaison qui lui est propre.

Présent	Imparfait	Futur	Parfait	Impératif
eo	ibam	ibo	ivi, ii	
is	ibas	ibis	ivisti	i
it	ibat	ibit	ivit	
imus	ibamus	ibimus	ivimus	
itis	ibatis	ibitis	ivistis	ite
eunt	ibant	ibunt	iverunt	

Si l'on rajoute au verbe **eo** divers préfixes (qui sont en fait des prépositions de lieu),
on obtient les nombreux **composés** suivants :

> **abeo, is, ire, abii, abitum** : *s'en aller*
> **adeo, is, ire, adii, aditum** : *aller vers*
> **exeo, is, ire, exii, exitum** : *sortir*
> **introeo, is, ire, introii, introitum** : *entrer dans*
> **pereo, is, ire, perii, peritum** : *périr*
> **prodeo, is, ire, prodii, proditum** : *s'avancer*
> **redeo, is, ire, redii, reditum** : *revenir*

> Remarque : On peut comparer cette profusion de composés aux dérivés du verbe français **venir** : *provenir, devenir, advenir, prévenir, revenir, se souvenir, survenir...*

REMARQUE : Les composés de **eo** n'ont que des formes en -ii, pas en -ivi.

✳ EXERCICES

 Loquamur !

1 a. **Dites quelle règle de composition du futur chacun de ces verbes devra suivre.**

b. **Mettez-les au futur à la première personne du singulier (voix active).**

jubeo, es, ere, jussi, jussum • facio, is, ere, feci, factum • occido, is, ere, occidi, occisum • mergo, is, ere, mersi, mersum • timeo, es, ere, timui • voco, as, are, avi, atum • metuo, is, ere, tui, tutum • sentio, is, ire, sensi, sensum

2 **Conjuguez les verbes en couleur du texte d'Apulée (p. 194) à toutes les autres personnes du futur.**

3 **Traduisez.**

dices • cantabit • ridebo • faciemus • dabunt • venient • orabuntur • excipiar • redibis

4 **Quelle est celle la forme qui n'appartient pas à un composé de *eo* ? Justifiez et traduisez.**

abiit • redibunt • teneo • abibam • perierunt

 Scribamus !

5 **Mettez au passif ou à l'actif les verbes de l'exercice 3 (même personne).**

6 **Traduisez (cf. p. 192).**

a. Proserpine sera six mois avec sa mère, six mois avec son mari.

b. La lune, sur une année, croîtra six mois, décroîtra six mois.

7 **À l'aide du texte d'Apulée (p. 194), traduisez.**

a. Au vieillard, elle donnera en guise de péage une des deux oboles qu'elle portera.

b. Ils pénètreront chez Proserpine.

c. « Je t'accueillerai aimablement ! »

 Cogitemus !

8 **Aux Enfers, Énée reçoit de son père cette prophétie sur l'avenir de sa race. Relevez tous les futurs.**

Expediam dictis, et te tua fata docebo. [...] /Primus ad auras / aetherias Italo commixtus sanguine surget, Silvius / quem tibi longaevo serum Lavinia conjux / educet silvis [...] / Unde genus Longa nostrum dominabitur Alba.[...] / Hi Collatinas imponent montibus arces, / haec tum nomina erunt, nunc sunt sine nomine terrae.

Je vais te les présenter, je vais t'instruire de tes destins. [...] Le premier, sous les brises du ciel, mêlant au nôtre un sang italien, se lèvera Silvius que, pour te succéder dans ton grand âge, Lavinia ton épouse mettra au monde dans une forêt. [...] De lui, notre descendance dominera en Albe-la-longue. [...] Ceux-ci imposeront aux montagnes les citadelles de Collatia ; ce seront noms illustres, ce sont maintenant terres sans nom.

Virgile (70-19 av. J.-C.), *Énéide*, VI, 759 à 776.

9 **Mettez les verbes à la 2ᵉ personne du singulier du futur pour transformer ce récit en prophétie adressée à Thétis (cf. 1).**

« In qua palude Thetis Achillem **mersit**, et totum praeter plantas impenetrabilem **fecit**. »

C'est dans ce marais que Thétis plongea Achille et le rendit tout entier invulnérable, hormis les plantes de ses pieds.

Premier mythographe du Vatican, II, 76.

atelier de traduction

Ceux qui revinrent des Enfers

Ceres, Proserpinam filiam suam quaerens. Hercules *Jovis filius* ad canem Cerberum educendum. Orpheus *Oeagri filius* propter Eurydicen conjugem suam. Ulixes *Laertae filius* propter patriam. Aeneas *Anchisae filius*, propter patrem. Mercurius *Maiae filius* assiduo itinere.

Hygin (64 av. J.-C. – 17 apr. J.-C.), *Fables*, 251.

 AIDE

✳ les noms **en vert** sont au nominatif, suivis en italique d'une apposition qui les complète.
Pour chacun, Hygin nous précise pour qui ou pour quoi il (ou elle) est allé(e) aux Enfers.

✳ ***ad + educendum*** : pour...

✳ ÉTYMOLOGIE

Mots clés

Les enfers

inferi, orum, m. pl. : *les Enfers*

L'adjectif *inferus, a, um* : « qui se trouve en-dessous » est lui-même issu de l'adverbe *infra* : « en-dessous ». *Inferna, orum* ; *inferni, orum* ; *inferi, orum* sont les demeures des *Dii Inferi* : les « dieux d'en-bas », par opposition aux *Dii Superi* : les « dieux d'en-haut ». Au singulier, le « latin d'église » *inferus* désigne **l'enfer**.

Tartarus, i, m. : *le Tartare*

Onomatopée, à l'origine, pour marquer quelque chose d'effrayant, de mauvais, **Tartare** est, dans la mythologie grecque, une divinité, fils d'Ether et de Gaia. Le nom est ensuite donné à la région la plus basse des Enfers où sont suppliciés les grands criminels.

Manes, ium, m. : *les Mânes*

L'adjectif *manis* signifie « bon ». On le trouve dans l'expression *Di Manes* « les dieux bons » qui désigne par euphémisme les esprits des morts ou « Mânes ». Sa forme au datif-pluriel : *Dis Manibus*, généralement abrégée en *DM*, se retrouve sur les pierres tombales.

umbra, ae, f. : *l'ombre*

L'ombre, inconsistante, s'oppose au corps consistant qui la produit. Au pluriel, *umbrae, arum* prend le sens d'« ombres des morts ». Le mot contient le même suffixe que *tenebrae, arum*. On trouve cette racine dans « s**ombre** » qui vient de *sub-umbrare*, « faire de l'**ombre** ».

☞ ACTIVITÉS

1 Remplacez l'adjectif **infernal** par un synonyme chaque fois différent.

a. Minos, Éaque et Rhadamante sont trois divinités infernales.
b. Il fait dans les saunas suédois une chaleur infernale.
c. Ce garnement est absolument infernal !

2 Utilisez dans trois phrases de votre invention ces trois expressions métaphoriques contenant le nom **enfer**.

un train d'enfer – la descente aux enfers – d'enfer !

3 Complétez ces phrases avec un mot reposant sur la racine de *umbra*.

a. Pour se protéger du soleil, les élégantes du XIXe siècle portaient une ….
b. Afin de dompter un cheval …, il faut commencer par l'amadouer.
c. Pour notre pique-nique, ce bosquet constituera un … bien agréable.
d. « Un grand feutre à longue plume … son œil qui s'allume. » *(Verlaine)*

4 Recherchez comment on désigne un *parapluie* dans plusieurs langues européennes (anglais, italien, portugais) et retrouvez la racine commune de ces mots.

5 Sur les pierres tombales d'aujourd'hui, quelle formule correspond au DM latin ?

6 De nos jours, le nom propre **Tartare** désigne autre chose qu'une région des Enfers. Recherchez cet autre sens et son étymologie.

Latin (bien) vivant

Cerbère, gardien des Enfers, est devenu dans le langage courant un nom commun : un « cerbère » est un gardien peu aimable.
Les Champs-Élysées, (cf. p. 200), ont donné leur nom à la plus célèbre avenue de Paris.
Tantale est un des damnés subissant un châtiment éternel dans le Tartare. « Subir le supplice de Tantale » signifie encore aujourd'hui « être proche de la réalisation d'un désir sans pouvoir l'atteindre ».

Timbre grec, © coll. L'Adresse Musée de la Poste, Paris/La Poste.

MOTIFS INFERNAUX EN PEINTURE

Des Enfers à l'enfer

Les Enfers, lieu d'accueil de tous les morts dans la mythologie, deviennent dans la religion chrétienne **l'enfer**, séjour des âmes damnées. Cependant, lorsque les peintres chrétiens figurent les descentes aux Enfers antiques, ils montrent des âmes jetées dans les feux de l'enfer, des démons cornus, des diablotins munis de fourches.
On appelle « **syncrétisme** » ce procédé qui consiste à mêler plusieurs religions en montrant sur une même image des visions profanes et des visions chrétiennes.

1 Breughel l'Ancien (1568-1625), *Énée et la Sibylle aux Enfers*, 1598, huile sur cuivre. Collection privée.

CATABASE

La « **catabase** » est le nom donné aux descentes de héros vivants dans le monde des morts (Thésée, Orphée, Hercule). Mais c'est à Virgile (*Énéide*, VI), imité par Dante que les peintres ont surtout emprunté leur modèle de représentations des Enfers : il dépeint la catabase d'Énée, escorté par la Sibylle à travers les diverses zones infernales.

2 Henri Martin, *Sérénité*, inspiré par la peinture des Champs-Élysées dans l'*Énéide*, VI, 1899. Musée d'Orsay, Paris.

Le jugement dernier

Sur cette célèbre fresque, la **partie inférieure gauche** représente la résurrection telle que l'annoncent les Écritures.

Dans la **partie inférieure droite**, l'enfer est à peine indiqué par un gouffre embrasé. Son emplacement habituel est occupé par la barque d'un Charon cornu qui fait passer les damnés vers le lieu de leur châtiment éternel.

3 Michel-Ange (1475-1564), *Le Jugement dernier*, 1535-41, fresque. Chapelle Sixtine, Vatican.

Ed ecco verso noi venir per nave
Un vecchio, bianco per antico pelo,
Gridando: « Guai a voi, anime prave !
Non isperate mai veder lo cielo :
I'vegno per menarvi a l'altra riva
Ne le tenebre etterne, in caldo e 'n gelo. »

Voici que vient vers nous sur une barque
Un vieillard, aux cheveux blanchis par les ans,
Criant : « Gare à vous, âmes perdues !
N'espérez jamais revoir le ciel :
Je viens pour vous mener à l'autre rive,
Dans les ténèbres éternelles, la fournaise et le
froid. »

Dante, *La Divine Comédie*, « L'Enfer », III, 82-87.

ACTIVITÉS

OBSERVER ET COMPRENDRE LES ŒUVRES

1 DOC. 1 : Par quel procédé le peintre indique-t-il que des vivants sont descendus parmi les morts ?

2 DOC. 1 et 2 : Quels contrastes observez-vous entre les deux zones infernales ?

3 DOC. 3 : @ Retrouvez à quoi correspond chacune des zones représentées.

PROLONGER

4 Trouvez d'autres *Jugements derniers* où figurent des allusions aux Enfers (Charon, Cerbère…).

ZOOM sur

Les Enfers antiques

Les Enfers accueillent tous les morts, quels que soient leurs mérites, dans des espaces bien définis.

L'ESSENTIEL

La géographie des Enfers

Les **Enfers** sont pour les Anciens un lieu géographique. Selon les mythologies, l'**entrée** de ce lieu mystérieux se situe à des endroits différents. Pour les Grecs, cette entrée serait au sud du Péloponnèse, au cap Ténare. Les Latins préfèrent l'imaginer en terre italienne, en Campanie, au bord du **lac Averne**.

Les Enfers sont partagés en grandes zones délimitées par cinq fleuves : **le Styx**, fleuve par lequel jurent les dieux comme les humains, et dont l'eau est réputée rendre immortel ; **l'Achéron** ; **le Cocyte** ; **le Phlégéthon**, **le Léthé** qui apporte l'oubli. (**1**)

Les deux zones principales sont **le Tartare**, séjour des dieux exclus de l'Olympe, des Titans et des Géants, ainsi que des suppliciés qui subissent leur châtiment éternel ; et **les Champs-Élysées** où séjournent les âmes vertueuses. (**2**)

Les divinités infernales

Les âmes des morts descendent aux Enfers pour y être jugées.

Les juges des Enfers sont au nombre de trois : **Minos**, **Éaque** et **Rhadamante**.

Le maître des Enfers est **Pluton**, l'Hadès des Grecs (**Dis** dans la poésie latine). Frère de Jupiter et de Neptune, il fait partie des dieux majeurs du panthéon. Son nom latin est un euphémisme, il signifie en grec « le riche », appellation destinée à l'amadouer. Il obtient son épouse **Proserpine** (la Perséphone grecque) par un rapt devenu un des épisodes les plus célèbres de la mythologie. (**3**)

Charon, fils de l'Érèbe et de la Nuit, transporte les âmes des morts dans sa barque contre le versement d'une obole (on plaçait la pièce dans la bouche du mort). Il refuse de transporter ceux qui n'ont pas reçu de sépulture.

Cerbère (**4**), chien à trois têtes au cou hérissé de serpents, est le gardien de la porte des Enfers et du palais de Pluton.

1 Catabase d'Énée

Question : Lisez à voix haute cette traduction et montrez qu'elle adopte la musicalité de l'alexandrin.

« Ô Troyen, fils d'Anchise, issu du sang des dieux, il est facile de descendre dans l'Averne : du sombre Dis la porte est nuit et jour ouverte. Mais rebrousser chemin, remonter à l'air libre, c'est là le dur effort et la pénible épreuve. Quelques-uns seulement l'ont pu, enfants des dieux favorisés par l'amitié de Jupiter ou portés jusqu'aux cieux par leur ardent génie. Tout l'espace à franchir est couvert de forêts, et de ses noirs replis le Cocyte l'entoure. Si tel est ton désir, si telle est ton envie de traverser deux fois l'eau dormante du Styx, de contempler deux fois le ténébreux Tartare, apprends ce que d'abord il te faut accomplir. »

Virgile, *Énéide*, VI, 125-136, traduction de Marc Chouet, Éditions Diane de Selliers, 2009.

2 Géographie infernale

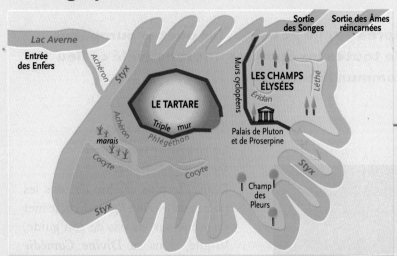

Carte des Enfers.

Question : Retrouvez dans le texte de Virgile les différents espaces évoqués et situez-les sur le plan.

3 Le maître des Enfers

Question : De quel célèbre récit mythologique latin s'est inspiré le Bernin ?

Le Bernin (1598-1680), *Le Rapt de Proserpine*, 1622, marbre, 255cm. Rome, Galerie Borghèse.

4 Cave canem

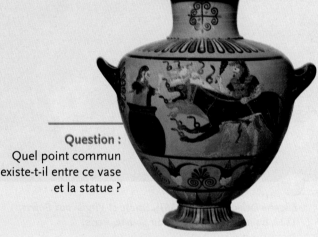

Question : Quel point commun existe-t-il entre ce vase et la statue ?

Héraclès rapportant Cerbère à Eurysthée.
Hydrie à figures noires,
peintre des aigles, 530-520 av. J.-C.,
Musée du Louvre.

ACTIVITÉS B2i

S'informer sur Internet

1 Choisissez sur le site « De l'*Énéide* aux images, académie de Nancy/Metz » une représentation de la descente aux Enfers d'Énée et décrivez-la en réutilisant du vocabulaire appris dans ce chapitre.

2 Retrouvez le récit des catabases mythologiques célèbres (celles d'Orphée, d'Hercule, de Thésée) et présentez-en une sous forme de récit dans le journal « Mytho Info ».

3 Retrouvez sur le site du musée Saint-Raymond de Toulouse (www.saintraymond.toulouse.fr) un bas-relief antique illustrant le rapt de Proserpine et comparez-le à la statue du Bernin (doc. 3).

Descentes aux Enfers littéraires

Après **Virgile** et **Ovide**, les poètes européens de toutes les époques ont renouvelé ce lieu commun littéraire.

1 Eugène Delacroix (1798-1863), *Dante et Virgile aux Enfers*, 1822, huile sur toile. Musée du Louvre, Paris.

Le premier héritier : Dante (1265-1321)

Dante, le plus célèbre de tous les poètes du Moyen Âge italien, se met en scène sur les pas de son guide, Virgile, dans sa *Divine Comédie* (1307-1321). Ce long poème est composé de trois grandes parties : « L'Enfer », « Le Purgatoire », « Le Paradis ».

Affrontant d'abord ses propres péchés et ses errements, le poète traverse les cercles de l'enfer. Il accède ensuite à la montagne du purgatoire où Virgile, symbole de la raison mais païen, s'efface pour laisser la place à Béatrice, image de la foi chrétienne, qui permet au poète de gagner enfin, après un long cheminement, le paradis.

« Donc pour ton mieux je pense et je dispose
Que tu me suives, et je serai ton guide,
Et je te tirerai d'ici vers un lieu éternel,
Où tu entendras les cris désespérés ;
Tu verras les antiques esprits dolents,
Qui chacun crie à la seconde mort ;
Et tu verras ceux qui sont contents
Dans le feu, parce qu'ils espèrent venir
Un jour futur aux gens heureux.
Et si tu veux ensuite monter vers eux
Une âme se trouvera, bien plus digne que moi :
À elle je te laisserai à mon départ ;
Car cet empereur qui est là-haut,
Comme je fus rebelle à sa loi,
Ne veut pas qu'on vienne par moi à sa cité.
En tous ces lieux il gouverne, et là il règne ;
Là est sa ville et son haut siège.
Ô bienheureux celui qu'il y choisit ! »
Et moi, à lui : « Poète, je te prie,
Par ce Dieu que tu n'as pas connu,
Pour que je fuie ce mal et pire,
Que tu me mènes là où tu as dit,
En sorte que je voie la porte de Saint-Pierre
Et ceux que tu décris si emplis de tristesse. »
Alors il s'ébranla, et je suivis ses pas.

2

Dante, *La Divine Comédie*, « L'Enfer », I, 112-136, traduit de l'italien par Jacqueline Risset, Flammarion, 1985.

Un imitateur inattendu : Jules Verne (1828-1905)

J. Verne s'inspire des mythes attachés aux Enfers :

• *Voyage au centre de la Terre* présente le cratère du Sneffels comme un nouveau lac Averne. Le texte cite l'*Énéide* à deux reprises.

• *Le Château des Carpathes* offre une variation sur le mythe d'Orphée : le héros recherche une morte qu'il perd une seconde fois et à jamais.

• L'univers souterrain des *Indes noires*, sur lequel règne le nocher Sylfax, est une transposition du Styx. Nell évoque Perséphone, prisonnière du monde d'en bas.

3 Jules Verne, *Les Indes noires*, chap. XIX, XX et XXI.

Nell lit un terrible message, tracé dans la nuit par son grand-père, Sylfax. Celui-ci ne peut supporter qu'elle l'ait quitté par amour pour le jeune Harry Ford.

Arrivée au seuil, un cri d'indicible angoisse s'échappa de sa bouche. […]
Nell était pâle comme la mort, le visage bouleversé, les traits empreints d'une épouvante inexprimable. Hors d'état de parler, son regard était fixé sur la porte du cottage, qu'elle venait d'ouvrir. Sa main crispée y désignait ces lignes, qui avaient été tracées pendant la nuit et dont la vue la terrifiait :
« Simon Ford, tu m'as volé le dernier filon de nos vieilles houillères ! Harry, ton fils, m'a volé Nell ! Malheur à vous ! malheur à tous ! malheur à la Nouvelle-Aberfoyle ! SYLFAX »   […]
« Non, reprit la jeune fille. Mon sacrifice est fait. Il n'est qu'un moyen de conjurer votre perte : c'est que je retourne près de mon grand-père. Il menace toute la Nouvelle-Aberfoyle !… C'est une âme incapable de pardon, et nul ne peut savoir ce que le génie de la vengeance lui aura inspiré ! Mon devoir est clair. Je serais la plus misérable des créatures si j'hésitais à l'accomplir. Adieu ! et merci ! Vous m'avez fait connaître le bonheur dès ce monde ! Quoi qu'il arrive, pensez que mon cœur tout entier restera au milieu de vous ! » […]
« Je vais donc reprendre les chemins secrets par lesquels je l'accompagnais autrefois. Il doit me guetter ! Je l'appellerai… il m'entendra, et qui sait si, en retournant vers lui, je ne le ramènerai pas à la vérité ? » […]

Un de ces énormes rochers, formant terrasse, qui surplombait la rive du lac Malcolm, à cent pas de la chapelle, venait de s'ouvrir subitement, sans explosion, comme si sa chute eût été préparée à l'avance. Au-dessous, les eaux s'engouffraient dans une excavation profonde, que personne ne savait exister là. Puis soudain, entre les roches éboulées, apparut un canot, qu'une poussée vigoureuse lança à la surface du lac.
Sur ce canot, un vieillard, vêtu d'une sombre cagoule, les cheveux hérissés, une longue barbe blanche tombant sur sa poitrine, se tenait debout.

4 Jules Férat, *Sylfax*, illustration pour *Les Indes noires* de Jules Verne, gravure.

👉 OBSERVER ET COMPRENDRE LES DOCUMENTS

1 À quel célèbre tableau contemporain d'Eugène Delacroix vous fait penser le **DOC. 1** ?

2 **DOC. 2** : Relevez dans l'extrait de Dante les expressions qui confirment que Virgile est un païen. Quelles formules de Dante renvoient à une vision médiévale et chrétienne de l'enfer et du paradis ?

3 **DOC. 3** : Relevez les points communs entre Proserpine (cf. p. 192) et Nell dans le texte de Jules Verne.

4 **DOC. 3 et 4** : À qui vous fait penser Sylfax ?

PROLONGER : Recherchez des titres d'œuvres de la littérature française mettant en scène des héros antiques descendus aux Enfers (Orphée, Thésée…).

◾ Comparatifs et superlatifs

1. Recopiez puis complétez le tableau en mettant les adjectifs aux mêmes cas, nombre et genre (parfois plusieurs possibilités par case).

divinam		
	propius	
		proximas
parvis		
		gravissimorum
	lentiore	
novae		

2. Traduisez ces phrases en latin.
a. Les mains de l'augure sont très pures.
b. La vieille femme lit les livres les plus sacrés.
c. Ce temple est plus grand que la Curie.

◾ *Is, ea, id* / pronoms et adjectifs démonstratifs

3. Par quelle forme de *is, ea, id* pourrait-on remplacer les mots soulignés ?
a. <u>Nigras fabas</u> accipit aversusque jacit.
b. Aeneas <u>patro suo</u> loquitur.
c. <u>Salios duodecim</u> Numa Pompilius <u>Marti Gradivo</u> legit.
d. <u>Plutonis</u> uxor Proserpina est.

4. Complétez par l'adjectif démonstratif qui convient, accordé avec le nom auquel il se rapporte. *(Attention : plusieurs cas possibles parfois.)*
a. *Ce temple-ci :* ... templum
b. *Ces hommes-là :* ... hominum
c. *Ces monstres abominables :* ... monstris
d. *Ce dieu illustre :* ... dei
e. *Cette femme redoutable :* ... feminae

◾ Le futur de l'indicatif

5. Traduisez les formes suivantes.
orabis • negabunt • capient • audiam • credes • excipietis • placebit • videbo

6. Distinguez les présents des futurs.
ostendet • videt • venies • excipient • delent • tenemus • capiemus

7. Mettez au futur les verbes suivants à la même personne.
faciunt • do • est • imus • capis • acceditis • invenimus • amant • deles

◾ SYNTHÈSE

Sénèque conteste le fait que les phénomènes naturels puissent être des présages.

Vidimus nos quoque non semel flammam ingentis pilae specie, quae tamen in ipso cursu suo dissipata est. Vidimus circa divi Augusti excessum simile prodigium, vidimus eo tempore, quo de Sejano actum est ; nec Germanici mors sine denuntiatione tali fuit. Dices mihi : « Ergo tu in tantis erroribus es, ut existimes deos mortium signa praemittere et quicquam in terris esse tam magnum, quod perire mundus sciat ? Erit aliud istius rei tempus : videbimus an rerum omnium certus ordo ducatur et alia aliis ita implexa sint, ut quod antecedit aut causa sit sequentium aut signum ; videbimus an diis humana curae sint. »

a. À quel temps est le verbe qui commence les deux premières phrases ? À quel temps est-il ensuite employé dans le texte ?
b. Analysez la forme dices ; à qui Sénèque s'adresse-t-il ?
c. Que signifie précisément le mot *prodigium* ? Quels *prodigia* Sénèque évoque-t-il dans ce passage ?
d. Quelle est la forme de eo ? À quoi renvoie ce mot ?
e. Que pense Sénèque des prodiges que les hommes interprètent ?

De notre temps même, nous avons vu plus d'une fois des feux paraître sous la forme d'un énorme ballon, et se dissiper dans leur course. Un pareil prodige avait signalé les derniers moments de la vie d'Auguste, et la catastrophe de Séjan : la mort de Germanicus fut aussi annoncée par un phénomène de cette espèce. Quoi ! me direz-vous, êtes-vous assez esclave des préjugés, assez ignorant, pour croire que les dieux fassent précéder de prodiges les morts illustres ? Pour penser qu'il y ait sur ce globe quelque chose d'assez important pour que l'univers soit informé de sa perte ? C'est une question que nous discuterons plus tard : nous verrons si tous les événements se suivent dans un ordre invariable, et s'enchaînent les uns aux autres, de telle sorte que ce qui précède soit la cause ou le présage de ce qui suit. Nous verrons si les dieux s'intéressent aux choses humaines.

Traduction UCL.

L'intrus

Cherchez l'intrus dans chaque série et justifiez votre choix.

a. Léthé • Styx • Mânes • Tartare
b. Enée • Phlégéton • Orphée • Hercule
c. Minos • Cerbère • Eaque • Rhadamante
d. Psyché • Stryge • Harpie • Lémure
e. Proserpine • Pluton • Cérès • Charon

La bonne définition

Attribuez à chaque mot sa définition.

superstitio • omen • numen • manes • monstrum

a. Voix prophétique qui annonce la volonté des Dieux.
b. Phénomène extraordinaire qui vient des Dieux.
c. Esprits des morts.
d. Signe de tête que font les dieux pour donner leur approbation.
e. Croyance que l'on respecte pour s'assurer la protection des Dieux.

Entourez la lettre correspondant à la bonne réponse pour chaque ligne et reconstituez le nom d'un personnage.

Prêtre chargé d'interpréter le vol des oiseaux	Un auguste	J	Un augure	L	Un salien	E
Les livres sibyllins	permettent de prédire l'avenir	T	expliquent comment descendre aux Enfers	V	ont étés confiés à Énée	O
Les *fasti*	Sont des cérémonies religieuses	P	sont des espaces imaginaires tracés dans le ciel	O	désignent le calendrier romain	S
Orphée	est devenu un spectre	A	est le messager entre le monde des morts et des vivants	I	est descendu chercher sa femme aux Enfers	O
Pluton dans la poésie	Hadès	M	Dis	U	Rhadamante	E

HISTOIRE DES ARTS

Sacrifice à Vénus

1. De quelle époque date ce tableau ? Sur quel support a-t-il été réalisé ?
2. Quels gestes rituels effectuent les deux jeunes femmes ?
3. De quelle parure est orné l'animal sacrifié ? Pourquoi l'esclave lui fait-il baisser la tête ?
4. Quels sont les éléments antiques de ce tableau ?

Toussaint Dubreuil (1558-1602),
Hyante et Climène offrent un sacrifice à Vénus (1561-1602),
huile sur toile. Musée du Louvre, Paris.

Prodiges chez les humbles

A vant le départ des consuls, on fit une neuvaine*, parce qu'à Vèies il avait plu des pierres.

Dès qu'on eut parlé de ce prodige, on en annonça - comme d'habitude - d'autres encore : à Minturnes le temple de Jupiter et le bois sacré de Marica, à Atella, de même, le rempart et une porte avaient été frappés de la foudre ; chose plus propre à inspirer la terreur, les gens de Minturnes ajoutaient qu'un ruisseau de sang avait coulé sous leur porte. À Capoue, de même, un loup, la nuit, avait franchi une porte et mis en pièces une sentinelle. On conjura l'effet de ces prodiges par le sacrifice de victimes adultes, et il y eut, sur un décret des pontifes, un jour de prières publiques. Puis on recommença une neuvaine, parce qu'on crut qu'il avait plu des pierres sur l'Armilustrum. Les esprits délivrés de scrupules religieux furent troublés de nouveau par la nouvelle qu'à Frusino était né un enfant aussi gros qu'un enfant de quatre ans, et moins étonnant encore par sa grosseur que parce qu'on ne savait (comme pour l'enfant né à Sinuessa deux ans avant) s'il était garçon ou fille.

Cette fois, les haruspices mandés d'Étrurie dirent que c'était un prodige funeste et honteux : hors du territoire romain, loin de tout contact avec la terre, il fallait noyer cet enfant en haute mer. On l'enferma vivant dans une caisse, on l'emporta en mer et on le jeta dans les flots.

Les pontifes décidèrent aussi que trois groupes de neuf jeunes filles parcourraient la ville en chantant un hymne. Tandis qu'elles apprenaient, dans le temple de Jupiter Stator, cet hymne, composé par le poète Livius, la foudre frappa, sur l'Aventin, le temple de Junon Reine.

Comme les haruspices répondaient que ce prodige concernait les matrones, et qu'il fallait apaiser la déesse par une offrande, un décret des édiles curules ayant convoqué au Capitole les femmes domiciliées à Rome et dans un rayon de dix milles autour de la ville, elles choisirent vingt-cinq d'entre elles, pour leur apporter une somme prise sur leur dot. Avec cet argent, on fit faire une offrande, un bassin en or, qui fut porté sur l'Aventin, et les matrones, dans l'état rituel de pureté physique et morale, accomplirent un sacrifice. Aussitôt après, les décemvirs fixèrent un jour pour un autre sacrifice à la même déesse. Voici quel fut l'ordre de la cérémonie : du temple d'Apollon,

Tombes des Augures, VIe s. av. J.-C., fresque. Site étrusque de Tarquinia (Italie).

deux vaches blanches furent amenées en ville par la porte Carmentale ; derrière elles, on portait deux statues en bois de cyprès de Junon Reine ; ensuite vingt-sept jeunes filles, vêtues de longues robes, marchaient en chantant, en l'honneur de Junon Reine, un hymne digne peut-être, à l'époque, des éloges d'esprits grossiers, mais qui paraîtrait maintenant rude à l'oreille et informe, si on le rapportait. Après ces rangs de jeunes filles venaient les décemvirs, couronnés de laurier et portant la robe prétexte. De la porte, par la rue des Jougs, on arriva au forum. Au forum la procession s'arrêta, et, faisant passer une corde par leurs mains, les jeunes filles, rythmant leur chant du battement de leurs pieds, dansèrent. Puis, par la rue des Toscans et le Vélabre, en traversant le marché aux bœufs, on arriva à la montée Publicius et au temple de Junon Reine. Là les décemvirs immolèrent les deux victimes, et l'on porta dans le temple les statues en bois de cyprès.

Les dieux apaisés suivant les rites, les consuls firent la levée des troupes avec plus de rigueur et d'attention qu'on ne se rappelait l'avoir vu faire les années précédentes.

Tite-Live, *Histoire romaine*, XXVII, 37, traduit par E. Lasserre.

✴ Prière qui dure neuf jours.

✳ CONSEILS DE LECTURE

Jean-Pierre Vernant, *Ulysse, suivi de Persée*, « Petites conférences », Bayard, 2004.
Ulysse et Persée sont deux héros, parmi les plus connus mais aussi les plus fascinants. Jean-Pierre Vernant raconte, compare leurs histoires et y voit apparaître des signes et des contradictions toujours d'actualité.

Guy Jimenes, *Orphée l'enchanteur*, Collection « Histoires noires de la mythologie », éditions Nathan, 2004.
À la mort de sa femme, Orphée n'hésite pas à descendre aux Enfers pour la chercher. Le maître des Enfers la laissera-t-il revenir dans le monde des vivants ?

Jessica L. Nelson, *L'Ombre de Thésée*, éditions Baan, 2010.
Un jeune adolescent du XXIᵉ siècle, Stefanos Alias, découvre un jour qu'il peut se transformer. Menant son enquête, il s'aperçoit qu'il est le fils d'une humaine et du dieu Aristée. Il va se trouver plongé dans un complot menaçant l'ordre du monde et l'existence même des Olympiens...

Quid novi ?

Archéologie…
faire revivre un objet du passé

L'archéologie est la découverte et l'étude des vestiges du passé. Elle complète notre connaissance de l'Antiquité acquise par les textes. Les vestiges romains que nous admirons ont suivi un long parcours avant de revenir à la vie…

La découverte

L'archéologie commence par la recherche de sites, parfois proches de nous, et par leur fouille. Quand le site est localisé, les fouilles commencent ; on dégage les vestiges progressivement, à la truelle, parfois avec une brosse à dents ! On pratique ensuite un carroyage, c'est-à-dire une délimitation en carrés identiques) des lieux pour noter l'emplacement précis où l'on a trouvé les objets.

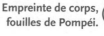

1 Ouzouer-le-Marché (Loir-et-Cher) : repérage aérien du site.

À chaque site, sa méthode de fouille…

2 Fouille d'une villa gallo-romaine (Saint-Laurent d'Agny, Rhône).

3 Des fouilles sous la mer (La Natière, Saint-Malo).

Parfois, la spécificité des découvertes oblige les archéologues à inventer de nouvelles techniques.

Lors des fouilles de Pompéi on a trouvé des espaces vides dans la couche de cendre solidifiée qui avait recouvert le site ; il s'agit de l'emplacement des corps des Pompéiens, à présent tombés en poussière. Les archéologues ont dû utiliser un plâtre très liquide qu'ils ont coulé dans ces espaces pour obtenir l'empreinte des corps, comme ci-contre.

Empreinte de corps, fouilles de Pompéi. **4**

L'étude et la restauration

L'essentiel du travail des archéologues se déroule en laboratoire, car **l'archéologie est avant tout une science**.

Il faut **dater l'objet**, en utilisant du **carbone 14** ou en s'appuyant sur la **stratigraphie** (l'étude des couches de terrain), la **dendrochronologie** (l'étude des cernes de croissance des troncs d'arbres) ou d'autres méthodes de pointe.

5 Retournement d'une plaque désolidarisée de son support antique par des restaurateurs de l'ARM. Mosaïque de Clonas-sur-Varèze (Isère).

La restauration des objets est délicate et demande de la précision. Les mosaïques sont démontées et reconstituées dans des ateliers spécialisés.

6 Restauration de poterie.

La conservation

Les objets ainsi étudiés et restaurés entrent dans le **patrimoine** et sont souvent exposés dans des **musées** ; ce mot vient du grec *mouseion*, lieu consacré aux Muses.

👉 OBSERVER ET COMPRENDRE LES DOCUMENTS

1 DOC. 1 : Quel type de site est repéré sur cette photo ? Comment expliquer ce phénomène ?

2 DOC. 2 et 3 : Quels points communs et différences présentent ces deux « champs » de fouilles ?

3 DOC. 4 : Quelle est l'attitude du personnage ? Comment peut-on l'expliquer ?

4 DOC. 5 et 6 : À quels types de sciences et de techniques doit recourir l'archéologie ?

5 DOC. 6 : Quel est le matériau de cet objet ? En quoi peut-il contribuer à notre connaissance de l'Antiquité romaine (art, technique, vie quotidienne...).

✴ LES VERBES

■ Le présent

1ʳᵉ conjugaison	2ᵉ conjugaison	3ᵉ conjugaison	3ᵉ conjugaison mixte	4ᵉ conjugaison	esse (être)	ire (aller)
amo	teneo	lego	capio	audio	sum	eo
amas	tenes	legis	capis	audis	es	is
amat	tenet	legit	capit	audit	est	it
amamus	tenemus	legimus	capimus	audimus	sumus	imus
amatis	tenetis	legitis	capitis	auditis	estis	itis
amant	tenent	legunt	capiunt	audiunt	sunt	eunt

■ L'imparfait

1ʳᵉ conjugaison	2ᵉ conjugaison	3ᵉ conjugaison	3ᵉ conjugaison mixte	4ᵉ conjugaison	esse (être)	ire (aller)
amabam	tenebam	legebam	capiebam	audiebam	eram	ibam
amabas	tenebas	legebas	capiebas	audiebas	eras	ibas
amabat	tenebat	legebat	capiebat	audiebat	erat	ibat
amabamus	tenebamus	legebamus	capiebamus	audiebamus	eramus	ibamus
amabatis	tenebatis	legebatis	capiebatis	audiebatis	eratis	ibatis
amabant	tenebant	legebant	capiebant	audiebant	erant	ibant

■ Le futur

1ʳᵉ conjugaison	2ᵉ conjugaison	3ᵉ conjugaison	3ᵉ conjugaison mixte	4ᵉ conjugaison	esse (être)	ire (aller)
amabo	tenebo	legam	capiam	audiam	ero	ibo
amabis	tenebis	leges	capies	audies	eris	ibis
amabit	tenebit	leget	capiet	audiet	erit	ibit
amabimus	tenebimus	legemus	capiemus	audiemus	erimus	ibimus
amabitis	tenebitis	legetis	capietis	audietis	eritis	ibitis
amabunt	tenebunt	legent	capient	audient	erunt	ibunt

■ Le parfait

Tous les verbes	esse (être)
cepi	fui
cepisti	fuisti
cepit	fuit
cepimus	fuimus
cepistis	fuistis
ceperunt / cepere	fuerunt / fuere

■ L'infinitif présent

1ʳᵉ conjugaison	2ᵉ conjugaison	3ᵉ conjugaison	3ᵉ conjugaison mixte	4ᵉ conjugaison	sum	eo
amare	tenere	legere	capere	audire	esse	ire

■ L'infinitif parfait

Tous les verbes	esse (être)
cepisse	fuisse

Le présent

1re conjugaison	2e conjugaison	3e conjugaison	3e conjugaison mixte	4e conjugaison
amor	teneor	legor	capior	audior
amaris	teneris	legeris	caperis	audiris
amatur	tenetur	legitur	capitur	auditur
amamur	tenemur	legimur	capimur	audimur
amamini	tenemini	legimini	capimini	audimini
amantur	tenentur	leguntur	capiuntur	audiuntur

L'imparfait

1re conjugaison	2e conjugaison	3e conjugaison	3e conjugaison mixte	4e conjugaison
amabar	tenebar	legebar	capiebar	audiebar
amabaris	tenebaris	legebaris	capiebaris	audiebaris
amabatur	tenebatur	legebatur	capiebatur	audiebatur
amabamur	tenebamur	legebamur	capiebamur	audiebamur
amabamini	tenebamini	legebamini	capiebamini	audiebamini
amabantur	tenebantur	legebantur	capiebantur	audiebantur

Le futur

1re conjugaison	2e conjugaison	3e conjugaison	3e conjugaison mixte	4e conjugaison
amabor	tenebor	legar	capiar	audiar
amaberis	teneberis	legeris	capieris	audieris
amabitur	tenebitur	legetur	capietur	audietur
amabimur	tenebimur	legemur	capiemur	audiemur
amabimini	tenebimini	legemini	capiemini	audiemini
amabuntur	tenebuntur	legentur	capientur	audientur

Le parfait

Tous les verbes	
captus, a, um	sum
...	es
...	est
capti, ae, a	sumus
...	estis
...	sunt

L'infinitif présent

1re conjugaison	2e conjugaison	3e conjugaison	3e conjugaison mixte	4e conjugaison
amari	teneri	legi	capi	audiri

L'infinitif parfait

Tous les verbes
captum, am, um esse
captos, as, a esse

✱ LES VERBES

◼ Le présent actif

1re conjugaison	2e conjugaison	3e conjugaison	3e conjugaison mixte	4e conjugaison	esse (être)	ire (aller)
amem	teneam	legam	capiam	audiam	sim	eam
ames	teneas	legas	capias	audias	sis	eas
amet	teneat	legat	capiat	audiat	sit	eat
amemus	teneamus	legamus	capiamus	audiamus	simus	eamus
ametis	teneatis	legatis	capiatis	audiatis	sitis	eatis
ament	teneant	legant	capiant	audiant	sint	eant

◼ Le présent passif

1re conjugaison	2e conjugaison	3e conjugaison	3e conjugaison mixte	4e conjugaison
amer	tenear	legar	capiar	audiar
ameris	tenearis	legaris	capiaris	audiaris
ametur	teneatur	legatur	capiatur	audiatur
amemur	teneamur	legamur	capiamur	audiamur
amemini	teneamini	legamini	capiamini	audiamini
amentur	teneantur	legantur	capiantur	audiantur

◼ L'imparfait actif

1re conjugaison	2e conjugaison	3e conjugaison	3e conjugaison mixte	4e conjugaison	esse (être)
amarem	tenerem	legerem	caperem	audirem	essem
amares	teneres	legeres	caperes	audires	esses
amaret	teneret	legeret	caperet	audiret	esset
amaremus	teneremus	legeremus	caperemus	audiremus	essemus
amaretis	teneretis	legeretis	caperetis	audiretis	essetis
amarent	tenerent	legerent	caperent	audirent	essent

◼ L'imparfait passif

1re conjugaison	2e conjugaison	3e conjugaison	3e conjugaison mixte	4e conjugaison
amarer	tenerer	legerer	caperer	audirer
amareris	tenereris	legereris	capereris	audireris
amaretur	teneretur	legeretur	caperetur	audiretur
amaremur	teneremur	legeremur	caperemur	audiremur
amaremini	teneremini	legeremini	caperemini	audiremini
amarentur	tenerentur	legerentur	caperentur	audirentur

1re conjugaison	2e conjugaison	3e conjugaison	3e conjugaison mixte	4e conjugaison
ama	tene	lege	cape	audi
amate	tenete	legite	capite	audite

■ La première déclinaison (Génitif singulier en *ae*)

CAS	Féminin/Masculin (rare)	
	Singulier	Pluriel
Nominatif	ros**a**	ros**ae**
Vocatif	ros**a**	ros**ae**
Accusatif	ros**am**	ros**as**
Génitif	ros**ae**	ros**arum**
Datif	ros**ae**	ros**is**
Ablatif	ros**a**	ros**is**

■ La deuxième déclinaison (Génitif singulier en *i*)

CAS	Masculin/Féminin (rare)		Neutre	
	Singulier	Pluriel	Singulier	Pluriel
Nominatif	domin**us**	domin**i**	templ**um**	templ**a**
Vocatif	domin**e**	domin**i**	templ**um**	templ**a**
Accusatif	domin**um**	domin**os**	templ**um**	templ**a**
Génitif	domin**i**	domin**orum**	templ**i**	templ**orum**
Datif	domin**o**	domin**is**	templ**o**	templ**is**
Ablatif	domin**o**	domin**is**	templ**o**	templ**is**

■ La troisième déclinaison (Génitif singulier en *is*)

CAS	IMPARISYLLABIQUES				PARISYLLABIQUES			
	Masculin/Féminin		Neutre		Masculin/Féminin		Neutre	
	Singulier	Pluriel	Singulier	Pluriel	Singulier	Pluriel	Singulier	Pluriel
N. V.	consul	consul**es**	corpus	corpor**a**	civ**is**	civ**es**	mar**e**	mar**ia**
Acc.	consul**em**	consul**es**	corpus	corpor**a**	civ**em**	civ**es**	mar**e**	mar**ia**
G.	consul**is**	consul**um**	corpor**is**	corpor**um**	civ**is**	civ**ium**	mar**is**	mar**ium**
D.	consul**i**	consul**ibus**	corpor**i**	corpor**ibus**	civ**i**	civ**ibus**	mar**i**	mar**ibus**
Abl.	consul**e**	consul**ibus**	corpor**e**	corpor**ibus**	civ**e**	civ**ibus**	mar**i**	mar**ibus**

■ La quatrième déclinaison (Génitif singulier en *us*)

CAS	Masculin/Féminin	
	Singulier	Pluriel
N. V.	man**us**	man**us**
Acc.	man**um**	man**us**
G.	man**us**	man**uum**
D.	man**ui**	man**ibus**
Abl.	man**u**	man**ibus**

■ La cinquième déclinaison (Génitif singulier en *ei*)

CAS	Féminin/Masculin	
	Singulier	Pluriel
N. V.	di**es**	di**es**
Acc.	di**em**	di**es**
G.	di**ei**	di**erum**
D.	di**ei**	di**ebus**
Abl.	di**e**	di**ebus**

✴ LES ADJECTIFS

◾ Première classe

CAS	Masculin		Féminin		Neutre	
	Singulier	Pluriel	Singulier	Pluriel	Singulier	Pluriel
Nominatif	bonus	boni	bona	bonae	bonum	boni~~a~~
Vocatif	bone	boni	bona	bonae	bonum	boni~~a~~
Accusatif	bonum	bonos	bonam	bonas	bonum	bonos~~a~~
Génitif	boni	bonorum	bonae	bonarum	boni	bonorum
Datif	bono	bonis	bonae	bonis	bono	bonis
Ablatif	bono	bonis	bona	bonis	bono	bonis

◾ Deuxième classe

CAS	vetus, eris *Impari.*				omnis, e *pari.*			
	Masculin/Féminin		Neutre		Masculin/Féminin		Neutre	
	Singulier	Pluriel	Singulier	Pluriel	Singulier	Pluriel	Singulier	Pluriel
Nominatif	vetus	veteres	vetus	vetera	omnis	omnes	omne	omnia
Vocatif	vetus	veteres	vetus	vetera	omnis	omnes	omne	omnia
Accusatif	veterem	veteres	vetus	vetera	omnem	omnes	omne	omnia
Génitif	veteris	veterum	veteris	veterum	omnis	omnium	omnis	omnium
Datif	veteri	veteribus	veteri	veteribus	omni	omnibus	omni	omnibus
Ablatif	vetere	veteribus	vetere	veteribus	omni	omnibus	omni	omnibus

LES PRONOMS-ADJECTIFS

◾ Les pronoms-adjectifs interrogatifs

	Cas	PRONOM INTERROGATIF			ADJECTIF INTERROGATIF		
		Masculin	Féminin	Neutre	Masculin	Féminin	Neutre
SINGULIER	Nominatif	quis	quae	quid	qui	quae	quod
	Accusatif	quem	quam	quid	quem	quam	quod
	Génitif	cujus	cujus	cujus	cujus	cujus	cujus
	Datif	cui	cui	cui	cui	cui	cui
	Ablatif	quo	qua	quo	quo	qua	quo
PLURIEL	Nominatif	qui	quae	quae	qui	quae	quae
	Accusatif	quos	quas	quae	quos	quas	quae
	Génitif	quorum	quarum	quorum	quorum	quarum	quorum
	Datif	quibus	quibus	quibus	quibus	quibus	quibus
	Ablatif	quibus	quibus	quibus	quibus	quibus	quibus

Le pronom de rappel *is, ea, id*

Cas	Singulier			Pluriel		
	Masculin	Féminin	Neutre	Masculin	Féminin	Neutre
N.	is	ea	id	ei/ii	eae	ea
Acc.	eum	eam	id	eos	eas	ea
G.	ejus	ejus	ejus	eorum	earum	eorum
D.	ei	ei	ei	eis/iis	eis/iis	eis/iis
Abl.	eo	ea	eo	eis/iis	eis/iis	eis/iis

Les démonstratifs

hic, haec, hoc

Cas	Singulier			Pluriel		
	Masculin	Féminin	Neutre	Masculin	Féminin	Neutre
N.	hic	haec	hoc	hi	hae	haec
Acc.	hunc	hanc	hoc	hos	has	haec
G.	hujus	hujus	hujus	horum	harum	horum
D.	huic	huic	huic	his	his	his
Abl.	hoc	hac	hoc	his	his	his

iste, ista, istud

Cas	Singulier			Pluriel		
	Masculin	Féminin	Neutre	Masculin	Féminin	Neutre
N.	iste	ista	istud	isti	istae	ista
Acc.	istum	istam	istud	istos	istas	ista
G.	istius	istius	istius	istorum	istarum	istorum
D.	isti	isti	isti	istis	istis	istis
Abl.	isto	ista	isto	istis	istis	istis

ille, illa, illud

Cas	Singulier			Pluriel		
	Masculin	Féminin	Neutre	Masculin	Féminin	Neutre
N.	ille	illa	illud	illi	illae	illa
Acc.	illum	illam	illud	illos	illas	illa
G.	illius	illius	illius	illorum	illarum	illorum
D.	illi	illi	illi	illis	illis	illis
Abl.	illo	illa	illo	illis	illis	illis

Le pronom relatif

Cas	Singulier			Pluriel		
	Masculin	Féminin	Neutre	Masculin	Féminin	Neutre
N.	qui	quae	quod	qui	quae	quae
Acc.	quem	quam	quod	quos	quas	quae
G.	cujus	cujus	cujus	quorum	quarum	quorum
D.	cui	cui	cui	quibus	quibus	quibus
Abl.	quo	qua	quo	quibus	quibus	quibus

A

a(b) + abl : à partir de, d'après
abeo, is, ire, abii, abitum : s'en aller
abluo, is, ere, lui, utum : laver
abstuli : *cf.* aufero
accido, is, ere, cidi : tomber, arriver
accomodo, as, are, avi, atum : adapter, ajuster
Acheruns, tis, m. : l'Achéron
acies, ei, f. : 1) pointe 2) ligne de bataille
ad + acc. : vers
adeo, is, ire, adii, aditum : aller vers
adfero / affero, fers, ferre, tuli, latum : apporter
adjicio, is, ere, jeci, jectum : ajouter
advento, as, are, avi, atum : approcher
adventus, us, m. : arrivée
adversus + acc. (prép.) : en face de, contre
adversus, a, um : qui est en face, contraire à
aedilis, is, m. : édile
aedis, is, f. : temple ; aedes, ium, f. pl. : demeure
aes, aeris, n. : 1) airain, bronze, cuivre 2) l'argent
aether, is, m. : éther, ciel
aetherius, a, um : aérien
ager, gri, m. : champ
agmen, inis, n. : colonne armée
ago, is, ere, egi, actum : agir
aliquando adv. : un jour, une fois
aliter, adv. : autrement
alter, era, erum : autre
ambulo, as, are, avi, atum : se promener
amicio, is, ere, ixi, ictum : envelopper
amitto, is, ere, amisi, amissum : envoyer loin de
amnis, is, m. : fleuve
amo, as, are, avi, atum : aimer
animus, i, m. : âme, esprit
annus, i, m. : année

anus, us, f. : vieille femme
aperio, is, ire, aperui, apertum : ouvrir, découvrir
appello, as, are, avi, atum : appeler
apud + acc : près de, chez
aqua, ae, f. : eau
arcesso, is, ere, ivi, itum : faire venir, appeler
ardeo, es, ere, arsi, arsum : brûler
area, ae, f. : surface
arena : *cf.* harena
armarium, ii, n. : armoire
arripio, is, ere, ripui, reptum : saisir
ars, artis, f. : art, talent
artificium, ii, n. : art, profession
arx, arcis, f. : citadelle
assiduus, a, um : continuel, persistant
at – atque : et
auctor, oris, m. : garant, auteur
auctoritas, atis, f. : garantie, autorité
audio, is, ire, ivi, itum : entendre
auferro, fers, ferre, abstuli, ablatum : emporter
augur, uris, m. : augure
augurium, ii, n. : présage
aurum, i, n. : or
auris, is, f. : oreille
auspicium, ii, n. : auspice
auxilium, ii, n. : aide

B

balneum, i, n. : bain, bains publics
barbari, orum, m. pl. : les barbares
basilica, ae, f. : basilique, tribunal
bello, as, are, avi, atum : faire la guerre
bellum, i, n. : guerre
benigne adv. : avec bienveillance
bibo, is, ere, bibi, potum : boire
bonus, a, um : bon
brachium, ii, n. : bras

C

caedes, is, f. : massacre, carnage
caelum, i, n. : ciel
canis, is, m./f. : chien, chienne
canities, iei, f. : blancheur
cano, is, ere, cecini, cantum : chanter
canorus, a, um : mélodieux, sonore
cantus, us, m. : chant
capillus, i, m. : cheveu
capio, is, ere, cepi, captum : prendre
caput, itis, n. : tête
carcer, eris, m. : prison
careo, es, ere, carui, cariturus : être privé de
carmen, inis, n. : chant
caro, carnis, f. : chair, viande
castra, orum, n. pl. : camp militaire
catena, ae, f. : chaîne
causa, ae, f. : cause
cavea, ae, f. : cavea, cage, partie du théâtre réservée aux spectateurs → gradins
cella, ae, f. : petite pièce, partie du temple où se trouve la statue du dieu
censor, oris, m. : censeur
cera, ae, f. : cire
certamen, inis, n. : combat, bataille
ceteri, ae, a : tous les autres
cibus, i, m. : nourriture
circenses, ium, m. pl. : jeux du cirque
circum + acc. : autour de
circus, i, m. : cirque
circumdo, as, are, dedi, datum : placer autour
civis, is, m. : citoyen
civitas, atis, f. : cité, état
clamor, oris, m. : cri
classis, is, f. : 1) classe sociale 2) armée 3) flotte
claudo, is, ere, clausi, clausum : fermer
cliens, tis, m. : client

coepi : commencer (toujours au parfait)

cognatus, i, m. : parent

cognomen, inis, n. : surnom

cognosco, is, ere, novi, nitum : reconnaître

cogo, is ere, coegi, coactum : 1) assembler, réunir 2) + inf : obliger à

cohors, ortis, f. : cohorte militaire

collega, ae, m. : collègue

colo, is, ere, colui, cultum : 1) habiter 2) cultiver

coma, ae, f. : chevelure

comes, itis, m. : compagnon

comiter adv. : avec bienveillance

comitium, ii, n. : comitium (endroit où se tenaient les comices)

comito, as, are, avi, atum : accompagner

committo, is, ere, misi, missum : unir, assembler

comperio, is, ere, peri, pertum : découvrir, apprendre

concilium, ii, n. : assemblée, réunion

concito, as are, avi, atum : pousser, exciter

conjux, ugis, f. : épouse

consecro, as, are, avi, atum : consacrer

conservus, i, m. : compagnon d'esclavage

consido, is, ere, sedi, sessum : s'asseoir

conspectus, us, m. : regard

constantia, ae, f. : constance

consul, ulis, m. : consul

conterritus, a, um : terrorisé

contingo, is, ere, tigi, tactum : toucher, atteindre

convivium, ii, n. : festin

convoco, as, are, avi, atum : convoquer, réunir

copia, ae, f. : abondance – copiae, arum, f. pl. : richesses, troupes

corpus, oris, n. : corps

corrumpo, is, ere, rupi, ruptum : détruire

corvus, i, m. : corbeau

crebesco, is, ere, brui(bui) : se répandre, s'intensifier

---

credo, is, ere, credidi, ditum : croire

crepitus, us, m. : crépitement, craquement

cresco, is, ere, crevi, cretum : croître

crus, cruris, n. : jambe

cubo, as are, avi, atum : être couché

culter, tri, m. : couteau

cultus, us, m. : 1) action de cultiver 2) manière de vivre, état de civilisation

cum : 1) conj. de sub. : alors que / quand / comme 2) prép. + abl. : avec

cupiditas, atis, f. : désir, envie

cutis, is, f. : la peau

D

damnatio, onis, f. : condamnation judiciaire

de + ab : à partir de, à propos de

debeo, es, ere, bui, bitum : devoir

decido, is ere, cidi : tomber, succomber

decipio, is, ere, cepi, ceptum : surprendre, attraper

decus, oris, n. : parure, gloire, honneur

defodio, is, ere, fodi, fossum : creuser, enfouir

defunctus, a, um : mort (*cf.* defungor)

defungor, eris, fungi, functus sum : en avoir fini avec

deinde / dein : ensuite

deleo, es, ere, evi, etum : détruire

demo, is, ere, dempsi, demptum : ôter, enlever

denego, as, are, avi, atum : nier

despondeo, es, ere, di, sum : fiancer

destituo, is, ere, stitui, stitutum : abandonner, laisser

desum, dees, deesse, defui : manquer

deuro, is, ere, ussi, ustum : brûler

dexter, tra, trum : droit

dico, is, ere, dixi, dictum : dire

dies, ei, m./f. : jour

---

digitus, i, m. : doigt

diligenter, adv. : consciencieusement, attentivement

dimico, as are, avi, atum : combattre, lutter

diripio, is, ere, ripui, reptum : déchirer, bouleverser

diu, adv. : longtemps

dives, itis, adj. : riche, opulent

do, as, are, dedi, datum : donner

doceo, es, ere, docui, doctum : enseigner, instruire

dolus, i, m. : ruse

domus, us, f. : maison

duco, is, ere, duxi, ductum : conduire

dum conj., + ind. : pendant que

duo, ae, o, pl. : deux

duodecim, inv. : douze

dux, ducis, m. : chef

E

edo, is, ere (ou esse) edi, essum : manger

educo, is, ere, duxi, ductum : faire sortir

effigies, iei, f. : image, portrait

effodio, is, ere, fodi, fossum : creuser, extraire

effundo, is, ere, effudi, effusum : verser

emigro, as, are, avi, atum : sortir de, chasser

emo, is, ere, emi, emptum : acheter

enim, adv. : en effet

epitonium, ii, n. : robinet

epula, ae, f. : repas

equus, i, m. : cheval, cavalerie

ergo, conj. : donc, par conséquent

eripio, is, ere, ripui, reptum : enlever, arracher

erro, as, are, avi, atum : se tromper, errer

etiam, conj. : encore

everbero, as, are, avi, atum : frapper avec force

e (x) + abl. : hors de

excipio, is, ere, cepi, ceptum : retirer de, accueillir, recevoir

exeo, is, ire, exii, exitum : sortir

exerceo, es, ere, cui, citum :
  travailler, exercer
exercitus, us, m. : troupe, armée
existimo, as, are, avi, atum :
  penser, estimer
exitium, ii, n. : perte, ruine, issue
exitus, us, m. : sortie, mort, fin
expeto, is, ere, ivi, itum : désirer,
  convoiter
exsurgo, is, ere, surrexi,
  surrectum : se lever
exuro, is, ere, ussi, ustum :
  détruire par le feu

F

faber, bri, m. : artisan
facies, iei, f. : aspect, figure
faenus, oris, n. : gain, profit
fames, is, f. : faim, famine
familia, ae, f. : famille, maisonnée
fas, n. *indéclinable* : volonté divine,
  loi divine
fera, ae, f. : bête sauvage
fero, fers, ferre , tuli, latum : porter,
  supporter
ferocitas, atis, f. : fougue, vaillance
ferox, cis : hardi, intrépide, féroce
ferrugineus, a, um : couleur de fer,
  bleu foncé
ferrum, i, n. : fer, épée
fides, ei, f. : foi, confiance
figura, ae, f. : forme
fingo, is, ere, finxi, fictum :
  fabriquer
fio, is, fieri, factus sum : devenir,
  arriver (fio sert de passif à facio)
flamma, ae, f. : flamme
flecto, is, ere, flexi, flexum :
  courber, fléchir
flumen, inis, n. : fleuve
foculus, i, m. : foyer
foedus, eris, n. : alliance, contrat
fortis, e : courageux
fortuna, ae, f. : fortune, chance
forum, i, n. : forum, place centrale
fragor, oris, m. : fracture, fracas
frigida, ae, f. : eau froide
frumentum, i, n. : le blé
fruor, eris, frui, fructus sum : faire
  usage de
fugio, is, ere, fugi, fugiturus : fuir
funus, eris, n. : funérailles

G

galea, ae, f. : casque
galli, orum, m. pl. : les Gaulois
gaudium, ii, n. : joie
gemitus, us, m. : gémissement
gemo, is, ere, gemui, gemitum :
  gémir
gens, tis, f. : race, peuple
gentilis, e : qui appartient à la
  famille
genus, eris, n. : origine, naissance
gero, is, ere, gessi, gessum : gérer,
  faire
gesto, as, are, avi, atum : porter,
  transporter
gladius, ii, m. : glaive, épée
gloriosus, a, um : glorieux
gradus, us, m. : pas
graecus, a, um : grec
gravis, e : lourd, pesant

H

habeo, es, ere, bui, bitum : avoir
hactenus, adv. : seulement
  jusqu'ici
harena, ae, f. : sable
harpya, ae, f. : harpie
haruspex, icis, m. : haruspice,
  devin
haud : ne... pas
heros, ois, m. : héros
hic, haec, hoc : ce, cette, celui-ci,
  celle-ci
hinc, adv. : d'ici, de cet endroit-ci
histrio, onis, m. : l'acteur
horrendus, a, um : effroyable,
  terrible
hospes, itis, m. : hôte
hospitus, a, um : hospitalier
hostis, is, m. : ennemi
humanitas, atis, f. : humanité,
  bienveillance
humilis, e : 1) bas, peu élevé ;
  2) humble
humus, i, m. : terre

I

ideo, adv. : pour cela, pour cette
  raison
igitur adv. : donc
ignis, is, m. : feu
ignominia, ae, f. : déshonneur,
  honte
ille, illa, illud : celui-là, celle-là
imago, inis, f. : representation,
  portrait
immitto, is, ere, misi, missum :
  envoyer vers, lancer sur
immo, adv. : au contraire
imperator, oris, m. : général en
  chef
imperium, ii, n. : pouvoir
impero, as, are, avi, atum :
  commander
impetus, us, m. : assaut
impius, a, um : impie
impune adv. : impunément
incedo, is, ere, cessi, cessum :
  s'avancer
incolumis, e : intact, entier
incumbo, is, ere, bui, bitum :
  s'étendre sur
indico, is, ere, dixi, dictum :
  déclarer officiellement
industria, ae, f. : activité,
  application
infamia, ae, f. : infamie, mauvaise
  renommée
infans, tis : enfant
Inferi, orum, m. pl. : les Enfers
infernus, a, um : des enfers,
  infernal
inferus, a, um : inférieur, d'en bas
infra, adv. : au-dessous, en bas
ingeniosus, a, um : intelligent
ingens, tis : immense
initium, ii, n. : début
injicio, is, ere, jeci, jectum : jeter
  sur
injuria, ae, f. : injustice
innuo, is, ere, ui, utum : faire un
  signe
inquit : dit-il, dit-elle
insepultus, a, um : sans sépulture
insidia, ae, f. : piège, embûche
insido, is, ere, sedi, sessum :
  s'asseoir sur, s'installer
insignis, e : remarquable

instinctus, us, m. : impulsion
inter + acc. : entre, parmi
interficio, is, ere, feci, fectum : tuer
interim, adv. : pendant ce temps
intra, adv. : en dedans
introeo, is, ire, introii, introitum : entrer dans
invenio, is, ire, veni, ventum : trouver, rencontrer
ipse, a, um : même
ira, ae, f. : colère
iter, itineris, n. : chemin
iterum adv. : à nouveau

J

jaceo, es ere, jacui, jaciturus : être étendu
jam, adv. : déjà, désormais
jubeo, es, ere, jussi, jussum : ordonner
jugulo, as, are, avi, atum : égorger, tuer
jugum, i, n. : joug
jungo, is, ere, junxi, junctum : joindre, lier
jus, juris, n. : droit
juvenis, is, m. f. : jeune homme, jeune fille
juventus, utis, f. : jeunesse

L

labor, oris, m. : travail
laboro, as, are, avi, atum : travailler
lac, lactis, n. : lait
lana, ae, f. : laine, cheveux soyeux
lanius, ii, m. : boucher
latus, eris, n. : côté
legatus, i, m. : légat, ambassadeur
legio, onis, f. : légion
lego, is, ere, legi, lectum : assembler, lire
lentus, a, um : mou, impassible
leo, onis, m. : lion
lex, legis, f. : loi
libenter adv. : volontiers
liber, bri, m. : livre
liberi, orum, m. pl. : enfants (par rapport aux parents)
libertas, atis, f. : liberté

libertus, i, m. : affranchi
lictor, oris, m. : licteur
limen, inis, n. : seuil
loco, as, are, avi, atum : placer, disposer
locus, i, m. : lieu
longus, a, um : long, étendu
loquor, eris, loqui, locutus sum : parler
ludo, is, ere, lusi, lusum : jouer
ludus, i, m. : jeu
lumen, inis, n. : lumière – au pluriel lumina : les yeux
lux, lucis, f. : lumière, jour

M

magis adv. : plus
magis quam : plus ... que
magistratus, us, m. : magistrature
magnaninus, a, um : magnanime, noble, généreux
magnus, a, um : grand
majestas, atis, f. : la dignité
major : comparatif de magnus
→ majores, um : les ancêtres
malo, mavis, malle, malui : préférer
malus, a, um : mauvais, méchant
mando, as, are, avi, atum : charger quelqu'un de, donner en mission
maneo, es, ere, mansi, mansum : rester
manes, ium, m. pl. : les mânes (âmes des morts)
manus, us, f. : main
mittere : libérer, affranchir
mare, is, n. : mer
marmor, oris, n. : marbre
matrona, ae, f. : mère de famille
maximus, a, um : superlatif de magnus
melior : comparatif de bonus
memoria, ae, f. : mémoire, souvenir
mensis, is, m. : mois
mercator, oris, m. : marchand
mercor, ari, atus sum : acheter
mereo, is, ere, merui, itum : gagner, mériter
mergo, is, ere, mersi, mersum : plonger, enfoncer dans
meridies, ei, m. : midi

metuo, is, ere, metui, utum : craindre
miles, itis, m. : soldat
minimus, a, um : superlatif de parvus
ministro, as, are, avi, atum : servir
minor, oris : comparatif de parvus
minus adv. : moins
miser, era, erum : misérable, malheureux
mitto, is, ere misi, missum : envoyer
modo adv. : seulement
molestia, ae, f. : désagrément, inquiétude
molestus, a, um : désagréable, pénible
mollis, e : souple, flexible
moneo, es ere, monui, monitum : avertir
mons, montis, m. : montagne
monstrum, i, n. : monstre
mora, ae, f. : délai, retard
morior, mori, mortuus sum : mourir
mors, mortis, f. : mort
mos, moris, m. : usage, coutume
mos majorum : la coutume des ancêtres
motus, us, m. : mouvement
moveo, es, ere, movi, motum : mettre en mouvement, bouger, écarter
mox adv. : bientôt
mulier, eris, f. : épouse
multi, ae, a : nombreux
multo, adv. : beaucoup
munera : les jeux
munitio, ionis, f. : fortification, rempart
munus, eris, n. : fonction, charge

N

nam, conj de coord. : car, de fait
narro, as, are, avi, atum : raconter
nato, as, are, avi, atum : nager
naumachia, ae, f. : naumachie, bataille navale
navis, is, f. : navire
ne : est-ce que ..., ne ... pas ?

ne conj. de sub. + subj. :
pour que ..., ne ... pas
nec / neque : et ..., ne ... pas
neco, as, are, avi, atum : tuer
nefas, n. indécl. : ce qui est
contraire aux lois divines,
sacrilège, impie
neglego, is, ere, neglexi,
neglectum : négliger
negotium, ii, n. : travail, les affaires
nemo, neminis : personne (aucune
personne)
niger, gra, grum : noir
nihil : rien
nobilis, e : noble
nodus, i, m. : noeud
nolo, non vis, nolle, nolui : ne pas
vouloir
nomen, inis, n. : nom
nosco, is, ere, novi, notum :
apprendre, étudier
novem, inv. : neuf
novies : neuf fois
nox, noctis, f. : nuit
nudo, as, are, avi, atum : mettre à
nu, déshabiller
numen, inis, n. : volonté divine
numero, as, are, avi, atum :
compter
nunc, adv. : maintenant
nuntio, as, are, avi, atum :
annoncer
nuptiae, arum, f. pl : noces,
mariage
nutrix, icis, f. : nourrice

O

objicio, is, ere, jeci, jectum : jeter
devant, exposer, reprocher
obsideo, es, ere, sedi, sessum :
s'asseoir
occido, is, ere, occidi, occisum :
tuer
occisio, onis, f. : meurtre
oculus, i, m. : oeil
odium, ii, n. : aversion, haine
offa, ae, f. : boulette
officium, ii, n. : devoir
olim, adv. : un jour
omen, inis, n. : présage

omitto is, ere, misi, missum :
oublier
omnis, e : tout
opifex, ficis, m. f. : artisan, ouvrier
oppidum, i, n. : place forte
oppugno, as, are, avi, atum :
attaquer, assaillir
optimus, a, um : superlatif de
bonus
opto, as, are, avi, atum : 1) choisir
2) ut + subj. : souhaiter que
orchestra, ae, f. : orchestre, partie
du théâtre réservée aux sénateurs
oro, as, are, avi, atum : prier
ortus, us, m. : naissance, origine
os, oris, n. : la bouche
os, ossis, n. : os
ostendo, is, ere, tendi, tentum :
montrer
otium, i, n. : oisiveté, loisir
ovis, is, f. : brebis

P

paene adv. : presque
palma, ae, f. : palme, récompense
palus, paludis, f. : marais
panis, is, m. : pain
parens, ntis, m./f. : père ou mère
pauper, eris : pauvre
pario, is, ere, peperi, partum :
enfanter
pars, partis, f. : partie
parvus, a, um : petit
pastor, oris, m. : berger
pater, tris, m. : père
→ patres : sénateurs
patior, eris, pati, passus sum :
souffrir, supporter
paulisper adv. : un peu de temps
pavimentum, i, n. : plancher ou sol
en dalles
pectus, oris, n. : poitrine
pecunia, ae, f. : argent
pecus, oris, n. : troupeau, bétail
pejor : comparatif de malus
pello, is, ere, pepuli, pulsum :
remuer, repousser
per + acc. : à travers
peregrinus, a, um : étranger
pereo, is, ire, perii, peritum : périr

pergo, is, ere, perrexi, perrectum :
persister à, continuer de + inf.
periculum, i, n. : danger, péril
persona, ae, f. : masque de l'acteur,
rôle
pes, pedis, m. : pied
pessimus : superlatif de malus
pestifer, era, erum : désastreux,
fatal
peto, is, ere, ivi, itum : chercher à
atteindre
pictor, oris, m. : peintre
pilum, i, n. : javelot
pinna, ae, f. : plume
pistor, oris, m. : boulanger
placeo, es, ere, placui, placitum :
plaire à
plebs, plebis, f. : plèbe
plenus, a, um : plein
plumbum , i, n. : plomb
plures, plura : comparatif de multi
pons, tis, m. : pont
populus, i, m. : peuple
porcus, i, m. : porc
porta, ae, f. : porte
porto, as, are, avi, atum : porter
post + acc. : après
posterus, a, um : qui est après,
suivant
postquam : après que, une fois que
potestas, atis, f. : puissance
poto, as, are, avi, atum : boire
praeda, ae, f. : butin
praemature, adv. : prématurément,
trop tôt
praetor, oris, m. : chef,
commandant
praevenio, is, ere, veni, ventum :
prendre les devants
pretium, ii, n. : le prix
primus, a, um : le premier
procedo, is, ere, cessi, cessum :
s'avancer
prodeo, is, ire, prodii, proditum :
s'avancer
prodigium, ii, n. : prodige
proelium, ii, n. : combat
prohibeo, es, ere, bui, bitum :
empêcher
projicio, is, ere, jeci, jectum :
projeter, expulser
prope + acc. : près de
propinquus, a, um : proche

propior, proprius : comparatif de propinquus

propter + acc. : 1) à côté de 2) à cause de

protinus adv. : tout droit devant

provocator, oris, m. : provocateur (catégorie de gladiateur)

proximus, a, um : superlatif de propinquus

pudicitia, ae, f. : pudeur, chasteté

puella, ae, f. : jeune fille

puer, eri, m. : jeune homme, esclave, serviteur

pugna, ae, f. : bataille

pugno, as, are, avi, atum : lutter, combattre

pullarius, ii, m. : pullaire, celui qui a la garde des poulets sacrés

pullus, i, m. : poulet

pulvero, as, are, avi, atum : couvrir ou être couvert de poussière

puto, as, are, avi, atum : penser

Q

quaero, is, ere, quaesivi, quaesitum : chercher à obtenir

quasi : comme si

quattuor, inv. : quatre

-que : et (attaché au dernier mot de l'énumération)

quia, conj. de sub. : parce que

quidam, quaedam, quoddam : un certain

quippe, adv. : certainement, bien sûr

Quirites, ium, m. pl. : Quirites (citoyens romains)

quoque, adv. : aussi

R

rapio, is, ere, rapui, raptum : voler, ravir

redeo, is, ire, redii, reditum : revenir

recipio, is, ere, cepi, ceptum : retirer, reprendre, recevoir

refero, fers, ferre, tuli, latum : reporter, porter en retour, rapporter

regia, ae, f. : palais

regius, a, um : royal

religio, onis, f. : la religion

relinquo, is, ere, reliqui, relictum : laisser, abandonner

remitto, is, ere, misi, missum : renvoyer

ripa, ae, f. : la rive

repello, is, ere, puli, pulsum : repousser

repente : soudain

repeto, is, ere, ivi, itum : attaquer de nouveau, reprendre

res, ei, f. : chose

respicio, is, ere, spexi, spectum : regarder en arrière

res publica, rei publicae, f. : chose publique, république

restituo, is, ere, tui, tutum : restituer, rendre

retiarius, ii, m. : rétiaire (gladiateur armé d'un trident et d'un filet)

rex, regis, m. : le roi

rideo, es, ere, risi, risum : rire

ripa, ae, f. : rive

rogus, i, m. : bûcher

rudis, e : brut, grossier, inculte

ruo, is, ere, rui, rutum : se précipiter

rursum = rursus adv. : en arrière

S

sacer, cra, crum : sacré

sacrificium, ii, n. : sacrifice

saepe adv. : souvent

saevitas, atis, f. : cruauté

salius, a, um : de salien

saltatus, us, m. : danse

salto, as, are, avi, atum : danser

salus, utis, f. : santé, salut

sanguis, inis, m. : sang

scaena, ae, f. : scène, théâtre

scelestus, a, um : scélérat, criminel

scholasticus, i, m. : savant, érudit, avocat

scio, is, ire, ivi, itum : savoir

scortum, i, n. : vieille peau, prostituée

scriba, ae, m. : secrétaire

scribo, is, ere, scripsi, scriptum : écrire

scutum, i, n. : bouclier

secutor, oris m. : secutor (catégorie de gladiateur)

sed : mais

sedeo, es, ere, sedi, sessum : être assis

seditio, onis, f. : discorde, désunion

seduco, is, ere, duxi, ductum : emmener à l'écart

semper adv. : toujours

sentio, is, ire, sensi, sensum : sentir

sequor, sequi, secutus sum : suivre

servilis, e : servile

servo, as, are, avi, atum : être attentif à, conserver

servus, a, um : esclave

signum, i, n. : statue

silentium, ii, n. : silence

silva, ae, f. : forêt

similis, e : semblable

simul, adv. : en même temps

simulacrum, i, n. : 1) simulacre, image 2) spectre, fantôme

sine, prép. : sans

singularis, e : seul, unique

singuli, ae, a (pl) : un par un

siren, enis, f. : sirène

sive... sïve : soit... soit

sol, solis, m. : soleil

solitudo, inis, f. : la solitude

sordidus, a, um : sale, crasseux

solus, a, um : seul, unique

species, iei, f. : regard

spectabilis, e : visible, remarquable

spectaculum, i, n. : spectacle

spectator, oris, m. : spectateur, témoin

specto, as, are, avi, atum : regarder

spectrum, i, n. : spectre

speculum, i, n. : miroir

sportula, ae, f. : petit panier, sportule

squalidus, a, um : rugueux

status, us, m. : stature, attitude

stilus, i, m. : pieu, stilet

stipendium, ii, n. : impôt, solde militaire

stips, stipis, f. : obole

stirps, stirpis, f. : racine, origine, souche

sto, as, are, steti, statum : se tenir debout

strix, strigis, f. : strige

stuprum, i, n. : déshonneur, opprobre

sub + acc. ou abl. : sous

subcumbo, is, ere, cubui, cubitum : s'affaisser sous, succomber

sudor, oris, m. : sueur

summus, a, um : le plus haut

sumo, is, ere, sumpsi, sumptum : prendre, se saisir de

superstitio, onis, f. : superstition

superus, a, um : d'en haut, supérieur superi (dii) : les dieux d'en haut

supplicium, ii, n. : 1) offrande, sacrifice 2) peine, châtiment

stuprum, i, n. : déshonneur, relations coupables

surgo, is, ere, surrexi, surrectum : se lever, surgir

sustineo, es ere, sustinui, stentum : soutenir, arrêter

T

taberna, ae, f. : boutique

tacitus, a, um : silencieux

tam, adv. : si, autant

tamen : cependant

tandem, adv. : enfin

tango, is, ere, tetigi, tactum : toucher

tantum adv. : seulement, autant

tempero, as, are, avi, atum : maîtriser, modérer

tempestas, atis, f. : 1) époque, moment 2) mauvais temps, tempête

teneo, es, ere, tenui, tentum : tenir

tergeo, es, ere, tersi, tersum : essuyer

tergum, i, n. : dos

terreo, es, ere, terrui, itum : effrayer, épouvanter

terrestris, e : terrestre

testimonium, ii, n. : témoignage, preuve

testis, is, m. : témoin

testor, ari, atus sum : témoigner

textrix, icis, f. : tisseuse

timeo, es, ere, timui : craindre

tinnio, is, ire, ivi, itum : tinter, crier

tollo, is, tollere, sustuli, sublatum : soulever, élever, porter

tonsor, oris, m. : barbier

trado, is, ere, tradidi, traditum : rapporter

traho, is, ere, traxi, tractum : tirer

transfigo, is, ere, fixi, fixum : transpercer

transnato, as, are, avi, atum : traverser à la nage

trecenti, ae, a : trois cents

tribunal, alis, n. : tribunal

tribunicius, a, um : tribunicien

tribunus, i, m. : tribun

tributum, i, n. : impôt

tum adv. : alors

turba, ae, f. : foule

turpis, e : 1) laid, difforme 2) ignoble

U

ultio, ultionis, f. : vengeance

umbra, ae, f. : ombre

umerus, i, m. : épaule

unda, ae, f. : onde, eau

unde adv. : d'où

urbanus, a, um : urbain, poli

urbs, urbis, f. : ville

uro, is ere, ussi, ustum : brûler

ursus, i, m. : ours

usque : jusque

ut conj. de sub. : 1) + ind. : quand, étant donné que, comme 2) + subj. : pour que / que *après verbe de volonté*, si bien que, en admettant que

uterque, utraque, utrumque : chacun des deux, l'un et l'autre

utilitas, atis, f. : utilité, intérêt, profit

utor, uteris, uti, usus sum + abl. : utiliser, se servir de

uva, ae, f. : raisin

uxor, oris, f. : épouse

vacuus, a, um : vide, inoccupé

vallum, i, n. : palissade, retranchement

vanitas, atis, f. : mensonge, tromperie

velo, as, are avi, atum : couvrir

velum, i, n. : voile

venalis, e : 1) vénal, à vendre 2) jeune esclave

venatio, onis, f. : chasse

vendo, is, ere, vendidi, venditum : vendre

venundo, as, are, avi, atum : vendre

verbero, as, are, avi, atum : frapper

versipellis, e : qui change de forme, loup-garou

verto, is, ere, verti, versum : tourner, changer

verus, a, um : 1) vrai, réel 2) sincère

vestimentum, i, n. : vêtement, habit

vestis, is, f. : vêtement, habillement

veto, as, are, vetui, vetitum : ne pas permettre, s'opposer

via, ae, f. : chemin, rue, route

victor, oris, m. : vainqueur

vicus, i, m. : village

viginti, indécl. : vingt

vilis, e : bon marché, sans valeur, vil

vinco, is, ere, vici, victum : vaincre

vinculum, i, n. : lien, attache

vindico, as, are, avi, atum : revendiquer, réclamer

vir, iri, m. : homme, mari

viridis, e : 1) vert 2) frais, vigoureux

virtus, utis, f. : courage

vis, vis, f. : force

vita, ae, f. : vie

vivo, is, ere, vixi, victum : vivre

voco, as, are, avi, atum : appeler

volo, vis, vult, velle, volui : vouloir

voluntarius, a, um : volontaire

vomitorium, ii, n. : vomitoire (porte d'accès aux gradins dans un amphithéâtre)

vox, vocis, f. : voix

vultus, us, m. : visage

Édition : Thierry Amouzou
Fabrication : Marine Cadis
Maquette (couverture et intérieur) : Marie-Astrid Bailly-Maître
Mise en pages : Pictorus
Recherches iconographiques : Valérie Louart, Anne Pekny
Relecture typographique : Agnès Paulian
Cartes : Hachette Éducation
Dessins : Laurent Rullier

Achevé d'imprimer en Espagne par Dédalo Offset, S. L.
Dépôt légal: Août 2011 - Collection n° 75 - Édition 02
12/5630/4

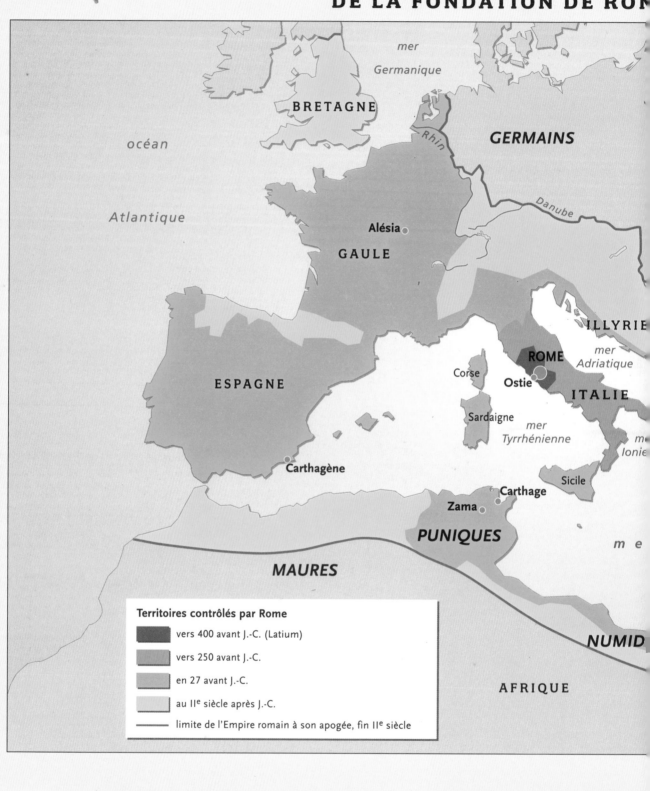

mer
Germanique

BRETAGNE

GERMAINS

Rhin

océan

Atlantique

Danube

Alésia

GAULE

ILLYRIE

ROME

mer
Adriatique

ESPAGNE

Corse

Ostie

ITALIE

Sardaigne

mer
Tyrrhénienne

m
Ionie

Carthagène

Carthage

Sicile

Zama

PUNIQUES

m e

MAURES

NUMID

AFRIQUE

Territoires contrôlés par Rome

vers 400 avant J.-C. (Latium)

vers 250 avant J.-C.

en 27 avant J.-C.

au IIe siècle après J.-C.

limite de l'Empire romain à son apogée, fin IIe siècle

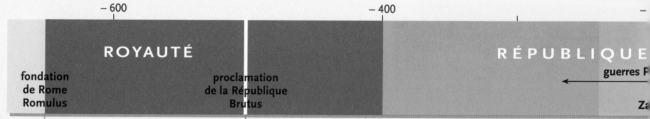

− 600

− 400

−

ROYAUTÉ

RÉPUBLIQUE

guerres P

fondation
de Rome
Romulus

proclamation
de la République
Brutus

Za

− 753

− 509